U0959064

招标投标重点法律实务 3

案例评析版

李金升◎著

Legal Practices Focus on Bid Invitation and Bidding 3

中国法制出版社
CHINA LEGAL PUBLISHING HOUSE

前　言

很荣幸在中国法制出版社连续出版了3本招标投标类的案例评析图书。有此成就，得益于各位读者的大力支持。

本书重点关注近年来招标投标界的热点、难点和新生问题等，而在这些难点、热点和新生问题中，最值得探讨的，非政府和社会资本合作模式项目（PPP项目）莫属。

这也决定了本书的篇幅，有相当大一部分，是在分析、研究、讨论如何做好PPP项目的招标投标工作。毕竟，在传统的工程建设项目招投标领域，国家制定有相应的标准招标文件文本，招标人和招标代理机构在编制招标文件时，基本上只需要做“填空题”就可以了，这大大方便了各位，节省了时间成本，提高了社会效率。

但是，在PPP项目招标时，招标人和招标代理机构，发现“填空题”做不了啦，国家没有发布PPP项目的标准招标文件文本，甚至也没有制定标准的《PPP项目合同》示范文本。有的，也只是众多的国家政策、文件，以及诸如国家发改委制定的《政府和社会资本合作项目通用合同指南（2014年版）》之类的导则、指南。因此，PPP项目的招标投标是新生事物，是热点，也是难点。

这恰恰说明PPP项目的招标投标，是一个值得我们去研究、讨论并加以完善的工作。于是近些年来，笔者和招标投标界的各位同仁，探讨了类似于如下的各类问题：

招标监理单位时，谁作为招标人比较好，是政府方的实施机构，还是项目公司（SPV公司）？

招标社会资本时，是按照政府采购流程，适用政府采购法律体系，还是按照工程招标流程，适用招标投标法律体系？是否必须经过资格预审这一关，可不可以资格后审？

选择社会资本时，在公开招标、邀请招标等 5 种法定方式中，公开招标相对于竞争性磋商来说，是否被选择的可能性会大大降低？

如上不一而足的事宜，经过研究、分析，形成本书的一个个重点。

当然，本书也不完全在探讨 PPP 项目的招标投标问题，本书也在探讨如下招标投标领域中的一些热点、难点问题：

为什么不允许设置最低投标限价？最低投标限价一定是有弊无利吗？

设计单位可否参加自己设计项目的监理投标工作？

中标人未提交履约保证金，其中标资格一定会被取消吗？

“二法分立”体系下，《中华人民共和国政府采购法实施条例》与《中华人民共和国招标投标法实施条例》究竟有哪些不同？

当然，如此的研究、分析，仅系笔者个人见解，不一定正确，之所以刊发出来，乃以期各位方家指正（笔者邮箱：545126155@qq.com；笔者微信：jinshenglvshi），也有利于自己得到提升，如能同时有益各位，那是我的大幸。

李金升律师

目　录

第一编　招标类重点法律实务

第二编　投标类重点法律实务

第三编　开标评标中标类重点法律实务

第四编　综合类重点法律实务

第一编　招标类重点法律实务

重点一：PPP 项目招标文件编制重难点之招标文件的重要编制依据概览

如果以招标的方式选择社会资本，需要编制 PPP 项目的招标文件。但对于 PPP 项目的招标文件，在我国至今尚无官方制作的标准文本或范本，需要招标代理机构或招标人自行编制。在编制的过程中，首先面临的问题即以什么依据来编制。笔者结合为多个 PPP 项目提供专项法律服务工作的经验，对此予以重点分析，但仅系个人意见，囿于经验与知识，不一定正确，仅供各位参考，欢迎讨论、指正。

一、重要编制依据之一：法律

法律，系指根据《中华人民共和国立法法》第二章的规定，由全国人民代表大会和全国人民代表大会常务委员会行使立法权所制定的法律。在 PPP 项目招标文件的编制过程中，其重要编制依据之一，即法律，主要指如下法律：

一是《中华人民共和国招标投标法》。根据其第二条的规定："在中华人民共和国境内进行招标投标活动，适用本法。"因此，在我国如果采用招标的方式选择 PPP 项目的社会资本，PPP 项目招标文件的编制，就必须适用《中华人民共和国招标投标法》的规定。同时，其第十九条明确规定："招标人应当根据招标项目的特点和需要编制招标文件。招标文件应当包括招标项目的技术要求、对投标人资格审查的标准、投标报价要求和评标标准等所有实质性要求和条件以及拟签订合同的主要条款。国家对招标项目的技术、标准有规定的，招标人应当按照其规定在招标文件中提出相应要求。招标项目需要划分标段、确定工期的，招标人应当合理划分标段、确定工期，并在招标文件中载明。”

二是《中华人民共和国政府采购法》。也因其第二条的规定：“在中华人民共和国境内进行的政府采购适用本法。本法所称政府采购，是指各级国家机关、事业单位和团体组织，使用财政性资金采购依法制定的集中采购目录以内的或者采购限额标准以上的货物、工程和服务的行为。政府集中采购目录和采购限额标准依照本法规定的权限制定。本法所称采购，是指以合同方式有偿取得货物、工程和服务的行为，包括购买、租赁、委托、雇用等。本法所称货物，是指各种形态和种类的物品，包括原材料、燃料、设备、产品等。本法所称工程，是指建设工程，包括建筑物和构筑物的新建、改建、扩建、装修、拆除、修缮等。本法所称服务，是指除货物和工程以外的其他政府采购对象。”在PPP项目中，如果涉及“政府付费”，则必然涉及政府采购。因此，在编制 PPP 项目招标文件时，如果该等具体的 PPP 项目涉及“政府付费”，则在依据《中华人民共和国招标投标法》编制的同时，也须依据《中华人民共和国政府采购法》予以编制。

三是《中华人民共和国预算法》。亦因其第二条的规定：“预算、决算的编制、审查、批准、监督，以及预算的执行和调整，依照本法规定执行。”在 PPP 项目中，如果涉及“政府付费”，则必然涉及政府预算，包括跨年度预算，甚至中长期财政规划。因此，在编制 PPP 项目招标文件时，如果该等具体的 PPP 项目涉及“政府付费”，则在依据《中华人民共和国招标投标法》《中华人民共和国政府采购法》编制的同时，也须依据《中华人民共和国预算法》予以编制。

四是《中华人民共和国建筑法》。仍因其第二条的规定：“在中华人民共和国境内从事建筑活动，实施对建筑活动的监督管理，应当遵守本法。本法所称建筑活动，是指各类房屋建筑及其附属设施的建造和与其配套的线路、管道、设备的安装活动。”在 PPP 项目中，如果涉及建筑活动，比如 BOT 模式、BOOT 模式、ROT 模式、DBFO 模式、BOO 模式等，在编制该等模式的，PPP 项目招标文件时，须依据《中华人民共和国建筑法》。

二、重要编制依据之二：行政法规

行政法规，系指根据《中华人民共和国立法法》第三章的规定，由国务院根据宪法和法律，组织起草并制定。国务院有关部门认为需要制定行政法规的，应当向国务院报请立项。在PPP项目招标文件的编制过程中，其重要编制依据之二，即行政法规，主要指如下行政法规：

一是《中华人民共和国招标投标法实施条例》（中华人民共和国国务院令第613号，2018年3月19日第二次修订）。《中华人民共和国招标投标法实施条例》是执行《中华人民共和国招标投标法》的规定而予以制定的，其为编制PPP项目招标文件的重要依据之一。

二是《中华人民共和国政府采购法实施条例》（中华人民共和国国务院令第658号，2014年12月31日国务院第75次常务会议通过，自2015年3月1日起施行）。《中华人民共和国政府采购法实施条例》是执行《中华人民共和国政府采购法》的规定而予以制定的，尤其是在面临"政府付费"的PPP项目时，其也为编制PPP项目招标文件的重要依据之一。

三是《中华人民共和国预算法实施条例》（中华人民共和国国务院令第186号，1995年11月22日国务院第37次常务会议通过，自1995年11月22日起施行）。《中华人民共和国预算法实施条例》是执行《中华人民共和国预算法》的规定而予以制定的，尤其是在面临"政府付费"的PPP项目时，其也为编制PPP项目招标文件的重要依据之一。

三、重要编制依据之三：国务院部门规章

国务院部门规章，系指根据《中华人民共和国立法法》第八十条的规定："国务院各部、委员会、中国人民银行、审计署和具有行政管理职能的直属机构，可以根据法律和国务院的行政法规、决定、命令，在本部门的权限范围内，制定规章。部门规章规定的事项应当属于执行法律或者国务院的行政法规、决定、命令的事项。"在PPP项目招标文件的编制过程中，其重要编制依据之三，即国务院部门规章，主要指如下国务院部门规章：

一是《基础设施和公用事业特许经营管理办法》。根据其第二条的规定："中华人民共和国境内的能源、交通运输、水利、环境保护、市政工程等基础设施和公用事业领域的特许经营活动，适用本办法。"因在PPP项目中，大部分PPP项目均涉及特许经营，尤其是在"使用者付费"的PPP项目中，更是如此。因此，对于涉及特许经营的PPP项目，其招标文件的编制，须依据《基础设施和公用事业特许经营管理办法》。

二是《市政公用事业特许经营管理办法》。也根据其第二条的规定："本办法所称市政公用事业特许经营，是指政府按照有关法律、法规规定，通过市场竞争机制选择市政公用事业投资者或者经营者，明确其在一定期限和范围内经营某项市政公用事业产品或者提供某项服务的制度。城市供水、供气、供热、公共交通、污水处理、垃圾处理等行业，依法实施特许经营的，适用本办法。"因此，对于市政公用事业类的 PPP 项目且涉及特许经营的，其招标文件的编制，也须依据《市政公用事业特许经营管理办法》。

三是《政府采购货物和服务招标投标管理办法》（中华人民共和国财政部令第18号，2004年8月11日发布，自2004年9月11日起施行）。也因其第二条规定："购人及采购代理机构（以下统称'招标采购单位'）进行政府采购货物或者服务（以下简称'货物服务'）招标投标活动，适用本办法。前款所称采购代理机构，是指集中采购机构和依法经认定资格的其他采购代理机构。"如果 PPP 项目涉及政府采购服务的，在编制 PPP 项目的招标文件时，也须依据《政府采购货物和服务招标投标管理办法》。

四、重要编制依据之四：国家政策

国家政策，即法律、行政法规、国务院部门规章之外的，由国务院、国务院各部门等发布的，具有一定约束力的文件。在 PPP 项目招标文件的编制过程中，其重要编制依据之四，即国家政策，主要指如下国家政策：

一是《国务院关于创新重点领域投融资机制鼓励社会投资的指导意见》（国发〔2014〕60号）。其第十二项规定："积极推动社会资本参与市政基础设施建设运营。通过特许经营、投资补助、政府购买服务等多种方式，鼓励社会资本投资城镇供水、供热、燃气、污水垃圾处理、建筑垃圾资源化利用和处理、城市综合管廊、公园配套服务、公共交通、停车设施等市政基础设施项目，政府依法选择符合要求的经营者。政府可采用委托经营或转让—经营—转让（TOT）等方式，将已经建成的市政基础设施项目转交给社会资本运营管理。"

二是《国务院办公厅转发财政部发展改革委人民银行关于在公共服务领域推广政府和社会资本合作模式指导意见的通知》（国办发〔2015〕42号）。认为在公共服务领域推广政府和社会资本合作模式，是转变政府职能、激发市场活力、打造经济新增长点的重要改革举措。围绕增加公共产品和公共服务供给，在能源、交通运输、水利、环境保护、农业、林业、科技、保障性安居工程、医疗、卫生、养老、教育、文化等公共服务领域，广泛采用政府和社会资本合作模式，对统筹做好稳增长、促改革、调结构、惠民生、防风险工作具有战略意义。并要求各地区、各部门要按照简政放权、放管结合、优化服务的要求，简化行政审批程序，推进立法工作，进一步完善制度，规范流程，加强监管，多措并举，在财税、价格、土地、金融等方面加大支持力度，保证社会资本和公众共同受益，通过资本市场和开发性、政策性金融等多元融资渠道，吸引社会资本参与公共产品和公共服务项目的投资、运营管理，提高公共产品和公共服务供给能力与效率。

三是《国家发改委关于开展政府和社会资本合作的指导意见》（发改投资〔2014〕2724号）。提出PPP模式主要适用于政府负有提供责任又适宜市场化运作的公共服务、基础设施类项目。燃气、供电、供水、供热、污水及垃圾处理等市政设施，公路、铁路、机场、城市轨道交通等交通设施，医疗、旅游、教育培训、健康养老等公共服务项目，以及水利、资源环境和生态保护等项目均可推行PPP模式。并要求各地的新建市政工程以及新型城镇化试点项目，应优先考虑采用PPP模式建设。同时，对PPP项目分三大类予以指导，即经营性项目、准经营性项目、非经营性项目，并提出相应的模式。

四是《关于推广运用政府和社会资本合作模式有关问题的通知》（财金〔2014〕76号）。其要求地方各级财政部门要会同行业主管部门，按照《中华人民共和国政府采购法》及有关规定，依法选择项目合作伙伴。要综合评估项目合作伙伴的专业资质、技术能力、管理经验和财务实力等因素，择优选择诚实守信、安全可靠的合作伙伴，并按照平等协商原则明确政府和项目公司间的权利与义务。

五是《关于印发政府和社会资本合作模式操作指南（试行）的通知》（财金〔2014〕113号）。其第四章“项目采购”对PPP项目招标文件的编制，予以众多规定，如其第十五条第一款规定为：“项目采购文件应包括采购邀请、竞争者须知（包括密封、签署、盖章要求等）、竞争者应提供的资格、资信及业绩证明文件、采购方式、政府对项目实施机构的授权、实施方案的批复和项目相关审批文件、采购程序、响应文件编制要求、提交响应文件截止时间、开启时间及地点、强制担保的保证金交纳数额和形式、评审方法、评审标准、政府采购政策要求、项目合同草案及其他法律文本等。”

六是《政府和社会资本合作项目政府采购管理办法》（财库〔2014〕215号）。该办法是为了贯彻落实《国务院关于创新重点领域投融资机制鼓励社会投资的指导意见》（国发〔2014〕60号），推广政府和社会资本合作（PPP）模式，规范PPP项目政府采购行为，维护国家利益、社会公共利益和政府采购当事人的合法权益，根据《中华人民共和国政府采购法》和有关法律法规予以制定。属于PPP项目招标文件编制的重要依据之一。

五、重要编制依据之五：PPP项目合同指南

PPP项目合同，为PPP项目招标文件的必备内容之一。但在我国，PPP项目合同，并不像施工合同、设计合同、工程总承包合同、监理合同、商品房买卖合同等一样，均有国家制定的相关范本，以供适用。PPP项目合同，并无国家制定的范本，仅有指南两份如下：

一是财政部发布的《PPP项目合同指南（试行）》，全面系统地介绍了PPP项目合同体系，说明各主要参与方在PPP项目中的角色及订立相关合同的目的，阐述PPP项目合同的主要内容和核心条款，具体分析合同条款中的风险分配原则、基本内容和权利义务安排。同时，从付费机制和行业领域两个方面，详细剖析不同类型PPP项目合同中的核心要素和特定条款。

二是国家发展改革委发布的《政府和社会资本合作项目通用合同指南》（2014年版）。PPP项目合同由合同正文和合同附件组成，主要反映PPP项目合同的一般要求，采用模块化的编写框架，共设置15个模块、86项条款，适用于不同模式合作项目的投融资、建设、运营和服务、移交等阶段，具有较强的通用性。原则上，所有模式项目合同的正文都应包含10个通用模块：总则、合同主体、合作关系、项目前期工作、收入和回报、不可抗力和法律变更、合同解除、违约处理、争议解决以及其他约定。其他模块可根据实际需要灵活选用。例如，建设—运营—移交模式的项目合同除了10个通用模块之外，还需选用投资计划及融资、工程建设、运营和服务、社会资本主体移交项目等模块。

六、重要编制依据之六：两报告一方案

一是物有所值评价报告。根据财政部《关于印发〈PPP物有所值评价指引（试行）〉的通知》（财金〔2015〕167号）第五条和第六条的规定，物有所值评价包

括定性评价和定量评价。现阶段以定性评价为主，鼓励开展定量评价。定量评价可作为项目全生命周期内风险分配、成本测算和数据收集的重要手段，以及项目决策和绩效评价的参考依据。应统筹定性评价和定量评价结论，做出物有所值评价结论。物有所值评价结论分为“通过”和“未通过”。“通过”的项目，可进行财政承受能力论证；“未通过”的项目，可在调整实施方案后重新评价，仍未通过的不宜采用 PPP 模式。因此，在编制 PPP 项目的招标文件时，物有所值评价报告为必备依据。

二是财政承受能力论证报告。根据财政部《关于印发〈政府和社会资本合作项目财政承受能力论证指引〉的通知》（财金〔2015〕21 号）第五条的规定：“财政承受能力论证的结论分为‘通过论证’和‘未通过论证’。‘通过论证’的项目，各级财政部门应当在编制年度预算和中期财政规划时，将项目财政支出责任纳入预算统筹安排。‘未通过论证’的项目，则不宜采用 PPP 模式。”因此，在编制 PPP 项目的招标文件时，财政承受能力论证报告也为必备依据。

三是 PPP 项目实施方案（特许经营项目实施方案）。根据财政部《关于印发政府和社会资本合作模式操作指南（试行）的通知》（财金〔2014〕113 号）第十二条的规定：“财政部门（政府和社会资本合作中心）应对项目实施方案进行物有所值和财政承受能力验证，通过验证的，由项目实施机构报政府审核；未通过验证的，可在实施方案调整后重新验证；经重新验证仍不能通过的，不再采用政府和社会资本合作模式。”以及《基础设施和公用事业特许经营管理办法》第九条第一款的规定：“县级以上人民政府有关行业主管部门或政府授权部门（以下简称项目提出部门）可以根据经济社会发展需求，以及有关法人和其他组织提出的特许经营项目建议等，提出特许经营项目实施方案。”实施方案作为 PPP 项目的纲领性文件，在 PPP 项目招标文件编制时，必须依据经批准的实施方案。

七、重要编制依据之七：其他

一是可行性研究报告。根据《国务院关于投资体制改革的决定》（国发〔2004〕20 号）的规定，对于政府投资项目，采用直接投资和资本金注入方式的，从投资决策角度须审批项目建议书和可行性研究报告。但是，并非所有的 PPP 项目招标文件编制，均需要可行性研究报告，因为如果不是新建、改建的 PPP 项目，则不需要。

二是项目产出说明。不管是新建、改建还是存量的 PPP 项目，均须有项目产出说明。具体依据为财政部《关于印发政府和社会资本合作模式操作指南（试行）的通知》（财金〔2014〕113 号）第七条第二款的规定：“对于列入年度开发计划的项目，项目发起方应按财政部门（政府和社会资本合作中心）的要求提交相关资料。新建、改建项目应提交可行性研究报告、项目产出说明和初步实施方案；存量项目应提交存量公共资产的历史资料、项目产出说明和初步实施方案。”

三是政府的其他批文。对此，需要结合 PPP 项目的具体情况，要求政府方提供相关文件。

八、结语

前述七部分编制依据，基本上均能适用，但在编制具体的 PPP 项目招标文件时，须结合 PPP 项目的具体特点，不完全局限于前述七类编制依据，如初步设计报告、施工图等，对此，需要在具体的 PPP 项目招标文件编制过程中，具体问题具体分析，但目标是一致的，即编制出一份符合具体PPP项目的合法、合规、合理、可行、优质的招标文件。

重点二：PPP 项目招标文件编制重难点之如何妥当设置项目公司注册资本的具体金额

——以财政部第三批 PPP 示范项目中的两个具体项目的不同设置为例

PPP 项目，根据具体情况可以选择是否设立项目公司，如果设立项目公司的话，需要考虑项目公司注册资本的具体金额。对于如何合理设置项目公司注册资本的具体金额，在实际操作中，出现了不同的情况，有的将项目资本金等同于项目公司注册资本，完全按照项目资本金的金额设置项目公司注册资本，而有的则否，甚至远远低于项目资本金。至于该如何设置，本文以财政部第三批 PPP 示范项目中的两个具体项目为例，从法律、法规、政策的角度，综合政府方与社会资本方的考虑，对此予以探讨，供各位指正。

一、财政部第三批 PPP 示范项目中的两个具体项目的不同设置

（一）项目公司注册资本等同于项目资本金：通化市地下综合管廊及道路改造 PPP 项目

根据财政部政府和社会资本合作中心官方网站对通化市地下综合管廊及道路改造 PPP 项目的信息公开①，可知如下情况：

1. 项目概况。该项目建设地点位于通化市内，拟建设管廊分布于现状中心城区主要市政管线所在道路和规划拓展建设的城港经济带，建设总里程为 80.96 公里，包括通化市通化大街、官道岭道街、新华大街、新城路等 38 条现状及规划道路下建设 73.36 公里，以及城港经济带处于规划中的 7.6 公里。根据该项目前期《可行性研究报告》以及可研编制单位对项目估算进行细化调整，调整后项目建设投资（不含管线成本，不含征地拆迁及现有管线排迁费用，不含建设期利息和流动资金）为 631952 万元。同时根据目前的建设期（5 年）和长期贷款基准利率（4.9%）上浮 20% 计算，建设期利息为 100601 万元，该项目最终总投资为 733653 万元。

2. 项目公司注册资本金额的设置情况。根据《通化市地下综合管廊及道路改造 PPP 项目实施方案》4.2.1 的规定："资本金及贷款金额及比例。本项目资本金不少于项目总投资的 20%，约 15 亿元，项目投资所需其余资金由项目公司通过银行借款等方式解决，约 60 亿元。本项目资本金及贷款比例约为 2 ∶ 8。"以及 4.2.3 的规定："项目公司股权结构。项目公司注册资本暂定为 15 亿元，项目建设期第一年支付额度不少于 1 亿元。在项目公司中，政府方与社会资本方所占股份比例分别为 20% 和 80%。"

（二）项目公司注册资本不等同于项目资本金：云南省保山市地下综合管廊工程 PPP 项目

根据财政部政府和社会资本合作中心官方网站对云南省保山市地下综合管廊工程 PPP 项目的信息公开②，可知如下情况：

1. 项目概况。该项目北至青莲、西至小栗园、南至云瑞、东至青阳，敷设总

---

① 通化市地下综合管廊及道路改造 PPP 项目［EB/OL］，http://www.cpppc.org：8082/efmisweb/ppp/projectLibrary/getPppOpenInfo.do?projId=e637c410492f46ffbf97a618c8dfc676 2017-02-28。

② 云南省保山市地下综合管廊工程 PPP 项目［EB/OL］，http://www.cpppc.org：8082/efmisweb/ppp/projectLibrary/getPppOpenInfo.do?projId=9b567a7912b645818931770c4a287c89 2017-02-28。

面积约60平方公里。项目总投资为67.58亿元。其中，建安费51.43亿元，工程建设其他费用6.1亿元，预备费5.75亿元，建设用地费0.8亿元，建设期贷款利息3.5亿元。项目建设19条干线、支线及3座监控中心，总长86.23公里。其中，2016－2017年新建16条干、支线地下综合管廊及监控中心2座，共计63.83公里；完成在建（永昌路、保岫东路、青堡路）三条干线管廊22.4公里以及1号监控中心的设备采购和安装调试、验收、资产评估等工作。

2.项目公司注册资本金额的设置情况。根据《云南省保山市地下综合管廊工程PPP项目实施方案》第五章"交易结构"第（三）项的规定："项目投融资结构。根据项目可行性研究及其批复，工程总造价为675870.68万元。其中，建安费514267.43万元，工程建设其他费61049.21万元，预备费57531.66万元，建设用地费8000.00万元，建设期贷款利息35022.37万元。其中项目资本金约占34%，其余66%拟为银行贷款，项目下阶段计划采用PPP模式，引入社会资本合作，承担项目资本金中的60%，其余40%由政府方承担……"以及第六章"PPP合同框架草案"第（五）项的规定："项目公司的经营范围、注册资本、股东出资方式、出资比例、股权转让等。1.项目公司负责本项目的投资、融资、建设（主体工程、管线及其他构筑物迁移工程、交通导改、绿化、道路恢复工程、监控中心及其他附属工程），并负责项目设施的运营维护服务。2.项目公司注册资本金5000万元，其中社会资本占60%，政府方（或其授权主体）占40%……"

二、项目公司注册资本与项目资本金属于完全不同的两个概念

（一）项目公司注册资本具体金额由股东认缴

自2013年12月28日第十二届全国人民代表大会常务委员会第六次会议通过《关于修改〈中华人民共和国海洋环境保护法〉等七部法律的决定》以后，除特殊类型的公司外，公司的注册资本的具体金额由股东认缴，不存在法律、法规或政策规定的最低金额限制。如《中华人民共和国公司法》第二十六条的规定："有限责任公司的注册资本为在公司登记机关登记的全体股东认缴的出资额。法律、行政法规以及国务院决定对有限责任公司注册资本实缴、注册资本最低限额另有规定的，从其规定。"因此，对于基于PPP项目成立的项目公司，从《中华人民共和国公司法》的角度来说，注册资本为100万元，或1000万元，或10亿元，均未违反法律的规定。因此，云南省保山市地下综合管廊工程PPP

项目的项目公司的注册资本金为5000万元，也符合《中华人民共和国公司法》的规定。

（二）项目资本金的具体金额不得低于规定的比例

关于项目资本金，我国最早是在《国务院关于固定资产投资项目试行资本金制度的通知》（国发〔1996〕35号）中予以定义和规定："投资项目资本金，是指在投资项目总投资中，由投资者认缴的出资额，对投资项目来说是非债务性资金，项目法人不承担这部分资金的任何利息和债务；投资者可按其出资的比例依法享有所有者权益，也可转让其出资，但不得以任何方式抽回。"并要求从1996年开始，对各种经营性投资项目，包括国有单位的基本建设、技术改造、房地产开发项目和集体投资项目，试行资本金制度，投资项目必须首先落实资本金才能进行建设。个体和私营企业的经营性投资项目参照本通知的规定执行。公益性投资项目不实行资本金制度。外商投资项目（包括外商独资、中外合资、中外合作经营项目）按现行有关法规执行。在投资项目的总投资中，除项目法人（依托现有企业的扩建及技术改造项目，现有企业法人即项目法人）从银行或资金市场筹措的债务性资金外，还必须拥有一定比例的资本金。

对于该等比例，国发〔1996〕35号文规定："投资项目资本金占总投资的比例，根据不同行业和项目的经济效益等因素确定，具体规定如下：交通运输、煤炭项目，资本金比例为35%及以上；钢铁、邮电、化肥项目，资本金比例为25%及以上；电力、机电、建材、化工、石油加工、有色、轻工、纺织、商贸及其他行业的项目，资本金比例为20%及以上。投资项目资本金的具体比例，由项目审批单位根据投资项目的经济效益以及银行贷款意愿和评估意见等情况，在审批可行性研究报告时核定。经国务院批准，对个别情况特殊的国家重点建设项目，可以适当降低资本金比例。"

当然，随着国家国民经济的发展变化，国务院先后多次调整了项目资本金的最低比例标准，比如2004年发布《国务院关于调整部分行业固定资产投资项目资本金比例的通知》（国发〔2004〕13号）、2009年发布《国务院关于调整固定资产投资项目资本金比例的通知》（国发〔2009〕27号）予以调整，以及2015年发布的《国务院关于调整和完善固定资产投资项目资本金制度的通知》（国发〔2015〕51号）。现在执行的也是国发〔2015〕51号的规定，国发〔2015〕51号对项目资本金的具体比例，规定为："城市和交通基础设施项目：城市轨道交通项目由 25% 调整为 20%，港口、沿海及内河航运、机场项目由 30% 调整为 25%，铁路、公路项目由 25% 调整为 20%。房地产开发项目：保障性住房和普通商品住房项目维持 20% 不变，其他项目由 30% 调整为 25%。产能过剩行业项目：钢铁、电解铝项目维持 40% 不变，水泥项目维持 35% 不变，煤炭、电石、铁合金、烧碱、焦炭、黄磷、多晶硅项目维持 30% 不变。其他工业项目：玉米深加工项目由 30% 调整为 20%，化肥（钾肥除外）项目维持 25% 不变。电力等其他项目维持 20% 不变……城市地下综合管廊、城市停车场项目，以及经国务院批准的核电站等重大建设项目，可以在规定最低资本金比例基础上适当降低。”

因此，不管是在通化市地下综合管廊及道路改造 PPP 项目中，还是在云南省保山市地下综合管廊工程 PPP 项目里，均设置了相应的项目资本金的具体金额。只不过，一个项目是将项目公司注册资本等同于项目资本金，一个则否。那么，此两种设置，哪一种更妥当呢?

三、将项目公司注册资本的具体金额等同于项目资本金具体金额的不同角度分析

（一）从政府方角度的分析

对于政府方来说，将项目公司注册资本的具体金额等同于项目资本金具体金额，有如下几个有利的地方：一是符合国务院关于项目资本金相关制度的要求；二是符合《中华人民共和国公司法》的要求；三是对融资有利，在融资时，属于“加分项”；四是项目资本金属于非债务性资金，项目法人不承担这部分资金的任何利息和债务，相应减轻项目公司的负担。

但是，对政府方不利的是，如果政府方参股项目公司，将承担相应股比的投资责任，而且此份投资，项目法人也不承担任何利息和债务。这对于本来资金就不充裕的政府方来说，压力更大。

（二）从社会资本方角度的分析

对社会资本方来说，将项目公司注册资本的具体金额等同于项目资本金具体金额，有利的地方基本上与政府方一致，除了前述第四项以及对政府方不利的一项。前述第四项恰恰成为对社会资本方不利的地方，因为项目公司的注册资本越多，社会资本方投入的非债务性资金就越多。前述对政府方不利的一项，恰恰成为对社会资本方有利的一项，因为政府方投入的项目资本金越多，对社会资本方

来说，压力越小。

四、将项目公司注册资本的具体金额不等同于项目资本金具体金额的不同角度分析

对于此种情况，一般都是将项目公司的注册资本的具体金额，设置得远远低于项目资本金的具体金额。对于将项目公司注册资本的具体金额，设置得高于项目资本金的项目的情况，比较少见。

（一）从政府方角度的分析

对于政府方来说，将项目公司注册资本的具体金额不等同于项目资本金具体金额，尤其是远远低于项目资本金的具体金额，有如下几个有利的地方：一是与国务院关于项目资本金相关制度的要求不冲突；二是符合《中华人民共和国公司法》的要求；三是减小了政府方在参股项目公司时的出资压力。

当然，对政府方来说，不利的地方，一是融资时变成了“减分项”；二是担心社会资本承担出资项目资本金，绝大部分金额能否被有效落实。

（二）从社会资本方角度的分析

对社会资本方来说，将项目公司注册资本的具体金额设置得远远低于项目资本金具体金额，有利的地方基本上与政府方一致。对于社会资本方的不利之处，即社会资本方必须承担更多金额的非债务性资金的出资责任。

五、结语：根据项目具体情况综合考虑项目公司注册资本具体金额的设置

虽然国发〔1996〕35 号文规定项目资本金属于非债务性资金，项目法人不承担这部分资金的任何利息和债务，且不得以任何方式抽回。但是从 PPP 项目的财务测算角度出发，或者更直白一点，从社会资本作为投资人的角度出发，社会资本投入的不论是项目公司的注册资本，还是项目资本金，均需要有一定的投资回报，否则该 PPP 项目对社会资本将丧失吸引力，也将失去 PPP 模式的应有之义。

因此，虽然 PPP 项目的项目公司注册资本的具体金额可以相对任意设置，但对 PPP 项目的项目资本金，国务院规定了最低比例，不得突破也不得随意设置。在 PPP 项目公司注册资本具体金额的设置上，就需要根据 PPP 项目的具体情况，综合考虑政府方和拟以什么方式吸引社会资本方的情况，以及财务测算情况，具

体予以设置。

一句话：项目公司注册资本，可高于项目资本金，可等于项目资本金，也可低于项目资本金。具体多少金额，须结合PPP项目具体情况予以确定，只要合法、合规、合理即可。

重点三：PPP项目招标文件编制重难点之合作期满后项目公司的股权该如何处理

PPP项目合同，属于PPP项目招标文件的重要组成部分，在PPP项目合同中，一般会约定是否成立项目公司。如果成立项目公司，一般由社会资本控股项目公司，项目合作期满后，社会资本一般将项目公司持有的项目全部资产、资料、设备等无偿移交给政府方。但是对于合作期满后项目公司的股权该如何处理，实践中出现了各种不同的方式。本文从法律法规及相关政策规定的角度，对该等方式一一予以分析，提出相应的意见与建议，但囿于作者个人的经验与知识，不一定正确，仅供各位参考、讨论、指正。

方式一：留白，不约定PPP项目公司的股权该如何处理

比如某高速公路PPP项目，在其招标文件“投标人须知前附表”中如此规定：“某省交通运输厅指定某省交通建设集团有限公司作为本项目政府出资人，社会资本中标后，与政府出资人共同出资，按照《中华人民共和国公司法》及其他相关法律和政策规定组建项目公司，由项目公司对项目的筹划、资金筹措、建设实施、运营管理、债务偿还和资产管理等全过程负责，自主经营，并根据合作项目合同的规定，在项目合作期满后，将公路（含土地使用权）、公路附属设施及相关资料无偿移交给交通运输主管部门或其指定单位。”且在PPP招标文件所附PPP项目合同中如此规定：“移交范围：在项目合作期满后，乙方（中标社会资本方）应采取所有必要的措施和行动（包括签订任何文件），向甲方（政府方）无偿移交和转让：（1）项目及其附属设施；（2）至少满足项目正常运营6个月所需要的设施、物品；

（3）与项目的建设、运营、管理和维护有关的文件、手册和记录；（4）与项目有关的所有未到期的担保、保证和保险的受益；（5）与项目运营和养护有关的所有技术和知识产权；（6）所有与项目及其资产有关的乙方的其他权利和利益。”

对于此种留白的规定，如果没有在成立项目公司的《公司章程》及其《出资协议》中再予以补充规定，笔者不太建议采用此种方式，理由如下：

一是项目公司的股权属于无形资产。当然，合作期满后将项目的全部资产、设备、权益等移交给政府方后，项目公司有可能是一个“空壳公司”，甚至有可能因还有未偿还的负债导致项目公司的股权是“负资产”。但不管如何，应对此股权的处理予以约定，而不应留待其“自生自灭”。

二是项目公司终有解散清算的一天。项目公司均有经营期限，经营期限一般等于或大于 PPP 项目的合作期限。根据《中华人民共和国公司法》第一百八十条的规定：“公司因下列原因解散：（一）公司章程规定的营业期限届满或者公司章程规定的其他解散事由出现；……”项目公司经营期满解散的，应当在解散事由出现之日起 15 日内成立清算组，开始清算。公司清算后，有可能社会资本持有的项目公司的股权还享有相应的剩余财产可供分配。那么，就应当对项目合作期满后项目公司的股权该如何处理，作出相应的约定。

方式二：回购，由政府方回购 PPP 项目公司的股权

政府方回购项目公司的股权，具体可分为三种情况：

情况之一：合作期内逐年回购社会资本持有项目公司的股权，合作期满日回购完毕。

比如某生态环境工程 PPP 项目招标文件中所附 PPP 项目合同约定：本项目合作期限为 10 年（含 2 年建设期），工程竣工验收合格进入运营期后，采购人（政府方）即开始进行按如下比例按年回购乙方持有的项目公司 90% 的股权。8 年运营期满后回购完毕。8 年运营期内逐年进行支付回购的比例如下：

表 1 年度支付比例

年限	运营期							
	1	2	3	4	5	6	7	8
支付比例	20%	15%	15%	15%	10%	5%	5%	5%

对于此种股权处理方式，虽然合作期满后，政府方全部回购了 PPP 项目公司的股权，PPP 项目公司就变成政府方的全资子公司，也就不需要再进行项目资产、设备、资料等的移交，继续由项目公司实施即可。但是此种方式，笔者也不太建议采用，理由如下：

一是有违规变相融资之嫌。比如财政部《关于进一步做好政府和社会资本合作项目示范工作的通知》（财金〔2015〕57 号）规定："（二）确保示范项目实施质量。要严格执行国务院和财政部等部门出台的一系列制度文件，科学编制实施方案，合理选择运作方式，认真做好评估论证，择优选择社会资本，加强项目实施监管……严禁通过保底承诺、回购安排、明股实债等方式进行变相融资，将项目包装成 PPP 项目……（六）确保上报备选示范项目具备相应基本条件……对采用建设—移交（BT）方式的项目，通过保底承诺、回购安排等方式进行变相融资的项目，财政部将不予受理。"以及财政部印发的《政府和社会资本合作项目财政管理暂行办法》（财金〔2016〕92 号）第三十五条第三款规定："政府与社会资本合资设立项目公司的，应按照《公司法》等法律规定以及 PPP 项目合同约定规范运作，不得在股东协议中约定由政府股东或政府指定的其他机构对社会资本方股东的股权进行回购安排。"

二是有违规使政府方控股之嫌。虽然逐年转让项目公司的股权，但当转让到一定程度且合作期仍未满的时候，政府方将变成 PPP 项目公司的控股股东。而根据财政部《PPP 项目合同指南（试行）》的规定："项目投资人订立股东协议的主要目的在于设立项目公司，由项目公司负责项目的建设、运营和管理，因此项目公司的股东可能会包括希望参与项目建设、运营的承包商、原料供应商、运营商、融资方等主体。在某些情况下，为了更直接地参与项目的重大决策、掌握项目实施情况，政府也可能通过直接参股的方式成为项目公司的股东（但政府通常并不控股和直接参与经营管理）。"

情况之二：合作期限内出现约定的特定条件，由政府方回购项目公司的股权。

比如，某高速公路 PPP 项目在其所附 PPP 项目合同中规定："当项目运营期实际车辆通行费收入与可预测车辆通行费收入有较大差距或运营期第 10 年后，项目运营年度经审计的车辆通行费实际收入达不到可报告预测车辆通行费收入的 90% 时，经协商同意，社会资本有权减持项目公司股份或退出本项目，招标人和社会资本应共同协商办理银行贷款债务转移事宜（如需）。社会资本减持股份时，招标人将对社会资本减持的股份进行收购，收购款项为社会资本减持股份所对应考核项目资本金及实际占用时间（不含建设期）成本（时间成本为央行 5 年以上贷款基准利率）；社会资本退出项目时，招标人将对社会资本持有项目公司股权进行收购，收购款项为依据合作项目合同确认的考核项目资本金扣减政府出资人认缴的项目资本金后的金额及实际占用时间（不含建设期）成本（时间成本为央行 5 年以上贷款基准利率）并扣减社会资本已获取的分红额及分红额的银行同期存款利息。”

对于此种方式，笔者建议慎重采用，理由如下：

一是要与 PPP 项目风险识别的深度和精确性挂钩。PPP 项目具有很多风险，经营风险则属于其中之一，但导致经营风险的因素很多，识别得越详细、越细致、越深入，就越有利于风险承担的划分。

二是要与 PPP 项目风险分担的合理和准确性划分挂钩。尽管属于经营风险，但并非所有的经营风险均由社会资本承担，或均由政府方承担，要在社会资本与政府方之间进行合理的划分，且此种划分须根据导致经营风险的不同因素予以分担。

情况之三：合作期满后将项目公司的股权以一定的价格转让给政府方。

比如某供水 PPP 项目合同中约定：“某市政府为推进某市项目产业市场化发展，决定通过公开招标形式，将其已建成且拥有独立产权的某市供水系统中不低于 70% 的经营性资产通过公开招标方式转让给乙方（社会资本方），资产转让后，由某市政府指定部门用某市供水系统的剩余资产在乙方在某市设立的专营城市供排水业务的项目公司参股，占有项目公司不超出 30% 的股权，由某市政府授予项目公司某市城镇供排水业务的特许经营权，作为某市供排水的经营者。合作期限结束后，甲方（政府方）或甲方授权机构将按照资产评估公允价值回购乙方在项目公司中的全部股权。”

对于此种方式，笔者建议根据具体项目区别予以采用，理由如下：

一是如果社会资本在合作期限内已经通过政府付费或者使用者付费、政府可行性缺口补助达到其中标的投资收益时，不应再额外支付购买股权的费用。

二是如果社会资本合作期限内通过政府付费或者使用者付费、政府可行性缺口补助仍达不到其中标的投资收益时，可以考虑在合作期满后以额外支付购买股权的相应费用保障社会资本的合理投资收益。

当然，此种方式的最有利之处，是以股权转让的方式实现了 PPP 项目资产的转移，手续简便，税费负担明晰等。

方式三：无偿转让，社会资本将其持有的 PPP 项目公司的股权全部无偿转让给政府方

比如某水利枢纽 PPP 项目，在其招标文件中所附 PPP 项目合同中如此规定："特许经营期限届满，项目公司取得的经营权终止，并无偿移交发起人退出，且社会资本方持有的项目公司股权无偿移交发起人或发起人指定的单位。"

对于此种方式，在明确项目公司的债务及或有债务得到相应处理的情况下，笔者建议采用此方式，理由如下：

一是以股权变更的简单方式实现了看似简单实则复杂的资产、设备、资料等的移交。很多 PPP 项目花了相当大的篇幅来规定合作期满后项目资产、设备、资料、权益等的移交时间、程序等内容，即使有如此众多的规定，仍担心不能穷尽需要移交的各项事宜。但是采取股权无偿转让的方式，资产、设备、资料、权益等仍在项目公司，不需要转让，项目公司此时就成为政府方的全资子公司。

二是股权转让的税费低于资产转让的税费。对于 PPP 项目合作期满后，如果项目资产等的所有权在项目公司，需要从项目公司转让到政府方，将产生相对巨额的税费。

三是项目公司所聘请的"原班人马"继续存续，有利于对项目的继续经营、管理。如果采取将项目公司的资产等全部转移给政府方，政府方肯定得增加相应的人员予以经营、管理，但如果采取此方式，项目公司还是这个项目公司，资产设备还是这些资产设备，经营管理人员还是这些经营管理人员，劳动合同还可以继续履行，避免项目公司因移交全部资产设备等成为"空壳公司"后，出现难以安置项目公司的员工等各项社会及法律问题。

但是，采取此种方式的前提是项目公司作为独立法人，自负盈亏。在 PPP 项目合作期限内，项目公司会存在负债及或有负债情况，对此需要规定合作期满后社会资本方促使项目公司或代项目公司偿还完毕全部债务且对或有债务有一定的担保措施后，才可予以使用。否则，政府方承接的有可能是一个资不抵债的项目公司。

结语：根据 PPP 项目的具体情况予以区别处理

因 PPP 项目的复杂性，对于具体的 PPP 项目，应视其具体情况进行区别处理。但值得注意的是，相关的设置须满足合法性和合规性，对于“通过保底承诺、回购安排、明股实债等方式进行变相融资，将项目包装成 PPP 项目”的股权回购安排，则属于财政部禁止之列。对于其他方式的股权处理，在风险合理分担、风险可控的前提下，须审慎予以约定。当然，留白不规定合作期满后项目公司股权如何处理的方式，也不是一个好方式。

重点四：PPP 项目招标文件编制重难点之理解有歧义——特许经营项目招标评分标准编制的大忌

——以中国环境保护集团有限公司等诉北京市发展和改革委员会北京南宫生活垃圾焚烧特许经营项目招投标行政处理案为例

招标投标作为缔结合同的一种特殊程序，固有其优越性。但正因为其作为一种程序，即须占用一定的时间和遵循固定的流程。一旦某一环节出现问题，将影响甚至严重滞后最终合同签署的时间，影响项目的顺利推进。

在特许经营项目招标投标中，亦然。本文以北京市第二中级人民法院二审的中国环境保护集团有限公司等诉北京市发展和改革委员会北京南宫生活垃圾焚烧特许经营项目招投标行政处理案[①]为例，指出在特许经营项目中，因编制的招标文件的评分标准有歧义导致对其理解不具有唯一性而发生被异议、投诉，提起行政诉讼一审、二审事宜。这不管是对北京南宫生活垃圾焚烧特许经营项目的招标人还是中标候选人，甚至对投标人来说，都是一个耗时耗力的事情。

---

① 北京市第二中级人民法院，中国环境保护集团有限公司等诉北京市发展和改革委员会招投标行政处理案二审行政判决书［EB/OL］，http://www.bjcourt.gov.cn/cpws/paperView.htm?id=100318743022 2015-12-252016-07 19。

当然，这对于未来我们开展特许经营项目的招标投标时，对于招标文件评分标准的编制，提供了一个经验，这将有助于我们尽力去避免可能产生的问题或麻烦。那么，在北京南宫生活垃圾焚烧特许经营项目的招标投标中，实际情况究竟如何，以致可供我们警示？

一、中标候选人名单甫一公布，招标人及其代理机构即收到第二名中标候选人的异议函

2014 年 9 月 28 日，北京南宫生活垃圾焚烧特许经营项目的招标人北京市市政市容管理委员会及其招标代理机构中招国际招标有限公司在北京市招投标公共服务平台上发布了《北京南宫生活垃圾焚烧厂特许经营项目中标候选人公示》①，中标候选人名单及排序为：第一名，北京环境卫生工程集团有限公司和中国环境保护公司联合体；第二名，北京兴都环能科技发展有限公司和中国光大国际有限公司联合体；第三名，北京北控环保工程技术有限公司和上海环境集团有限公司联合体。公示期为自公示发布日起 5 个工作日。因 10 月 1 日是国庆节，公示时间横跨整个国庆假期，即从 2014 年 9 月 28 日至 2014 年 10 月 9 日。

在公示期的最后一天，即 2014 年 10 月 9 日，第二名中标候选人北京兴都环能科技发展有限公司和中国光大国际有限公司联合体（以下简称第二名中标候选人）向招标人和招标代理机构同时发送了《关于对“北京南宫生活垃圾焚烧厂特许经营项目”中标候选人公示结果的异议》（以下简称《异议函》）。

《异议函》对北京环境卫生工程集团有限公司和中国环境保护公司联合体（以下简称第一名中标候选人）在投标文件中列出的烟台润达垃圾处理项目（以下简称烟台润达项目）和杭州绿能环保发电项目（以下简称杭州绿能项目）在评标过程中获得的业绩分提出异议。认为第一名中标候选人提供的焚烧业绩不符合招标文件的要求，乃因北京市南宫生活垃圾焚烧发电厂项目工艺采用机械炉排炉工艺，配备 2 条 500 吨 / 日垃圾焚烧线，设计处理能力 1000 吨 / 日。本次招标是依据上述实际项目事实进行的项目业绩评价，招标文件中明确有效项目业绩为“已投入运营且项目规模大于或等于 1000 吨 / 日的机械炉排炉垃圾焚烧处理项目业绩”。

---

① 北京市市政市容管理委员会，北京南宫生活垃圾焚烧厂特许经营项目中标候选人公示［EB/OL］，http://www.bjztb.gov.cn/zbjg/201409/t8294056.htm 2014-09-282016-07-19。

按照上述事实，烟台润达项目批复文件明确其为 2 台 400 吨机械炉排炉垃圾焚烧系统，不满足招标文件要求，不应得分。杭州绿能项目实际建成投运规模为 3 台 150 吨的 450 吨 / 日机械炉排炉垃圾焚烧系统，不满足招标文件要求，不应得分。这两个项目的得分根本性地违反了本次招标的初衷和真实意图。

对于北京南宫生活垃圾焚烧特许经营项目的招标文件，因招标人未予以公开，除相关关系人外，社会公众并未可知，但可获知其招标公告，从北京市市政市容管理委员会于 2014 年 8 月 29 日发布的《北京南宫生活垃圾焚烧厂特许经营项目招标公告》[①]来看，其对投标人的资格要求之一为“投标人具有运营时间两年以上平均日处理规模 1000 吨（含）以上采用炉排炉工艺的大陆境内垃圾焚烧发电项目的经验（其焚烧工艺中的炉型应为机械炉排炉，且在该项业绩中的持股比例不低于 51%）；具有管理、运行单体 500 吨 / 日（含）以上炉排炉式垃圾焚烧炉的经验”。

招标人北京市市政市容管理委员会收到第二名中标候选人的异议后，根据《中华人民共和国招标投标法实施条例》第五十四条第二款的规定：“投标人或者其他利害关系人对依法必须进行招标的项目的评标结果有异议的，应当在中标候选人公示期间提出。招标人应当自收到异议之日起 3 日内作出答复；作出答复前，应当暂停招标投标活动。”因此，北京市市政市容管理委员会收到《异议函》后，必须暂停招标投标活动，并且必须在 3 日内予以答复。

据此，北京南宫生活垃圾焚烧特许经营项目的招标投标活动开始暂停。

二、招标代理机构的回复让第二中标候选人不满，遂投诉到北京市发展和改革委员会

北京市市政市容管理委员会收到《异议函》后，暂停了招标投标活动。

直到 2014 年 10 月 22 日，招标代理机构项目负责人与第二名中标候选人进行了洽谈，并向第二名中标候选人出具了《质疑回复函》，内容为：“……北京兴都环能科技发展有限公司 / 中国光大国际有限公司联合体：针对贵方于 2014 年 10 月 9 日提交的质疑函所述情况和问题，我公司认真组织了核实复查工作。在征询、理清

① 北京市市政市容管理委员会，北京南宫生活垃圾焚烧厂特许经营项目招标公告［EB/OL］，http://www.bjztb.gov.cn/zbgg/201408/t8166070.htm 2014-08-292016-07-19。

相关情况及证明材料的基础上，对招标文件、投标文件、评委会评审意见等进行了反复的阅读和复核，现将结果函告如下：1. 关于投标人业绩……经核查，贵方提交的与被质疑人业绩相关的信息在被质疑人投标文件中已如实反映，评标委员会依法根据招标文件和投标文件进行评审，评标委员会对投标人业绩的认定符合招标文件载明的标准与要求。2. 关于违反执业道德及职业不良行为事件……经核查，贵方所列举的北小河排污事件与上海民事裁决败诉事件，与本项目投标人并无直接关系，贵方要求据此对其予以'废标'的要求缺乏依据。感谢贵方积极参与本项目的投标以及为本项目付出的所有努力……"

第二名中标候选人见此《质疑回复函》，旋即在第二天，即2014年10月23日，向北京市发展和改革委员会提交了《关于对北京南宫生活垃圾焚烧特许经营项目招标有关问题的投诉》（以下简称《投诉》）。

该《投诉》称："……北京市发展和改革委员会稽查办：8月30日，北京市市政市容管理委员会（招标人）委托中招国际招标有限公司（招标代理机构）发布了北京南宫生活垃圾焚烧厂特许经营项目招标公告，北京兴都环能科技发展有限公司和中国光大国际有限公司组成联合体参与投标。9月28日，招标代理机构发布中标候选人公示，我联合体对此次招标过程中出现的问题提出了质疑（主要集中在候选人第一名的部分焚烧业绩和法律声明是否符合招标文件要求和对招标文件进行了实质性响应等），在规定时间内递交了对公示结果的质疑文件和证据。10月22日，招标代理机构项目负责人与我公司进行了洽谈，出具了《质疑回复函》，拒绝认可我方提出的质疑。通过与招标代理人确认，烟台润达垃圾处理项目和杭州绿能环保发电项目均参与评分并得分。我方在质疑文件中反映的问题客观真实、证据确凿，充分说明了候选第一名提供的焚烧业绩不符合招标文件的要求。但招标代理机构在公示结果明显违背招标文件的情况下，依然坚持错误判定。我方拒绝接受《质疑回复函》的内容……按照10月22日招标代理机构对焚烧业绩认定的解释：烟台项目和杭州项目只要是投运了（无论是全规模投产还是部分投产），只要批复规模达到1000吨/日（无论批复是焚烧系统规模还是混合工艺规模），只要项目中有机械炉排炉（无论规模为1000吨/日）就可以认定为该业绩可得分。以此逻辑，如果发改委批复了一个混合工艺处理设施5000吨/日规模，其中实际已投运垃圾焚烧发电如果为一台100吨/日机械炉排炉，那么此项目仍将被认定为一个处理能力为5000吨/日的机械炉排炉垃圾焚烧发电项目业绩。或者如果一个项目发改委批复规模超过 1000 吨 / 日，但实际建设投运仅为 50 吨 / 日的项目，那么该项目也将被认定为一个 1000 吨 / 日的垃圾焚烧发电项目业绩。因此，如果按照招标代理机构对业绩认定的这种断章取义、以偏概全的解释，那么此招标的业绩认定就变成了完全没有标准和判定依据的认定。我方认为，一个招标投标项目，必须以事实为依据，以《招标文件》要求为判定准绳，不能掩盖事实真相，从而造成招标结果与实际的巨大出入。此外，招标文件清楚地列明能够得分的业绩要求为已投入运营且项目规模大于或等于 1000 吨 / 日的机械炉排炉垃圾焚烧处理项目，不存在理解歧义。目前，除南宫项目外，密云等项目也在组织运营招标，其在业绩认定叙述中也有同南宫项目相似的描述，如果按照招标代理机构的解释，那么今后北京市所有垃圾处理项目的运营招标都将面临同样情况，所有招标都将无边际可循，北京市场将彻底混乱，搅乱市场者必将大有人在。因此，衷心恳请贵委，马上暂停该招投标活动，公开、公平、公正地处理本次招投标出现的问题，还事实以真相，依据《中华人民共和国招标投标法实施条例》第八十二条，对烟台润达垃圾处理项目和杭州绿能环保发电项目的得分予以纠正，并重新公示中标候选人……"

北京市发展和改革委员会受理了第二名中标候选人的投诉。

三、北京市发展和改革委员会一纸决定，直接导致第一名中标候选人将北京市发展和改革委员会告上了法院

北京市发展和改革委员会受理了投诉后，又收到了两份文件。

一是 2014 年 11 月 6 日，第二名中标候选人提交的《关于对北京南宫生活垃圾焚烧特许经营项目招标中认定项目业绩有关问题的补充》。

二是北京市市政市容管理委员会制作于 2014 年 11 月 13 日的《北京市市政市容管理委员会关于南宫生活垃圾焚烧厂特许经营项目招标有关情况说明的函》（市政容函〔2014〕712 号），内容为："……市发展改革委：南宫生活垃圾焚烧厂特许经营项目的招标是按照市政府批准的《市发展改革委、市市政市容委、市财政局关于报请审定南宫生活垃圾焚烧厂特许经营实施方案的请示》（京发改文〔2014〕267 号）有关意见开展，由我委作为招标人，委托中招国际招标有限公司组织进行……我委认为，评标委员会对烟台润达项目和杭州绿能项目的业绩认定并无不妥，符合招标文件的规定和要求。理由如下：就烟台润达项目，第一名中标候选

人向招标人提交了烟台市城市管理局于2014年9月10日出具的《政府用户证明》，根据该《政府用户证明》，烟台润达项目日焚烧处理生活垃圾1000吨，于2014年6月建成，自投运以来设备运行状况良好，环保指标严格达标，可实现年发电1.3亿度，年二氧化碳减排量9.5万吨。我委派人赴烟台对该项目进行了核查，情况属实。就杭州绿能项目，第一名中标候选人向招标人提交了浙江省发展和改革委员会于2006年3月10日出具的《浙江省发展改革委关于印发杭州生活垃圾焚烧处理一期工程（杭州绿能环保发电项目）项目竣工验收意见的通知》（以下简称《通知》）、浙江省环保局于2005年12月31日出具的环保验收意见以及杭州城市管理委员会于2013年4月10日出具的《政府用户证明》。根据《通知》中对杭州绿能项目的介绍，杭州绿能项目'按照浙计投〔2000〕325号可研批复、浙计设计〔2000〕159号初步设计批复，建设内容与规模为：按处理生活垃圾1050吨/日，建设5台马丁式垃圾焚烧锅炉，12MW发电机组进行规划，按"一次规划，分期实施"的原则进行建设'。根据《政府用户证明》，杭州绿能项目已正式投入商业运营。第二名中标候选人对第一名中标候选人烟台润达项目和杭州绿能项目两个项目业绩分的异议，主要围绕对评分细则中与投标人业绩与经验的评分标准的理解展开，即招标文件（第一卷）—投标人须知，附件十一—评分细则，商务方案评分细则中的第2项—投标人业绩与经验，第（1）小项—投标人运营管理业绩中的b项（下称b项标准）。根据招标文件的商务方案评分细则，投标人运营管理业绩共计18分，其中，符合a项标准的得10分，a项标准表述为：'投标人具有运营时间两年以上平均日处理规模1000吨（含）以上采用炉排炉工艺的大陆境内垃圾焚烧发电项目的经验；具有管理、运行单体500吨/日（含）以上炉排炉垃圾焚烧炉的经验，得10分'，'本项满分10分'。与此同时，符合b项标准的项目，每多一个，加1分，b项标准表述为'在中国大陆地区已投入运营且项目规模≥1000吨/日的机械炉排炉垃圾焚烧处理项目业绩'。评分标准须将a项和b项评分标准结合在一起解读，我委的本意是：a项标准考察投标人实际运营平均日处理规模达到1000吨（含）的项目经验，并考察投标人管理运行单体500吨/日（含）以上的项目经验，此项业绩和经验对设计处理规模同为1000吨/日的南宫项目来说，至关重要，因此分值较重，投标人符合要求的可获得10分，而在a项计分项目之外，b项标准考察投标人在中国大陆地区已投入运营的其他机械炉排炉垃圾焚烧处理项目业绩。因此，b项标准考察的是投标人的类似项目业绩经验的多少及市场活跃程度，即投标人除了有满足 a 项标准的项目经验之外，是否也参与了其他类似项目，因此该标准并不强制要求项目实际运营的规模达到 1000 吨 / 日，但此类项目需要有政府文件证明项目规模大于或等于 1000 吨 / 日即可；由于 b 项标准与 a 项标准考察的重点不同，且 b 项标准的重要性低于 a 项标准，因此每个项目的分值较低，每多一个符合标准的项目，仅加 1 分。综上所述，第一名中标候选人提交的文件可以证明：烟台润达项目和杭州绿能项目均已投入运营，且两个项目的项目规模均达到 1000 吨 / 日。因此，我委认为，依据 b 项标准，两个项目分别应在业绩分中获得 1 分，评审委员会对烟台润达项目和杭州绿能项目的业绩认定并无不妥，符合招标文件的规定和要求。此函。附件：市市政市容委对烟台润达项目的核查情况……”

另外，北京市发展和改革委员会开展了相关调查。

2014 年 11 月 25 日，北京市发展和改革委员会的工作人员对该项目的 7 名评审委员会成员分别进行了调查，并分别制作了《北京南宫生活垃圾焚烧特许经营项目招标评标情况调查笔录提纲》（以下简称《调查笔录提纲》），关于万某某的《调查笔录提纲》中记载着如下内容：“……4. 作为评标专家，请详细说明你对北京环卫集团联合体的投标资料中杭州绿能项目 3 台 450 吨 / 日业绩上的理解和加分的依据？答：按照现在我对这个条款的理解，我认为杭州绿能项目不符合加分条件……现在我看这个条款，我认为该项目不能加分，应该得 16 分，而不是我当时评的 17 分……”关于许某的《调查笔录提纲》中记载着如下内容：“……4.……答：杭州绿能项目（一期）建成投入规模是 450 吨 / 日，现在来看，不满足日处理规模≥ 1000 吨条件，不应该加分，现在我认为该项评分应该是 16 分，而不应该是当时的 17 分……”关于张某的《调查笔录提纲》中记载着如下内容：“……4.……答：现在看来，杭州绿能项目（一期）建成投入规模是 450 吨 / 日，不满足日处理规模≥ 1000 吨条件，不应该加分，现在我认为该项评分应该是 16 分，而不应该是当时的 17 分……”关于华某的《调查笔录提纲》中记载着如下内容：“……4.……答：我认为该项评审 a 项，投标人具有运营时间两年以上平均日处理规模 1000 吨（含）以上采用炉排炉工艺的大陆境内垃圾焚烧发电项目的经验，我认为该条款说的是经验，而不是项目，不占用 b 款项目指标，与 b 款的说项目不同。我现在认为我当时打 17 分没有问题……”关于宿某某的《调查笔录提纲》中记载着如下内容：“……4.……答：杭州绿能项目（一期）已投入运营，总体设计项目规模日处理规模≥1000吨，符合加分条件，所以该项评分应该是17分……”关于武某的《调查笔录提纲》中记载着如下内容：“……4.……答：杭州绿能项目（一期）已投入运营，项目总体设计规模日处理规模≥1000吨，符合加分条件，所以该项评分应该是17分……”关于张某某的《调查笔录提纲》中记载着如下内容：“……4.……答：杭州绿能项目（一期）已投入运营，项目总体设计规模日处理规模≥1000吨，符合加分条件，所以该项评分应该是17分……”

3∶4，这就是北京市发展和改革委员会的事后调查，原评标委员会部分专家改变了他们原来的想法的比例。

事情发生了变化。

2014年12月2日，北京市发展和改革委员会听取了招标人的陈述和申辩，并形成了会议纪要。

2014年12月5日，北京市发展和改革委员会作出京发改稽察〔2014〕1号《北京市发展和改革委员会关于北京南宫生活垃圾焚烧特许经营项目招标投诉处理的决定》（以下简称1号《决定》），内容如下：“……投诉人：北京兴都环能科技发展有限公司/中国光大国际有限公司联合体……被投诉人1：北京市市政市容管理委员会……被投诉人2：中招国际招标有限公司……一、投诉事项及主张……2014年10月23日，我委收到投诉人《关于对北京南宫生活垃圾焚烧特许经营项目招标有关问题的投诉》，2014年11月6日，我委又收到投诉人《关于对北京南宫生活垃圾焚烧特许经营项目招标中认定项目业绩有关问题的补充》……投诉人要求暂停该项目招标活动，对烟台润达垃圾处理项目和杭州绿能环保发电项目焚烧业绩得分予以纠正，重新公示中标候选人。二、调查情况……我委受理投诉后，依法对投诉人、被投诉人分别展开调查，查阅了该项目招投标活动有关资料，听取了该项目招标人北京市市政市容管理委员会的陈述和申辩。调查认定事实如下：1.关于烟台润达垃圾处理项目，根据招标人提供烟台市城市管理局于2014年9月10日出具的《政府用户证明》，烟台润达垃圾处理项目日焚烧处理生活垃圾1000吨，该《政府用户证明》符合招标文件关于当地行业主管部门或者特许授予单位出具的证明该项目‘已投入运营’的书面材料的要求。2.关于杭州绿能环保发电项目，经查，批复总建设规模为处理生活垃圾1050吨/日，按‘一次规划，分期实施’的原则进行建设，实际已建成并投入运营一期工程规模为450吨/日。调查过程中，部分评标委员会成员认为杭州绿能环保发电项目焚烧业绩不符合招标文件中

‘每多一个在中国大陆地区已投入运营且项目规模≥ 1000 吨 / 日的机械炉排炉垃圾焚烧处理项目业绩，加 1 分’的规定，并承认对‘投标人运营管理业绩’的打分存在失误。三、处理意见……根据调查事实，我委认为，评标委员会对该项目的评审工作不符合《中华人民共和国招标投标法实施条例》（国务院令第 613 号）第四十九条‘评标委员会成员应当……按照招标文件规定的评标标准和方法，客观、公正地对投标文件提出评审意见’的规定。依据《中华人民共和国招标投标法实施条例》（国务院令第 613 号）第七十一条、第八十二条的有关规定，作出如下处理决定：责令对该项目评标工作进行改正，由招标人及招标代理机构中招国际招标有限公司按照公平、公正、科学、择优的原则重新组织评审。投诉人、被投诉人如对本决定不服，可依法申请行政复议或者向人民法院提起行政诉讼……”

北京南宫生活垃圾焚烧特许经营项目，2014 年 8 月 29 日发布招标公告，2014 年 9 月 28 日发布中标候选人公示。但是，2014 年 12 月 5 日，北京市发展和改革委员会要求对该项目“重新组织评审”。

第一名中标候选人不干了，直接将北京市发展和改革委员会列为被告，向北京市西城区人民法院提起了行政诉讼。

四、一审法院判决出但争议未止，第一名中标候选人提起上诉

第一名中标候选人向北京市西城区人民法院诉称：一、北京市发展和改革委员会据以作出具体行政行为的主要证据不足。首先，第一名中标候选人在投标过程中曾要求招标人就相关问题予以澄清，招标人明确答复以立项批复为准。杭州绿能环保发电项目批复总建设规模为处理生活垃圾 1050 吨 / 日，符合招标文件关于项目规模≥ 1000 吨 / 日的要求。其次，根据《中华人民共和国招标投标法》第三十七条第一款规定，评标由招标人依法组建的评标委员会负责。评标委员会具有独立评标的权利，评标结果亦具有权威性，评标是基于每位成员意见与个人打分结果得出的综合的、集体的最终结论，评标结果是不受个别专家的影响或个人理解而左右的，更不得因个别专家事后的个人理解来推翻评标结果，评标专家亦没有对招标文件的解释权。评标之所以要以评标委员会的形式进行，就是以这种集体参与的形式来避免个人的影响。评标委员会成员的权利在评标过程中行使，事后某位或某些位成员的个人理解与意见不具有法律效力，更不得以此推翻评标结果。因此市发改委所依据的理由不足。并且，招标人在向北京市发展和改革委员会递交的书面文件中，亦

曾再次确认第一名中标候选人在投标文件中列明的项目符合招标文件要求，并同意评标委员会将其列为中标候选人第一名的意见。在相关问题已由招标人澄清解答，招标人也再次确认第一名中标候选人投标文件中列明的项目符合招标文件规定的评标标准和方法的情况下，北京市发展和改革委员会以评标委员会成员未按照招标文件规定的评标标准和方法，客观、公正地对投标文件提出评审意见为由，要求重新组织评审的决定并无充足证据支持。二、……三、……综上，第一名中标候选人请求依法判决撤销北京市发展和改革委员会所作1号《决定》。

被告北京市发展和改革委员会答辩称：一、……二、1号《决定》依据充分、程序合规、处理得当。北京市发展和改革委员会依法对投诉进行初步审查并受理后，依法分别对投诉人和被投诉人展开调查，并调取了该项目招投标活动的资料，收到了该项目招标人北京市市政市容管理委员会提交的说明材料。在此基础上，又分别调查了评标委员会7名成员就该项目的评标情况，听取了招标人的陈述和申辩。北京市发展和改革委员会经调查认定，杭州绿能环保发电项目批复总建设规模为处理生活垃圾1050吨/日，按“一次规划，分期实施”的原则进行建设，实际已建成并投入运营一期工程规模为450吨/日。在调查过程中，部分评标委员会成员认为杭州绿能环保发电项目焚烧业绩不符合招标文件中“每多一个在中国大陆地区已投入运营且项目规模≥1000吨/日的机械炉排炉垃圾焚烧处理项目业绩，加1分”的规定，并承认对“投标人运营管理业绩”的打分存在失误。根据上述调查事实，北京市发展和改革委员会认为，评标委员会对该项目的评审工作不符合《中华人民共和国招投标法实施条例》第四十九条“评标委员会成员应当……按照招标文件规定的评标标准和方法，客观、公正地对投标文件提出评审意见”的规定。并依据该《条例》第七十一条、第八十二条的有关规定，作出1号《决定》。三、其他需要说明的问题。中环集团公司、北环公司所述招标人在招投标过程中已就“投入运营且项目规模≥1000吨/日”相关问题进行澄清是没有事实根据的……综上，北京市发展和改革委员会认为该委所作1号《决定》依据充分，程序合规，请求判决驳回中环集团公司、北环公司的诉讼请求。

招标人北京市市政市容管理委员会向北京市西城区人民法院述称：一、本案涉及的项目招投标程序严格按照法律法规的要求进行，合法有效。本案所涉及的杭州绿能环保发电项目符合招标文件的规定和要求，认定业绩正确。二、……另外，招标人向法院提交了《北京南宫生活垃圾焚烧厂特许经营项目招标工作报告

（招标编号：TC14059AE）》（整本），报告显示：第一，此经营项目的评标委员会于 2014 年 9 月 26 日成立，成员共 7 人。分别是许某、宿某某、张某、华某、万某某、张某某及武某。还有这 7 人的工作单位、职务 / 职称、身份证号、联系电话等内容。第二，此次招投标，投标人得分第一名是“北京环境卫生工程集团有限公司和中国环境保护公司联合体”，得分：95.31 分；第二名是“北京兴都环能科技发展有限公司和中国光大国际有限公司联合体”，得分：94.53 分，前后相差 0.78 分。第三，通过“商务评分表”中“投标人运营管理业绩”的评分可知：评标委员会的 7 名成员对“兴都环能联合体”的评分均是 16 分，对“北京环卫集团联合体”的评分均是 17 分。

第二名中标候选人向北京市西城区人民法院述称：一、第一名中标候选人针对北京南宫生活垃圾焚烧特许经营项目的投标业绩之一杭州绿能环保发电项目不符合相关招标要求，北京市发展和改革委员会所作 1 号《决定》证据合法、充分；二、北京南宫生活垃圾焚烧特许经营项目评标过程中，评标委员会对于第一名中标候选人提交的烟台润达垃圾焚烧项目和杭州绿能环保发电项目的评分标准不统一；三、北京市发展和改革委员会在其职权范围内所作 1 号《决定》适用法律正确、合法有效。

时间从 2014 年的国庆节，进入 2015 年的国庆节，终于等来了北京市西城区人民法院的判决。

2015 年 10 月 30 日，北京市西城区人民法院作出（2015）西行初字第 381 号行政判决，认为：第一，……第二，北京市发展和改革委员会所作 1 号《决定》事实清楚。北京市发展和改革委员会受理投诉后，依法展开调查，并最终认定：烟台润达垃圾处理项目符合投标加分情况，杭州绿能环保发电项目不符合投标加分情况，上述认定结论合法有据。同时，北京市发展和改革委员会对本案项目招标人及评审委员会成员依法调查、调取相关材料，在行政执法程序上并无不当。综上，依据《最高人民法院关于执行〈中华人民共和国行政诉讼法〉若干问题的解释》[①] 第五十六条第（四）项的规定，判决驳回了第一名中标候选人的诉讼请求。

北京市发展和改革委员会胜诉了，但只不过是在一审。

---

① 本案判决时，《最高人民法院关于执行〈中华人民共和国行政诉讼法〉若干问题的解释》尚未失效，但现已被《最高人民法院关于适用〈中华人民共和国行政诉讼法〉的解释》（法释〔2018〕1 号）所废止。

第一名中标候选人在收到一审判决书后，随即向北京市第二中级人民法院提起了上诉。

五、二审法院一锤定音，但北京南宫生活垃圾焚烧特许经营项目进展被延已成事实

第一名中标候选人不服一审判决提出上诉，请求撤销一审判决、改判撤销北京市发展和改革委员会所作1号《决定》。上诉理由为：……北京市发展和改革委员会受理第二名中标候选人的投诉、对投诉的调查违反法定程序，所作1号《决定》内容不符合法律规定；北京市发展和改革委员会所作1号《决定》适用《中华人民共和国招标投标法实施条例》第四十九条、第七十一条、第八十二条属适用法律错误；北京市发展和改革委员会以对评标委员会成员进行调查而制作的《调查笔录》作为作出1号《决定》的证据，但该《调查笔录》并不是判断项目是否符合加分情况的合法依据。

北京市发展和改革委员会、第二名中标候选人同意一审判决，请求予以维持。

北京市第二中级人民法院认为，根据《中华人民共和国招标投标法实施条例》第五十四条第二款、第六十条的规定，投标人或者其他利害关系人对依法必须进行招标的项目的评标结果有异议的，应当先向招标人提出异议，招标人作出处理后仍不服的，可以向有关行政监督部门投诉。根据《中华人民共和国招标投标法实施条例》第四条第二款、《北京市城市基础设施特许经营条例》第六条，关于县级以上地方人民政府发展改革部门指导和协调本行政区域的招标投标工作，北京市发展改革部门负责本市城市基础设施特许经营的总体规划、综合平衡、协调和监督的规定，北京市发展和改革委员会是本市招标投标工作的行政监督部门，具有受理投标人或者其他利害关系人对依法必须进行招标的项目的评标结果提出的投诉并作出处理的行政职权。本案中，第一名中标候选人作为“北京南宫生活垃圾焚烧特许经营项目”的投标人，对该招标项目的评标结果有异议。该两公司向招标人提出异议后，不服招标人委托的招标代理机构的回复，又向北京市发展和改革委员会提出投诉。北京市发展和改革委员会受理该投诉，并在进行调查后作出相应处理，符合《中华人民共和国招标投标法实施条例》的相关规定。北京市发展和改革委员会在一审诉讼期间提交的证据，可以证明其在1号《决定》中认定的“调查过程中，部分评标委员会成员认为杭州绿能环保发电项目焚烧业绩

不符合招标文件中‘每多一个在中国大陆地区已投入运营且项目规模≥1000吨/日的机械炉排炉垃圾焚烧处理项目业绩，加1分’的规定，并承认对‘投标人运营管理业绩’的打分存在失误”的案件事实。据此，北京市发展和改革委员会所作1号《决定》认定“北京南宫生活垃圾焚烧特许经营项目”的评标委员会对该项目的评审工作不符合《中华人民共和国招标投标法实施条例》第四十九条，关于“评标委员会成员应当按照招标文件规定的评标标准和方法，客观、公正地对投标文件提出评审意见”的规定，并依据《中华人民共和国招标投标法实施条例》第七十一条、第八十二条的规定，作出责令对该项目评标工作进行改正，由招标人及招标代理机构按照公平、公正、科学、择优的原则重新组织评审的决定是正确的。综上，一审法院判决驳回第一名中标候选人要求撤销北京市发展和改革委员会所作1号《决定》的诉讼请求是正确的，本院应予维持。第一名中标候选人的上诉理由没有事实根据和法律依据，本院不予采信。依照《中华人民共和国行政诉讼法》第八十九条第一款第（一）项的规定，北京市第二中级人民法院在2015年12月24日作出判决书，判决为：驳回上诉，维持一审判决。

这是终审判决。北京市发展和改革委员会终审胜诉。

北京南宫生活垃圾焚烧特许经营项目须“重新组织评审”。

六、时隔近两年后，北京南宫生活垃圾焚烧特许经营项目终定中标人

2016年1月28日，招标人北京市市政市容管理委员会发布了《北京南宫生活垃圾焚烧厂特许经营项目中标候选人公示》[①]，第一中标候选人：北京环境卫生工程集团有限公司；第二中标候选人：北京兴都环能科技发展有限公司；第三中标候选人：北京北控环保工程技术有限公司。

2016年2月25日，招标人北京市市政市容管理委员会发布了《北京南宫生活垃圾焚烧厂特许经营项目中标结果公告》[②]，中标人为北京环境卫生工程集团有限公司和中国环境保护公司联合体。

---

① 北京市市政市容管理委员会，北京南宫生活垃圾焚烧厂特许经营项目中标候选人公示［EB/OL］，http://www.bjztb.gov.cn/zbhxrgs_2015/201601/t9908490.htm 2016-01-282016-07-19。

② 北京市市政市容管理委员会，北京南宫生活垃圾焚烧厂特许经营项目中标结果公告［EB/OL］，http://www.bjztb.gov.cn/zbjg_2015/201602/t9973099.htm 2016-02-252016-07-19。

据此，北京环境卫生工程集团有限公司在其公司网站上进行如此宣传[①]：“2月25日，在历时近18个月的不懈努力之后，集团公司与中国环境保护集团有限公司联合体最终成功中标南宫生活垃圾焚烧厂特许经营项目。南宫焚烧厂是北京市政府依据《北京市生活垃圾处理设施建设三年实施方案》要求投资建设的。项目设计处理能力1000吨/日，采用2×500吨/日达到国际先进水平的马丁逆推式炉排炉技术，总投资约8.13亿元，特许经营期25年。由于该项目设计、投资及建设标准达到世界先进水准，具有很强的地域优势和行业影响力，因此受到了国内几乎所有行业龙头企业的关注。中标南宫焚烧厂特许经营项目，既落实了集团改革发展要求的重大成果，为集团构建‘大环卫、全覆盖’能力、发展环卫全产业链填补了最后一块空白领域；也完成了我市西南区域生活垃圾全产业链的构建工作，有效推动了集团在全市范围内开展设施战略布局的进程；与此同时，此次投标通过与国内龙头企业及其他市属国有企业的同台竞争，彰显了集团强劲的综合实力。”

北京南宫生活垃圾焚烧特许经营项目，本来预计在2014年即可确定中标人，但直到2016年，才最终确定中标人。案件的焦点和核心在于评分标准理解的歧义性。这对于编制招标文件的招标人及其代理机构来说，不得不予以警醒，对于招标文件的评分标准等核心内容，必须审慎细心编制，做到理解的唯一性，避免歧义性。否则，北京南宫生活垃圾焚烧特许经营项目招标就是一个鲜活的例子。

重点五：PPP项目招标文件编制重难点之如何依法设置环环相扣全覆盖的各项保证金机制

——以财政部第二批PPP示范项目“某市政道路桥梁工程PPP项目”为例

PPP项目，因其投资额巨大，合作期限较长，从政府方的角度来说，需要对

① 北京环境卫生工程集团有限公司，集团公司与中国环保联合中标南宫焚烧厂特许经营项目［EB/OL］，http://www.besg.com.cn/newsshow.php?fid=1&cid=2&id=727 2016-03-012016-07-19。

与社会资本方合作可能产生的风险设置合适的机制予以控制。而保证金，对于政府方来说，是众多控制机制中运用得最多的一种方式。但是，PPP 项目的招标，与传统的施工招标、设计招标等有重大的区别。PPP 项目的招标文件中，对于保证金的设置，也将比传统的招标文件的设置更为复杂。同时，在整个长期的合作期限内，保证金不能“断档脱保”，需要环环相扣全覆盖。

至于如何设置，且须依法设置环环相扣全覆盖的保证金机制，本文以财政部于 2015 年 9 月 25 日发布的《关于公布第二批政府和社会资本合作示范项目的通知》（财金〔2015〕109 号）所附附件“财政部第二批 PPP 示范项目名单”中所列的“某市政道路桥梁工程 PPP 项目”为例，分析环环相扣全覆盖的保证金机制的合法设置方式，以供各位参考、讨论、指正。

一、实例：“某市政道路桥梁工程 PPP 项目”概况

根据采购人某市住房和城乡建设委员会于 2015 年 6 月 30 日发布的《某市政道路桥梁工程 PPP 项目招标公告》，可知如下概况。

（一）项目基本情况

某市政道路桥梁工程全长约 3.6 千米，道路宽度 60 米。其中斜拉桥一座，全长 986 米，宽 31 米，双向六车道，设人行道。主桥跨径布置为（150+320+150）米，全长 620 米，双塔三跨的双索面半漂浮体系斜拉桥。主梁采用预应力混凝土双边箱梁，主塔采用双“子”式混凝土桥塔，主塔总高 115 米，桥面以上高 91.58 米，塔柱采用矩形空心断面。主桥塔柱基础结构形式为承台接桩基。

（二）建设内容及总投资

1. 建设内容主要包括：道路工程、桥涵工程、管线工程、交通工程、照明工程、绿化工程、泵站工程等，计划建设工期为 30 个月。招标公告发布时该项目已完成立项、选址、环评、可研、初设、规划许可、施工图设计等工作。

2. 总投资 6.06 亿元，其中包含征地拆迁费用 1.5 亿元。

（三）PPP 项目合作模式

本次 PPP 项目社会资本采购，由某市政府指定的政府方出资代表与中选社会资本合资设立项目公司，具体负责某市政道路桥梁工程 PPP 项目的投资、融资、建设及运维（含道路工程、桥梁工程、管线工程、交通工程、照明工程、绿化工程、泵站工程及其他附属工程）。

1. 本项目采用可用性服务费和运维绩效服务费模式，由政府支付项目公司服务费。

2. 本项目可用性服务费和运维绩效服务费合作期限为 8 年，合作期内可用性服务费为等额支付，运维绩效服务费采取阶梯式递增方式支付。

3. 政府出资人与社会资本共同成立 PPP 项目公司，政府出资人占股 10%，按股权比例分享收益。

二、PPP 项目资格预审阶段保证金的设置

（一）按照财政部的规定，PPP 项目招标必须实施资格预审

根据财政部于 2014 年 12 月 31 日发布的《政府和社会资本合作项目政府采购管理办法》（财库〔2014〕215 号）第五条的规定："PPP 项目采购应当实行资格预审。项目实施机构应当根据项目需要准备资格预审文件，发布资格预审公告，邀请社会资本和与其合作的金融机构参与资格预审，验证项目能否获得社会资本响应和实现充分竞争。"

但是，在采购人某市住房和城乡建设委员会于 2015 年 6 月 30 日发布的《某市政道路桥梁工程 PPP 项目招标公告》中，规定："为了有效缩短采购时间，保证充分竞争，本项目采取公开采购两阶段评审方法，即资格审查文件与采购文件的同时发布，社会资本按采购文件要求分别编制资格申请文件和技术标、商务标文件。评审小组先对投标人进行资格标评审，资格标通过的再对其进行商务标、技术标评审。"因此，在某市政道路桥梁工程 PPP 项目中，并未严格按照财政部《政府和社会资本合作项目政府采购管理办法》的规定执行资格预审。资格预审首先发布的是资格预审公告，而不是招标公告。

（二）对于是否必须缴纳资格预审保证金，法无规定

不论是《中华人民共和国招标投标法》，还是《中华人民共和国政府采购法》，甚至《政府和社会资本合作项目政府采购管理办法》，均未规定在 PPP 项目的资格预审阶段，是否可以要求资格预审申请人提交资格预审保证金。因此，在 PPP 项目的实践过程中，出现截然不同的操作方式。

第一种，不需要缴纳保证金即可参加资格预审。比如长沙市住房和城乡建设委员会发布的《长沙市住房和城乡建设委员会长沙市地下综合管廊试点建设 PPP

项目（第一批）资格预审公开招标公告》[①]中，其第 7.1 条明确规定："递送投标文件前，投标人须交付投标保证金如下：递交资格预审文件不需要缴纳投保保证金，第 7 条内容不适用。"

第二种，需要缴纳保证金才可参加资格预审，否则资格预审不通过。比如福州市琅岐经济区管理委员会发布的《琅岐红光湖景观综合工程 PPP 项目资格预审公告》（招标编号 0624-16130342）[②]中第八条规定："投标保证金的提交。8.1 投标保证金提交的时间及金额：投标保证金 500 万元，投标申请人提交资格审查文件截止时间前提交人民币 500 万元。8.2 资格预审阶段投标保证金提交的方式：应从申请人企业基本账户银行以电汇或银行转账的形式，汇到指定的保证金账户。8.3 资格预审阶段投标保证金汇款凭证上用途栏应注明本项目招标编号〔标准格式：0624-16130342 投标保证金〕。备注：若为联合体申请的，应由牵头人按照上述要求提供投标保证金。"该资格预审公告虽然表述为"投标保证金"，但这是在资格预审阶段，并非投标阶段，且要求申请人提交的时间也不是在投标截止时间之内，而是在提交资格审查文件截止时间前。因此，琅岐红光湖景观综合工程 PPP 项目要求申请人提交人民币 500 万元的保证金是资格预审阶段的保证金。

（三）在国家清理工程建设领域各项保证金的环境下，建议不设置资格预审保证金

虽然法律法规等并未规定资格预审保证金的设置，属于法无规定。但是，2016 年 3 月 30 日，住房和城乡建设部、财政部联合下发的《关于开展工程建设领域各类保证金清查工作的通知》（建市〔2016〕63 号）规定："目前在工程建设领域，建筑业企业需缴纳的保证金种类繁多，负担沉重。为贯彻落实国务院领导同志批示精神，切实减轻建筑业企业负担，激发市场活力，住房城乡建设部、财政部决定开展工程建设领域各类保证金清查工作……住房城乡建设部、财政部对

---

① 长沙市住房和城乡建设委员会，长沙市地下综合管廊试点建设 PPP 项目（第一批）资格预审公开招标公告［EB/OL］，http://www.changsha.gov.cn/xxgk/szfxxgkml/czxx/zfcg2/zbgg/201510/t20151020_821891.html. 2015-10-202016-05-11。

② 琅岐红光湖景观综合工程 PPP 项目资格预审公告［EB/OL］，http://www.ccgp.gov.cn/cggg/dfgg/qtgg/201604/t20160420_6697019.htm. 2016-04-202016-05-11。

各地上报的各类保证金的处理意见进行审核，会同国务院有关部门研究提出处理意见并经国务院同意后，将保留的涉及建筑业企业的保证金目录清单向社会公布。”因此，对于法无规定的资格预审保证金，建议不予设置。

三、PPP项目投标阶段保证金的设置

（一）是否设置投标保证金属于招标人的法定权利

不管是在招标投标法律体系中，还是在政府采购法律体系中，均将是否设置投标保证金，作为招标人（采购人）的一项法定权利，而非法定义务。对此，《中华人民共和国招标投标法实施条例》第二十六条规定：“招标人在招标文件中要求投标人提交投标保证金的……”以及《中华人民共和国政府采购法实施条例》第三十三条也规定：“招标文件要求投标人提交投标保证金的……”

因此，在PPP项目招标中，是否设置投标保证金，属于招标人的法定权利。但鉴于PPP项目的投资巨大性，为了保障PPP项目招标投标的顺利进行，建议招标人运用此项法定权利设置合理的投标保证金。

（二）合法合理设置投标保证金的金额及退还时间

在财政部第二批PPP示范项目“某市政道路桥梁工程PPP项目”中，对投标保证金的缴纳规定为：“投标保证金。1.人民币：壹仟万元。2.投标保证金为人民币壹仟万元整（RMB10000000元），投标人（若为联合体投标，则指联合体牵头方）必须在2015年7月29日上午10时前汇至某市公共资源交易中心账户（以到账时间为准），投标保证金必须从投标单位银行账户汇入账户（不接受现金）。”对投标保证金的退还规定为：“1.除中标人以外的投标人的投标保证金将在中标通知书发出之日起5个工作日内无息退还；2.中标人的投标保证金将在PPP项目协议签订之日起5个工作日，且中标人按要求提交建设期履约保函后无息退还。”此种规定合法合理否？

第一，对于PPP项目投标保证金的金额。根据《中华人民共和国政府采购法实施条例》第三十三条第一款的规定：“招标文件要求投标人提交投标保证金的，投标保证金不得超过采购项目预算金额的2%。投标保证金应当以支票、汇票、本票或者金融机构、担保机构出具的保函等非现金形式提交。投标人未按照招标文件要求提交投标保证金的，投标无效。”财政部第二批PPP示范项目“某市政道路桥梁工程PPP项目”的总投资6.06亿元，人民币1000万元整的投标保

证金没有超过2%的比例，合乎法律的规定。因“某市政道路桥梁工程PPP项目”需要社会资本投资和融资，社会资本必须具备相应的资金实力，要求人民币1000万元整的投标保证金也是合理的。

第二，对于PPP项目投标保证金的退还。《中华人民共和国招标投标法实施条例》与《中华人民共和国政府采购法实施条例》的规定，有所区别。但“某市政道路桥梁工程PPP项目”属于“政府付费”的PPP项目，须适用《中华人民共和国政府采购法实施条例》的规定。因此，从《中华人民共和国政府采购法实施条例》第三十三条第二款规定来看，“某市政道路桥梁工程PPP项目”是符合此款规定的，此款的具体规定为：“采购人或者采购代理机构应当自中标通知书发出之日起5个工作日内退还未中标供应商的投标保证金，自政府采购合同签订之日起5个工作日内退还中标供应商的投标保证金。”另外，从合理性上来说，“某市政道路桥梁工程PPP项目”要求“中标人按要求提交建设期履约保函后无息退还”，将投标保证金与建设期的履约保函环环相扣不“断档”，比较合理。

四、PPP项目合同生效阶段前提条件保证金的设置

（一）PPP项目合同的生效有必要设置相应的前提条件

我们通常签订的合同，一般均是合同当事人全部签字盖章之日起成立并生效。但是，对于PPP项目来说，因其复杂性，PPP项目并不是合同当事人签字盖章后即生效，而是一般会设置一些生效的前提条件，如果社会资本方没有达到或完成这些前提条件，PPP项目合同将不予生效。当然，不予生效的PPP项目合同对于政府方来说是一种损失，政府方还得重新选择合作者，不仅浪费、损失了招投标的前期费用，还浪费了时间。

因此，在财政部《关于规范政府和社会资本合作合同管理工作的通知》（财金〔2014〕156号）所附附件《PPP项目合同指南（试行）》第四节中规定：“一般情况下，PPP项目合同条款并不会在合同签署时全部生效，其中部分特定条款的生效会有一定的前提条件。只有这些前提条件被满足或者被豁免的情况下，PPP项目合同的全部条款才会生效。如果某一前提条件未能满足且未被豁免，PPP项目合同的有关条款将无法生效，并有可能进一步导致合同终止，未能满足该前提条件的一方将承担合同终止的后果。”这些前提条件一般包括完成融资交割、获

得项目相关审批、保险已经生效、项目实施相关的其他主要合同已经签订等。对于如何担保这些前提条件成就或完成，就有必要设置相应的保证金。

（二）合理设置担保 PPP 项目合同生效前提条件的保证金

在“某市政道路桥梁工程 PPP 项目”中，并未要求中标人提交担保 PPP 项目合同生效前提条件的保证金，但是在实践中，建议予以设置。

一是合理设置担保 PPP 项目合同生效前提条件保证金的金额。设置太低的金额，达不到担保的目的；设置太高的金额，将减少 PPP 项目招标时的吸引力。因此，对于合理的金额点，需要予以综合考虑，一般来说，因 PPP 项目里面，均需要中标的社会资本承担投资的责任，比如要求社会资本以现金的方式在 PPP 项目当地成立项目公司，社会资本出资项目公司的现金即为投资额，我们可以以此投资额作为基数，取一定的百分比，作为保证金的金额。比如在“某市政道路桥梁工程 PPP 项目”中，要求成立项目公司的注册资本为 1.82 亿元，社会资本方出资比例是 90%，即需要出资 1.638 亿元，在 1.638 亿元的基数上，按照 10% 的比例要求提交担保 PPP 项目合同生效前提条件的保证金金额即 1638 万元。

二是合理设置担保 PPP 项目合同生效前提条件保证金的提交时间。笔者个人建议，其提交时间应是在签署 PPP 项目合同之前，较为妥当。

三是合理设置担保 PPP 项目合同生效前提条件保证金的退还时间。笔者个人建议，其退还时间应是在 PPP 项目合同生效前提条件全部满足后 5 个工作日内无息退还，较为妥当。

当然，财政部《PPP 项目合同指南（试行）》第四节中规定：“具体项目中是否需要项目公司提供此类保函、保函金额多少，主要取决于以下因素：（1）在投标阶段是否已经要求项目公司提供其他的保函；（2）是否有其他激励项目公司满足前提条件的机制，例如项目期限或付费机制的设置；（3）项目公司不能达成前提条件的风险和后果；（4）政府方因项目无法按时实施所面临的风险和后果；（5）按时达成前提条件对该项目的影响；等等。”此指南可供大家编制 PPP 项目招标文件时作为重要的参考依据。

五、PPP 项目建设阶段保证金的设置

（一）涉及建设的 PPP 项目有必要设置建设期履约保证金

值得注意的是，并非所有的 PPP 项目均涉及建设内容。对于新建、改建、扩

建类的PPP项目，才涉及建设内容；对于其他PPP项目，如果没有涉及建设的，请读者自动“屏蔽”本节内容。但是在实际工作中，绝大部分的PPP项目均涉及建设内容。

在财政部《PPP项目合同指南（试行）》中，专节提出项目的建设，并且认为：“包含新建或改扩建内容的PPP项目，通常采用BOT、BOO或ROT等运作方式，项目建设是这类PPP项目合同的必备条款。有关项目建设的条款通常会包括设计和建设两部分内容。”为了有效地管理和控制建设中政府方的风险，有必要设置建设期履约保证金。这也恰如财政部《PPP项目合同指南（试行）》中的表述：“建设期履约保函是比较常见的一种保函，主要用于担保项目公司在建设期能够按照合同约定的标准进行建设，并且能够按时完工。该保函的有效期一般是从项目合同全部生效之日起到建设期结束。”

（二）合理设置PPP项目建设期的履约保证金

在“某市政道路桥梁工程PPP项目”中，对建设期履约保证金的规定为：“在政府与项目公司签订《PPP项目协议》后10日内，项目公司向某市住房和城乡建设委员会提交金额为3000万元的建设期履约保函，在建设期内，项目公司应保证建设期履约保函的持续有效。”

“某市政道路桥梁工程PPP项目”要求提交3000万元的建设期履约保函，金额是否合法合理？根据《中华人民共和国政府采购法实施条例》第四十八条的规定：“采购文件要求中标或者成交供应商提交履约保证金的，供应商应当以支票、汇票、本票或者金融机构、担保机构出具的保函等非现金形式提交。履约保证金的数额不得超过政府采购合同金额的10%。”以及《政府和社会资本合作项目政府采购管理办法》第二十一条的规定：“项目实施机构应当在采购文件中要求社会资本交纳参加采购活动的保证金和履约保证金。社会资本应当以支票、汇票、本票或者金融机构、担保机构出具的保函等非现金形式交纳保证金。参加采购活动的保证金数额不得超过项目预算金额的2%。履约保证金的数额不得超过PPP项目初始投资总额或者资产评估值的10%，无固定资产投资或者投资额不大的服务型PPP项目，履约保证金的数额不得超过平均6个月服务收入额。”

“某市政道路桥梁工程PPP项目”总投资6.06亿元，其10%为6060万元，要求提交金额为3000万元的建设期履约保函没有超过10%的限额。且针对该项目来说，也比较合理，毕竟该项目的建安等占了大部分的投资。据此，对于PPP 项目建设期履约保证金的设置，“某市政道路桥梁工程 PPP 项目”可以作为一个相对较好的参考。

六、PPP 项目运营维护阶段保证金的设置

（一）长时间运营的 PPP 项目有必要设置运营维护期履约保证金

与建设期履约保证金相比，不同的是，并非所有的 PPP 项目均涉及建设，但基本上所有的 PPP 项目均涉及运营维护。而且，运营维护的期限基本上均远远超过建设的期限。在如此长的运营维护期内，政府方如何把控社会资本控股的项目公司能有效提供运营维护服务，保证金即成为必要且有效的一种方式。也恰如财政部《PPP 项目合同指南（试行）》的表述为我们提供了一个指导：“运营维护期的履约保函，也称维护保函，主要用以担保项目公司在运营维护期内按照项目合同的约定履行运营维护义务。该保函的有效期通常视具体项目而定，可以一直到项目期限终止。在项目期限内，项目公司有义务保证该保函项下的金额一直保持在一个规定的金额，一旦低于该金额，项目公司应当及时将该保函恢复至该规定金额。”

（二）合理设置 PPP 项目运营维护期的履约保证金

在“某市政道路桥梁工程 PPP 项目”中，对运营维护期履约保证金的规定为：“以项目公司运维服务未满足要求的情形下，政府进行违约金或运维资金提取为目的，设置时应考虑降低项目公司资金占用，本项目运维期以保证金形式设置为 30 万元，由项目公司在项目竣工验收完成后 5 日内提交。在运营期内，项目公司应保证运维保证金维持上述水平。”

行文至此，笔者认为，对于运维保证金金额的设置，须根据具体的 PPP 项目特点来考量，比如某 PPP 项目的资产折旧率比较高，经常需要维护保养更换等，其运营维护保证金的设置金额就需要高一些。但是，如果某 PPP 项目的运营维护成本较低，也可以设置相对较低的运营维护保证金。

因此，运营维护保证金的金额，与 PPP 项目的总投资关联度不是很高，而是主要与 PPP 项目运营维护期的成本的高低相关。当然，运营维护保证金的期限，相对于其他保证金来说是最长的。

七、PPP 项目移交阶段保证金的设置

（一）移交资产巨大的 PPP 项目有必要设置移交保证金

PPP 项目合作期满后，社会资本方或项目公司需要向政府方移交整个 PPP 项目的资产，在移交的时候，政府方担心的是社会资本方或项目公司是否全部移交项目资产或相关资料、移交资产的质量是否合格、移交资产或资料的权利是否完整，移交的时间是否及时等。因为通常来说，在移交日前，由社会资本或项目公司承担项目设施的全部或部分损失或损坏的风险，除非该损失或损坏是由政府方的过错或违约所致；在移交日及其后，由政府承担项目设施的全部或部分损失或损坏的风险。因此，政府方的这些担忧的存在，是很正常的，也是需要提前做好把控安排的，移交保证金，也就成为不二之选。对此，财政部《PPP 项目合同指南（试行）》也规定："在一些 PPP 项目中，还可能会约定移交维修保函。移交维修保函提交时点一般在期满终止日 12 个月之前，担保至期满移交后 12 个月届满。"

（二）合理设置 PPP 项目移交保证金

在"某市政道路桥梁工程 PPP 项目"中，对移交保证金的规定为："项目公司应按照《PPP 项目协议》的约定在合作期届满十二个月之前向某市住房和城乡建设委员会提交金额为 2000 万元的移交保函，项目公司应在项目资产移交完毕且质量保证期满前持续有效。"

为什么移交保证金的金额，远远高于运营维护保证金的金额呢？因为移交的资产量非常之巨大，且移交的工作量也非常之大，较少金额的保证金，不足以保障政府方获得完整的项目移交。因此，在移交保证金金额的设置上，将考量最后移交的资产的整体价值量等因素来综合确定。至于要求提交移交保证金的时间，"某市政道路桥梁工程 PPP 项目"的规定是一个可供参考的例子。

八、结语：一张形象化表达 PPP 项目环环相扣全覆盖的保证金机制图

综上所述，一个 PPP 项目中，将会涉及很多种保证金，这些保证金，构成一个完整的链条，且需要环环相扣全覆盖，才能有效地发挥保证的作用。为使大家形象化理解 PPP 项目中各项保证金的设置机制，大致图示如下，以供参考、讨论、指正：

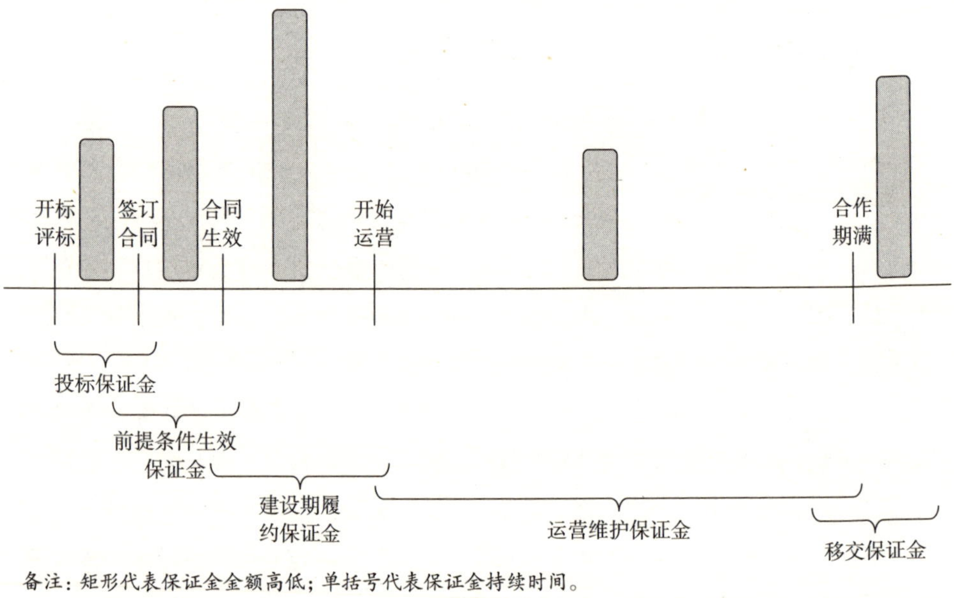

图 1

重点六：PPP 项目招标文件编制重难点之如何妥当拟定 PPP 项目合同体系中 SPV 公司股权变更条款

——以江苏省宿迁市骆马湖旅游度假区生态环境提升工程（项目二）（PPP 模式）为例

PPP 项目，其合作期限均很长，根据财政部于 2015 年 6 月 25 日印发的《关于进一步做好政府和社会资本合作项目示范工作的通知》（财金〔2015〕57 号）的规定，政府和社会资本合作期限原则上不低于 10 年。因此，如何拟定在 10 年或 10 年以上的超长合作期限内 SPV 公司（也称项目公司）股权变更条款，确实需要动一番脑筋，也需要拟定者具备专业的法律知识，同时还需要结合 PPP 模式的具体特点，以及具体的 PPP 项目情况来拟定。据此，笔者从一个实际案例——江苏省宿迁市骆马湖旅游度假区生态环境提升工程（项目二）（PPP 模式）为例，来分析、探讨如何妥当拟定 PPP 项目合同体系中 SPV 公司股权变更条款，以供参考、指正。

一、实例介绍：江苏省宿迁市骆马湖旅游度假区生态环境提升工程（项目二）（PPP 模式）

关于该 PPP 项目的具体情况，可登录“江苏政府采购网”查询作为采购人的宿迁市湖滨新区管理委员会于 2016 年 3 月 24 日发布的《骆马湖旅游度假区生态环境提升工程（项目二）（PPP 模式）社会投资人公开招标公告》（采购编号：JSJHSQ〔2016〕002 号）及其所附的招标文件。为便于讨论，现将该项目的大致情形介绍如下。

（一）建设内容

该项目属于打包项目，具体包含 5 个子项目：1. 山水绿廊工程；2. 发展大道；3. 湖滨大道（水杉大道）；4. 旅游大厦；5. 双语学校。双语学校占地 200 亩，总建筑面积 6 万平方米。

（二）投资规模

该项目的投资规模为：总投资约 26.5 亿元，且招标范围内的项目所有投资建设资金均由中标人自筹。招标范围为骆马湖旅游度假区生态环境提升工程（项目二）的投资、建设及运营管理。

（三）招标内容

本项目招标内容为骆马湖旅游度假区生态环境提升工程（项目二）社会投资人招标。招标完成后，由采购人与中标人签署《骆马湖旅游度假区生态环境提升工程（项目二）投资建设合作合同》，采购人授予中标人对本项目的投资建设合作特许经营权，双方合作进行本项目投资建设合作。在政府方授权下，由中标的社会投资人在宿迁市湖滨新区注册成立 PPP 项目公司，社会投资人占股 90%。

（四）合作范围

在合作期限 10 年内（含建设期，建设期不超过 24 个月），由中标社会投资人与政府方出资代表共同成立项目公司，由项目公司具体负责骆马湖旅游度假区生态环境提升工程（项目二）（PPP 模式）的投资、融资、建设及运营维护（含道路工程、绿化工程及其他附属工程等），并在合作期满后，将该项目及其全部设施无偿移交给湖滨新区管理委员会（或政府指定的其他机构），并确保该项目继续正常运营。

（五）股权变更条款

根据《骆马湖旅游度假区生态环境提升工程（项目二）社会投资人政府采购招标文件》（采购编号：JSJHSQ〔2016〕002号）第四章“合同条款”所附《骆马湖旅游度假区生态环境提升工程（项目二）投资建设合作合同》第5.2.1条的规定：“本合同生效后1个月内，在政府方授权下，由中标的社会投资人在宿迁市湖滨新区注册成立PPP项目公司，社会投资人占股90%。项目公司特许经营期间股权不得变更。项目公司具有履行本合同、签署补充合同和融资合同的法人资格和能力。项目公司注册成立后，乙方在本合同项下的全部权利义务转由项目公司承继。”以及第6.4条的规定：“项目运营……（3）根据PPP项目协议，在获得政府方书面同意之前，社会资本方不得转让其项目公司股权……”

因此，在江苏省宿迁市骆马湖旅游度假区生态环境提升工程（项目二）（PPP模式）中，对项目公司股权变更的条款，规定得相当之简洁、干脆、直接，仅有两处规定：“项目公司特许经营期间股权不得变更”“在获得政府方书面同意之前，社会资本方不得转让其项目公司股权。”笔者认为，骆马湖旅游度假区生态环境提升工程（项目二）（PPP模式）对项目公司股权变更的规定，从参考性方面来看，有些过于简单（当然，因笔者并未参与该项目，对该项目的了解仅为其招标公告及其所附招标文件，可能与该项目的实际情况不一致，不排除根据该项目的具体实际情形，该种规定是最合适的规定的情况），我们在拟定PPP项目公司股权变更条款时，应根据PPP项目的具体特点和PPP模式的特性详细予以规定，使之既能保障政府方的权益，又能满足社会资本方的诉求，同时又达到社会公共利益最大化的需求。当然，笔者的经验或者看法不一定正确，欢迎各位方家指正。

二、变更需求：须准确识别PPP项目各方主体对SPV公司股权变更的不同需求

PPP项目中，至少包含三方主体：政府方、社会资本方、社会公众。因各方主体需求不一致，我们在拟订PPP项目公司股权变更条款时，须准确识别各方主体的不同需求，并予以统筹通盘考虑，方可达成可执行、可操作的约定。

（一）政府方对SPV公司股权变更的需求

人们常说，PPP模式不是一场隆重的婚礼，而是一段长期的婚姻。对于政府

方来说，是不希望社会资本方中途“离婚”，或者社会资本方中途“出轨”的。政府方希望经过公开渠道选择的社会资本方，是一个可以长期合作，而非“赚快钱”的单位。对此，财政部《PPP 项目合同指南（试行）》第十节中表述到：“对于政府方而言，限制项目公司自身或其母公司的股权结构变更主要是为了避免不合适的主体被引入项目的实施过程中。由于在项目合作方选择阶段，通常政府方是在对社会资本的融资能力、技术能力、管理能力等资格条件进行系统评审后，才最终选定社会资本合作方。因此如果在项目实施阶段、特别是建设阶段，社会资本将自身或项目公司的部分或全部股权转让给不符合上述资格条件的主体，将有可能直接导致项目无法按照既定目的或标准实施。”

比如，在宿迁市湖滨新区管理委员会于 2016 年 3 月 24 日发布的《骆马湖旅游度假区生态环境提升工程（项目二）（PPP 模式）社会投资人公开招标公告》（JSJHSQ〔2016〕002 号）[①] 中，对社会资本方的要求有：“为证明特许经营者对本项目依法能够自行建设、生产和提供，特许经营者或其全资子公司必须具有良好的资产状况、资金实力和投资建设能力，独立投标人或联合体成员至少一名需满足的条件：①注册资本金不低于 10 亿元，最近连续三年盈利，提供近三年的财务审计报告。②净资产不低于 12 亿元……”

因此，如果政府方允许社会投资人随意转让或变更其持有的项目公司的股权，则有可能会使当初要求社会资本方必须具备特定能力的要求落空。对此，政府方在 PPP 项目中对项目公司股权变更的需求，是最大限度地禁止股权变更，以使与选定的社会资本能长期、平稳、顺利地合作下去。

当然，这只是政府方对于社会资本方变更项目公司股权的需求，对于政府方转让或变更其自身持有的项目公司的股权的需求则相反，是希望有最大限度的自由。当然，政府方在转让或变更其持有项目公司的股权时，也是不能随意转让或变更的，其必须遵守国有资产转让的相关法律法规的规定，如《中华人民共和国企业国有资产法》等的规定，从而做到依法转让或变更。

（二）社会资本方对 SPV 公司股权变更的需求

虽然财政部《PPP 项目合同指南（试行）》第十节对社会资本方变更项目公司

---

① 参见 http://www.sqggzyjy.gov.cn/sqzbtb/infodetail/?infoid=a14c0b73-d04b-49ef-9b8d-aa95b3931ccf&categoryNum=008002001。

股权有相应的表述："对社会资本而言，其希望通过转让其所直接或间接持有的部分或全部的项目公司股权的方式，来吸引新的投资者或实现退出。保障其自由转让股权的权利，有利于增加资本灵活性和融资吸引力，进而有利于社会资本更便利地实现资金价值。因此，社会资本当然不希望其自由转让股份的权利受到限制。"

但是，我们应该注意到，在PPP项目中，社会资本方可能会存在多方，如允许联合体投标的PPP项目中，如果该PPP项目涉及融资、设计、施工、运营维护等，则在该PPP项目中，社会资本就有可能由金融机构（银行、基金、信托等）、设计单位、施工单位、运营单位等多方主体参与。当然，在PPP项目招标采购时，政府方一般会规定联合体组成家数的上限。

在识别社会资本方对SPV公司股权变更的需求时，必须了解该PPP项目中的社会资本方是单纯的一家公司，还是承担不同职能或经营范围的不同公司，公司不同，其关注的需求点也大不相同。

比如，在骆马湖旅游度假区生态环境提升工程（项目二）（PPP模式）中，宿迁市湖滨新区管理委员会发布的招标公告，对联合体以及联合体中成员的资格要求为："该社会资本可为一家可同时完成建设与运营任务的综合性单位或由联合体（不超过两家企业）组成，该社会资本单独或与社会资本合股成立为项目公司，与政府签订特许经营协议。联合体投标的，必须满足下列要求：①联合体成员不得超过2家，以一个投标人的身份参与投标。不同专业的成员组成的联合体，其成员应当具备各自所承担工作内容的相应能力和资质条件；同一专业资质成员组成的联合体，按照资质等级最低的成员确定联合体的资质等级，且联合体各方成员均需满足业绩、人员、设备等方面的要求即可……独立投标人或联合体成员至少一名需满足的条件：……③具有省级及以上建设行政主管部门核发的《安全生产许可证》。④具有房屋建筑工程施工总承包壹级及以上资质。⑤具有市政公用工程施工总承包壹级及以上资质。⑥自2011年1月1日以来至少完成一项投资类或施工总承包类市政工程业绩（含房建、道路或景观工程），其单项合同价不低于1亿元……⑧投标人拟组建的管理团队须提供：高级职称4名以上，市政工程专业的一级注册建造师不少于2名。提供近6个月申请人为其缴纳的社保证明。"

因此，对于作为社会资本的建筑企业来说，按照"专业的人做专业的事"的理念，其参与PPP项目的最大预期，是希望承接该PPP项目的施工，以期获取相应的施工利润，对于后期长达数年或几十年的运营管理，则不太希望参与，建筑企业希望的是项目竣工验收使用后，即退出该PPP项目，转让或变更其持有的项目公司的股权；对于运营管理企业来说，因其本身可能既不具备施工的资质，也不希望参与到施工过程之中，而是希望在后期相当长的时间内实施运营，既然需要长时间运营，对项目股权转让或变更的时间点与建筑企业也就会有重大的区别；对于提供融资的金融机构来说，其主要关注的是融资期限内项目的营收渠道及现金流的状况等，对PPP项目公司的股权转让或变更需求也与建筑企业、运营维护企业的需求不同。

（三）社会公众对SPV公司股权变更的需求

虽然财政部《PPP项目合同指南（试行）》第十节没有列出社会公众对变更项目公司股权的需求。但是，我们须重点关注的是，PPP项目中，最大的利益不是社会资本方的利益，而是社会公共利益的最大化。对此，财政部《关于推广运用政府和社会资本合作模式有关问题的通知》（财金〔2014〕76号）明确规定："政府和社会资本合作模式是在基础设施及公共服务领域建立的一种长期合作关系。通常模式是由社会资本承担设计、建设、运营、维护基础设施的大部分工作，并通过'使用者付费'及必要的'政府付费'获得合理投资回报；政府部门负责基础设施及公共服务价格和质量监管，以保证公共利益最大化。"

因此，在拟订PPP项目公司股权变更的条款时，还必须考虑股权变更的行为，不要侵害社会公共的利益，需要保证公共利益最大化。

三、变更方式：须准确识别SPV公司股权变更的众多方式

（一）方式之一：直接股权转让

直接股权转让，就是PPP项目公司的股东（政府或社会资本）将其持有的全部或部分股权转让给他人的行为。根据"他人"是否属于项目公司的股东，可以将直接股权转让分为如下两类：

第一类是PPP项目公司的股东之间相互转让其股权。对此，《中华人民共和国公司法》第七十一条第一款规定："有限责任公司的股东之间可以相互转让其全部或者部分股权。"当然，PPP项目公司也有可能是股份有限公司，股份有限公司的股权转让，与有限责任公司的股权转让有所区别，但在实际操作中，PPP项目

公司基本上均设置为有限责任公司，设置为股份有限公司的相当少。

第二类是PPP项目公司的股东向股东之外的第三人转让其股权。对此，《中华人民共和国公司法》第七十一条第二款规定："股东向股东以外的人转让股权……"对于PPP项目来说，大家更关注的是社会资本将其持有项目公司的股权转让给项目公司股东之外的第三人。

（二）方式之二：间接股权转让

间接股权转让，是指作为PPP项目公司股东的社会资本，不转让其持有项目公司的股权，而是采取转让社会资本本身股权的方式，实现最终达到转让PPP项目公司股权的目的。比如，财政部《PPP项目合同指南（试行）》第十节中规定："在国际PPP实践、特别是涉及外商投资的PPP项目中，投资人经常会搭建多层级的投资架构，以确保初始投资人的股权变更不会对项目公司的股权结构产生直接影响。但在一些PPP项目合同中，会将项目公司及其各层级母公司的股权变更均纳入股权变更的限制范围，但对于母公司股权变更的限制，一般仅限于可能导致母公司控股股东变更的情形。"

因此，在区分间接股权转让的时候，要区分是转让社会资本的股权导致社会资本控股股东发生变更的情形，以及转让社会资本的股权不会导致社会资本控股股东发生变更的情形，不可一概而论。

（三）方式之三：项目公司增资扩股

PPP项目公司增资扩股，也会引起项目公司股权的变更。对于增资方是否属于PPP项目公司的股东，可以将PPP项目公司的增资扩股分为两类：

第一类是项目公司股东认缴增资款。同时，PPP项目公司股东认缴增资款的比例不同，导致的结果也会不同。如果社会资本方和政府方同比例认缴PPP项目公司的增资款，不会导致项目公司股权比例的变更。但是，如果政府方和社会资本方不是同比例认缴PPP项目公司的增资款，则会导致PPP项目公司股权比例的变更。

第二类是项目公司之外的第三方认缴增资款。因新股东的加入，将直接导致PPP项目公司的股权结构以及股权比例发生变更。

因此，对于因增资的方式导致项目公司股权变更的，需要关注的是在没有第三方认缴增资款的情形下，社会资本方与政府方是否属于同比例增资。当然，在有第三方增资的情况下，这更是关注的重点。

（四）方式之四：项目公司减资

PPP 项目公司在设立时，一般会根据《国务院关于调整和完善固定资产投资项目资本金制度的通知》（国发〔2015〕51 号）规定的固定资产投资项目的最低资本金比例作为项目公司的注册资本。当然，也不排除将整个 PPP 项目的总投资作为项目公司的注册资本的做法。在 PPP 项目公司减资时，也会导致 PPP 项目公司股权的变更。

（五）方式之五：项目公司债转股

PPP 项目公司的债转股，其实也是 PPP 项目公司增资的一种方式或表现。根据《公司注册资本登记管理规定》（国家工商行政管理总局令第 64 号）第七条第一款的规定："债权人可以将其依法享有的对在中国境内设立的公司的债权，转为公司股权。"以及第四款的规定："债权转为公司股权的，公司应当增加注册资本。"

因此，根据债权人是否为 PPP 项目公司的股东，可以将项目公司的债转股分为项目公司股东对项目公司的债转股及第三人对项目公司的债权股两类情形。

（六）方式之六：其他

除了前述五种方式可导致 PPP 项目公司的股权发生变更外，PPP 项目公司的分立、合并等行为，也会导致项目公司股权的变更。同时，如果项目公司设置优先股或者无表决权的股权，也会影响到项目公司的股权变更。

四、具体对待：根据具体的 PPP 项目拟定对应的 SPV 公司股权变更条款

恰如财政部《PPP 项目合同指南（试行）》第十节中规定："为更好地平衡上述两方的不同关注（笔者注：政府方对项目公司股权变更的关注、社会资本方对项目公司股权变更的关注），PPP 项目合同中需要设定一个适当的股权变更限制机制，在合理的期限和限度内有效的限制社会资本不当变更股权。"因此，对于如何"设定一个适当的股权变更限制机制"以期"有效地限制社会资本不当变更股权"，这是一个需要具体并认真对待的事情。对此，笔者根据社会资本方是单独的一个公司，还是多家公司来分类予以分析如下。

（一）社会资本方为单一公司情形时，SPV 公司股权变更条款的拟订

此种情形，意即 PPP 项目公司中只有两个股东：政府方出资人代表和社会资

本。对于此种情形，在整个 PPP 项目的合作期内，均由此单一的社会资本承担相应的责任。因此，对于此种情形下社会资本拟变更其在项目公司中的股权，限制将更为严格。比如在骆马湖旅游度假区生态环境提升工程（项目二）（PPP 模式）中，其招标文件所附《骆马湖旅游度假区生态环境提升工程（项目二）投资建设合作合同》第 5.2.1 条规定："本合同生效后 1 个月内，在政府方授权下，由中标的社会投资人在宿迁市湖滨新区注册成立 PPP 项目公司，社会投资人占股 90%。项目公司特许经营期间股权不得变更……"此种规定，不仅限制了社会资本方的股权变更权利，也限制了政府方的股权变更权利，笔者认为，不太妥当。比如当出现如下情形时，一概禁止变更 PPP 项目公司股权即不太妥当：

1. PPP 项目公司有上市（含在国内主板、中小板、创业板或者"新三板"）的目标。在此种情形下，PPP 项目公司就将变为公众公司，公司的股东会发生重大变化，公司的股权结构也会发生重大变化。如果政府方在发起该 PPP 项目时，准备将其予以上市，或者社会资本方在磋商此 PPP 项目时有上市的想法，骆马湖旅游度假区生态环境提升工程（项目二）（PPP 模式）不允许项目公司在特许经营期间股权变更的做法即不太妥当。当然，如果没有上市的想法或安排或其他诸如下文分析的情形，骆马湖旅游度假区生态环境提升工程（项目二）（PPP 模式）不允许项目公司在特许经营期间股权变更的做法也没问题。

2. PPP 项目公司有以社会资本持有其股权质押融资的安排。在 PPP 项目中，如果要求社会资本承担融资的责任，社会资本有可能采取的方式是项目融资，但是作为融资的银行等金融机构，倾向于为项目融资再加上更多的"保险"，比如要求社会资本承担还款付息的连带责任，要求社会资本提供相关资产的质押或抵押担保，等等。如果在 PPP 项目的合作期限内，将社会资本持有项目公司的股权质押融资用于项目公司时，存在项目公司股权变更的或有变化情形。对于此种情形，需要根据具体的 PPP 项目予以安排，如果 PPP 项目的全部融资责任交由社会资本而不是项目公司来融资时，可以禁止社会资本以其持有的项目公司的股权质押融资。

3. 社会资本方增资 PPP 项目公司的安排。如果后期项目公司需要增资时，可以由社会资本方单方增资。当然，社会资本方对项目公司的债权，也可以依法转为对项目公司的股权。在增资的情形下，就将改变项目公司的股权结构。

因此，在社会资本方为一家公司的情形时，并不是一概禁止其在 PPP 项目合作期限内转让或变更项目公司的股权。在特定的 PPP 项目中，或在特定的情形下，可以允许项目公司股权的变更。

（二）社会资本方为多家公司情形时，SPV 公司股权变更条款的拟订

在社会资本方为多家公司，即社会资本方在参与投标响应 PPP 的招标采购时，是采取联合体投标响应的形式。相对于社会资本方为单一公司情形，对于联合体中标的 PPP 项目，对项目公司股权变更条款的适当拟定，更为复杂。

在骆马湖旅游度假区生态环境提升工程（项目二）（PPP 模式）中，是允许社会资本采取联合体投标的，只不过规定了联合体的上限为最多两家单位。而且也规定为“项目公司特许经营期间股权不得变更”。笔者认为，对于社会资本方为多家公司情形时，SPV 公司股权变更条款的拟订，除了需要考虑前述项目公司上市目标、股权质押融资安排、项目公司增资安排等之外，还须关注以下事项：

1. PPP 项目涉及建设且运营由非建筑企业实施时的情形。对于此种情形，建筑企业的诉求是通过参与 PPP 项目的方式获得项目的施工业务，其对项目竣工验收投入使用后的后期运营、维护、管理并无兴趣或甚至根本不专业，同时作为联合体一方的某公司又是专业的运营、维护单位，那么，在拟订此类 PPP 项目公司股权变更条款时，可以考虑建筑企业的提前退出，比如不需要等到 PPP 项目合作期满才可以退出，而是项目竣工验收缺陷责任期满后即可变更项目公司股权而退出。

2. PPP 项目中的融资由作为联合体一方的金融机构提供的情形。金融机构的诉求是融资本金及融资收益能够获得保障。因 PPP 项目的合作期限均很长，而金融机构提供的贷款期限通常都会小于 PPP 项目的合作期限，所以在金融机构获得合理的融资收益且收回融资本金的情形下，可以考虑让金融机构提前转让或变更项目公司的股权予以退出。

在前述建筑企业或金融机构不被允许退出（通过变更项目公司股权的方式）的期间，财政部《PPP 项目合同指南（试行）》第十节将其定义为锁定期，具体“是指限制社会资本转让其所直接或间接持有的项目公司股权的期间。通常在 PPP 项目合同中会直接规定：在一定期间内，未经政府批准，项目公司及其母公司不得发生上文定义的任何股权变更的情形。这也是股权变更限制的最主要机制”。比如在骆马湖旅游度假区生态环境提升工程（项目二）（PPP 模式）中，其招标文件所附《骆马湖旅游度假区生态环境提升工程（项目二）投资建设合作合同》第 5.2.1

条规定："……在获得政府方书面同意之前，社会资本方不得转让其项目公司股权……"

五、结语：通盘考虑详细拟定 SPV 公司的股权变更条款

行文至此，篇幅已经有些长了，但对于如何妥当拟定 PPP 项目合同体系中 SPV 公司股权变更条款，尚未尽言。如 PPP 项目公司在公司合并的情形下，如何拟定项目公司股权变更条款？如社会资本方可否在 PPP 项目的合作期限内，将其股权转让给其具备相同资质、实力、经验等的关联公司？如加入项目公司的新股东（不管是采取哪种合法方式），是不是必须要限定特定的行业或特定的条件等（如必须是从事本行业的公司、没有被列入失信被执行人名单等违法失信"黑名单"的公司）？如若违反股权变更条款，救济或处罚措施（违约责任、单方解除 PPP 项目合同、项目公司解散清算等）如何实施？需要具体对待的内容很多，只不过笔者认为，有一个原则，可以作为 SPV 公司股权变更条款拟定的参考，那就是只要有利于社会公共利益的最大化，只要有利于 PPP 项目的顺利推进，只要有利于保障 PPP 项目各方合法权益，就可通盘考虑，予以详细拟定。当然，此项工作并不轻松，还是那句话，专业的事，还是交给专业的人来做。

重点七：PPP 项目招标文件编制重难点之营改增后 PPP 项目合同体系中的涉税条款如何拟定

2016 年 3 月，财政部、国家税务总局向社会公布了《关于全面推开营业税改征增值税试点的通知》。经国务院批准，自 2016 年 5 月 1 日起，在全国范围内全面推开营业税改征增值税（以下简称营改增）试点，建筑业、房地产业、金融业、生活服务业等全部营业税纳税人，纳入试点范围，由缴纳营业税改为缴纳增值税。此项通知一出，在全国范围内引起了巨大反响。当然，在国家大力鼓励并推行的 PPP 模式中，营改增的影响也是相当之大。但鉴于此次营改增的全面推开，以及 PPP 项目投融资额的巨大性和交易结构的复杂性等，在 PPP 项目合同体系中的涉

税条款该如何拟定，才能契合营改增，并切实推动PPP项目落地呢？据此，笔者结合营改增和PPP模式的相关规定，提出相应的建议，不一定正确，仅供参考、讨论。

一、从营改增的角度划分PPP项目合同体系中的合同种类

（一）PPP项目合同体系的构成

根据财政部《关于规范政府和社会资本合作合同管理工作的通知》（财金〔2014〕156号）所附《PPP项目合同指南（试行）》的规定，在PPP项目中，除项目合同外，项目公司的股东之间，项目公司与项目的融资方、承包商、专业运营商、原料供应商、产品或服务购买方、保险公司等其他参与方之间，还会围绕PPP项目合作订立一系列合同来确立和调整彼此之间的权利义务关系，共同构成PPP项目的合同体系。PPP项目的合同，通常包括PPP项目合同、股东协议、履约合同（包括工程承包合同、运营服务合同、原料供应合同、产品或服务购买合同等）、融资合同和保险合同等。其中，PPP项目合同是整个PPP项目合同体系的基础和核心。图示如下：

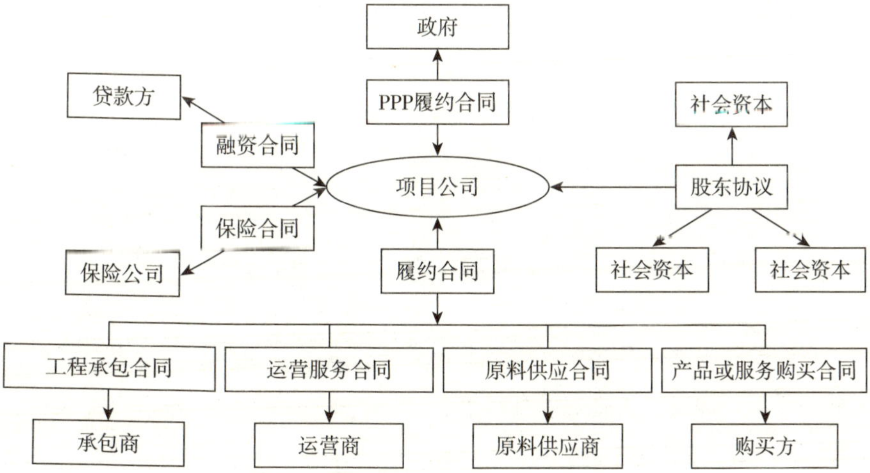

图2

在前述众多的合同中，根据《营业税改征增值税试点实施办法》第二十一条的规定："一般计税方法的应纳税额，是指当期销项税额抵扣当期进项税额后的余额。应纳税额计算公式：应纳税额＝当期销项税额－当期进项税额……"我们可以将上述合同分为销项类合同和进项类合同两类。只不过要说明的是，同一份合

同，对于不同的合同当事方，分类会不一样。具体分类如下。

（二）PPP 项目合同体系中的销项类合同

1. 项目公司的销项类合同。在 PPP 项目合同体系中，对于项目公司来说的销项类合同，相对来说较少，主要是项目公司与产品或服务的购买方签订的产品销售合同和服务销售合同等（在图 1 中，即“产品或服务购买合同”）。当然，此处的购买方，有可能是普通老百姓，有可能是公司企业，也有可能是政府，如在政府付费的 PPP 项目中，购买方就是政府。

2. 建筑企业的销项类合同。在 PPP 项目合同体系中，如果某一个具体的 PPP 项目涉及勘察、设计、施工等内容，将会有建筑类企业的参与，当然，此处的建筑类企业为宽泛的说法，不仅包括施工单位，还包括勘察、设计单位。如果某一个具体的 PPP 项目不涉及勘察、设计、施工等内容，可能就不会有建筑类企业的参与，这需要根据具体的 PPP 项目来确定。建筑类企业的销项类合同有勘察合同、设计合同、施工合同、工程总承包合同、EPC 合同、施工总承包合同等（在图 1 中，即“工程承包合同”）。

3. 运维企业的销项类合同。如果 PPP 项目由项目公司委托专业的运维企业来运营、维护，那么，运维企业与项目公司之间签订的运营维护服务合同，即为运维企业的销项类合同（在图 1 中，即“运营服务合同”）。当然，如果 PPP 项目的运营、维护由项目公司自己进行，则不存在运维合同。

4. 货物销售企业的销项类合同。在 PPP 项目中，不管是项目公司，还是建筑类企业，或者运维企业，基本上均会采购相应的货物，因此就会存在货物销售类企业。对于货物销售类企业来说，销项类合同即商品买卖合同（在图 1 中，即“原料供应合同”）。

5. 金融保险类企业的销项类合同。PPP 项目基本上均会涉及融资，且融资额度一般均巨大。同时，不管是在建设期，还是在运营维护期，基本上均会购买相应的保险，转移 PPP 项目的相关风险。据此，在 PPP 项目中，金融保险类企业即成为 PPP 项目的参与方。对于金融保险类企业来说，销项类合同一般包括贷款合同、保险合同等（在图 1 中，即“融资合同”“保险合同”）。

（三）PPP 项目合同体系中的进项类合同

1. 项目公司的进项类合同。在 PPP 项目中，项目公司的销项类合同较少，但进项类合同非常之多，这为 PPP 项目的一大特点。而且，在建设期，项目公司基本上均为进项类合同，销项类合同基本没有。此类进项类合同主要有勘察合同、设计合同、施工合同、工程总承包合同、EPC 合同、施工总承包合同、运营维护合同、商品买卖合同、借款合同、保险合同等。

2. 建筑企业的进项类合同。如果建筑类企业分包的，主要为与分包单位签订的相应分包合同，如劳务分包合同、专业分包合同、设计分包合同等，同时，建筑类企业还会与建筑材料等供应商签订相应的进项类合同，如材料设备采购合同、机械设备租赁合同、模板钢管等周转材料租赁合同等。但是，此类合同在图 1 中，并未予以显示，因其属于 PPP 项目参与方——建筑类企业的下层级合同，并未纳入本身就已很复杂的 PPP 项目合同体系之内。

3. 运维企业的进项类合同。此类合同，也主要是运维企业为保障 PPP 项目的正常运行而与其他相关方（如货物供应商）等签订的相关合同。此类合同与建筑类企业的销项类合同相似，均未纳入 PPP 项目合同体系之内。当然，如果由项目公司自己来运营、维护的例外。

4. 货物销售企业的进项类合同。主要是指货物销售类企业采购上游货物或生产相应货物的合同，此类合同如前所述，未纳入 PPP 项目合同体系之中。

5. 金融保险类企业的进项类合同。此类合同，也未纳入 PPP 项目合同体系之中，不再赘述。

二、从合同法的角度看 PPP 项目合同体系中的重点涉税条款

（一）合同法规定一份合同所应具备的一般条款

根据《中华人民共和国合同法》第十二条的规定："合同的内容由当事人约定，一般包括以下条款：（一）当事人的名称或者姓名和住所；（二）标的；（三）数量；（四）质量；（五）价款或者报酬；（六）履行期限、地点和方式；（七）违约责任；（八）解决争议的方法。当事人可以参照各类合同的示范文本订立合同。"在 PPP 项目合同体系中，具有示范文本的合同有施工合同，比如《建设工程施工合同（示范文本）》（GF-2013-0201）、《建设工程设计合同示范文本（房屋建筑工程）》（GF-2015-0209）、《建设工程设计合同示范文本（专业建设工程）》（GF-2015-0210）等，但是，对于 PPP 项目合同，我国迄今为止并无示范文本，只有合同指南，如国家发改委发布的《政府和社会资本合作项目通用合同指南（2014 年版）》等。该合同指南主要反映合同的一般要求，采用模块化的编写框架，共设置 15 个模块、

86项条款，适用于不同模式合作项目的投融资、建设、运营和服务、移交等阶段，具有较强的通用性。原则上，所有模式项目合同的正文都应包含10个通用模块：总则、合同主体、合作关系、项目前期工作、收入和回报、不可抗力和法律变更、合同解除、违约处理、争议解决，其他约定。其他模块可根据实际需要灵活选用。例如，建设—运营—移交模式的项目合同除了10个通用模块之外，还需选用投资计划及融资、工程建设、运营和服务、社会资本主体移交项目等模块。

（二）PPP项目合同体系中的三大类重点涉税条款

1. 合同当事人条款。根据《营业税改征增值税试点实施办法》第三条的规定：“纳税人分为一般纳税人和小规模纳税人。应税行为的年应征增值税销售额（以下简称应税销售额）超过财政部和国家税务总局规定标准的纳税人为一般纳税人，未超过规定标准的纳税人为小规模纳税人。年应税销售额超过规定标准的其他个人不属于一般纳税人。年应税销售额超过规定标准但不经常发生应税行为的单位和个体工商户可选择按照小规模纳税人纳税。”因此，合同当事人中就会存在两类纳税人，一类是一般纳税人的合同当事人，另一类是小规模纳税人的合同当事人。纳税人种类不同，对于增值税的缴纳、抵扣具有非常重大之影响。

2. 合同标的条款。合同的标的，指的是施工、货物采购，或者勘察服务等。合同标的不同，增值税税率也不同，甚至是大不相同。具体可见《营业税改征增值税试点实施办法》第十五条的规定：“增值税税率：（一）纳税人发生应税行为，除本条第（二）项、第（三）项、第（四）项规定外，税率为6%。（二）提供交通运输、邮政、基础电信、建筑、不动产租赁服务，销售不动产，转让土地使用权，税率为11%。（三）提供有形动产租赁服务，税率为17%。（四）境内单位和个人发生的跨境应税行为，税率为零。具体范围由财政部和国家税务总局另行规定。”

3. 合同价款条款。增值税与营业税的重大区别之一，营业税是“价内税”，增值税是“价外税”。2016年5月1日后，对于合同价款的约定，必须调整以往按照“价内税”的方式约定合同价款，而必须按照“价外税”的方式约定合同价款。比如，《营业税改征增值税试点实施办法》第二十三条规定：“一般计税方法的销售额不包括销项税额，纳税人采用销售额和销项税额合并定价方法的，按照下列公式计算销售额：销售额＝含税销售额 ÷（1+税率）。”再比如重庆市城乡建设委员会发布的关于对《建筑业营业税改增值税调整建设工程计价依据》征求意见的通知规定：“凡本市行政区域内的房屋建筑和市政基础设施工程（以下简称建设工程），执行 2008 年《重庆市建筑工程计价定额》《重庆市装饰工程计价定额》《重庆市安装工程计价定额》《重庆市市政工程计价定额》《重庆市仿古建筑及园林工程计价定额》《重庆市房屋修缮工程计价定额》《重庆市建设工程费用定额》（以下简称 2008 计价定额），2011 年《重庆市城市轨道交通工程计价定额》《重庆市城市轨道交通工程费用定额》（以下简称 2011 轨道定额），2013 年《重庆市建筑安装工程节能计价定额》《建设工程工程量清单计价规范》（GB 50500-2013）、《重庆市建设工程工程量清单计价规则》（CQJJGZ-2013）（以下简称 2013 清单计价），均按照‘价税分离’和营改增前后建设工程项目费用水平不变的原则调整计价依据。工程造价 = 税前工程造价 ×（1+ 建筑业增值税税率 11%）。其中，税前工程造价为人工费、材料费、施工机械（具）使用费、企业管理费、利润和规费之和，各费用项目均以不包含增值税可抵扣进项税额的价格计算。”

三、从税务风险的角度拟定 PPP 项目合同体系中的重点涉税条款

（一）PPP 项目合同体系中合同当事人条款的拟定

1. 合同当事人必须确保“三流合一”。根据国家税务总局发布的《关于纳税人对外开具增值税专用发票有关问题的公告》（国家税务总局公告 2014 年第 39 号）的规定，自 2014 年 8 月 1 日起，纳税人“对外开具增值税专用发票同时符合以下情形的，不属于对外虚开增值税专用发票：一、纳税人向受票方纳税人销售了货物，或者提供了增值税应税劳务、应税服务；二、纳税人向受票方纳税人收取了所销售货物、所提供应税劳务或者应税服务的款项，或者取得了索取销售款项的凭据；三、纳税人按规定向受票方纳税人开具的增值税专用发票相关内容，与所销售货物、所提供应税劳务或者应税服务相符，且该增值税专用发票是纳税人合法取得、并以自己名义开具的。受票方纳税人取得的符合上述情形的增值税专用发票，可以作为增值税扣税凭证抵扣进项税额。”此三项规定，即为“三流”——“服务流”“资金流”“发票流”，“三流”必须都是同一受票方才行。因此，在 PPP 项目合同体系中，一定要明确具体的合同当事人名称。在“三流”中的当事人，均必须与合同当事人名称保持一致。对于此项规定，以集团公司名义去投标中标 PPP 项目的社会投资人，更要注意，不能遵照以往的思维，即集团公司中标，然后将工程交给下属子公司实施，如果按照此种方式实施，将面临“三流”不一致的严重问题。

2. 合同当事人信息必须具体全面。一是要明确合同当事人是一般纳税人还是小规模纳税人。二是要明确合同当事人的准确名称、税号、账号、开户行、地址、电话等相关基本信息，以便开具增值税专用发票，进而作为进项税额的扣税凭证。对于合同当事人的准确名称，必须与《营业执照》《组织机构代码证》《税务登记证》等中的名称保持一致，做到不多一字，不少一字。比如是“有限责任公司”的，就不能简化为“有限公司”，虽然法律属性都一样，但在发票开具上，会存在相应的风险。

（二）PPP 项目合同体系中合同标的条款的拟定

1. 分别约定不同种类及范围的应税行为和税率。因为根据前述《营业税改征增值税试点实施办法》第十五条的规定，应税行为不同，增值税税率即不同。对于应税行为，建议严格按照《营业税改征增值税试点实施办法》中的规定，不能自己想当然地对应税行为和税率予以约定。

2. 未分别约定的税务风险。一是从高征税，二是应免未免。具体可见《营业税改征增值税试点实施办法》第三十九条的规定：“纳税人兼营销售货物、劳务、服务、无形资产或者不动产，适用不同税率或者征收率的，应当分别核算适用不同税率或者征收率的销售额；未分别核算的，从高适用税率。”以及第四十一条规定：“纳税人兼营免税、减税项目的，应当分别核算免税、减税项目的销售额；未分别核算的，不得免税、减税。”因此，对于不同合同标的，应分别予以约定，尤其是在工程总承包合同和 EPC 合同中，须将设计与施工分别约定，或者将采购、设计、施工等分别约定。

（三）PPP 项目合同体系中合同价款条款的拟定

1. 不同应税行为分别约定不同价款。对此，要转变以往的惯性思维习惯，比如，在工程总承包合同或者 EPC 合同中，以往通常不对勘察、设计、采购、施工等费用加以区分，而采取总体概括为“工程价款”的约定，或者将勘察、设计等费用视为包含在工程量清单或者工程价款中。如果在 2016 年 5 月 1 日后，继续采取如此约定，将导致无法区分勘察费额、设计费额、采购费额、施工费额等，也就将导致被按照《营业税改征增值税试点实施办法》第三十九条的规定从高适用税率的税务风险。

2. 合同价款约定不合理的税务风险。一是无偿合同，二是明显低价合同，三是明显高价合同，均将面临税务风险。在 PPP 合同体系中，要考虑合作期满后社会资本方将项目资产、权属等移交给政府方是无偿的还是有偿的，即使是无偿移交，也并不意味着无税。具体可见《营业税改征增值税试点实施办法》第四十四条的规定："纳税人发生应税行为价格明显偏低或者偏高且不具有合理商业目的的，或者发生本办法第十四条所列行为而无销售额的，主管税务机关有权按照下列顺序确定销售额：（一）按照纳税人最近时期销售同类服务、无形资产或者不动产的平均价格确定。（二）按照其他纳税人最近时期销售同类服务、无形资产或者不动产的平均价格确定。（三）按照组成计税价格确定。组成计税价格的公式为：组成计税价格 = 成本 ×（1+ 成本利润率）。成本利润率由国家税务总局确定。不具有合理商业目的，是指以谋取税收利益为主要目的，通过人为安排，减少、免除、推迟缴纳增值税税款，或者增加退还增值税税款。"以及第十四条的规定："下列情形视同销售服务、无形资产或者不动产：（一）单位或者个体工商户向其他单位或者个人无偿提供服务，但用于公益事业或者以社会公众为对象的除外。（二）单位或者个人向其他单位或者个人无偿转让无形资产或者不动产，但用于公益事业或者以社会公众为对象的除外。（三）财政部和国家税务总局规定的其他情形。"

（四）PPP 项目合同体系中发票条款的拟定

1. 发票种类的约定。增值税发票有两种，一是增值税普通发票，二是增值税专用发票，只有增值税专用发票才能用于抵扣，增值税普通发票不能抵扣。因此，在合同中，必须约定清楚对方开具发票的种类。当然，对于小规模纳税人，根据《营业税改征增值税试点实施办法》第五十四条的规定："小规模纳税人发生应税行为，购买方索取增值税专用发票的，可以向主管税务机关申请代开。"

2. 发票开具的时间。是收款以后再开具发票，还是开具发票以后再收款，这需要在合同中予以约定，因为不同的约定，导致的后果也会不同。具体可见《营业税改征增值税试点实施办法》第四十五条的规定："增值税纳税义务、扣缴义务发生时间为：（一）纳税人发生应税行为并收讫销售款项或者取得索取销售款项凭据的当天；先开具发票的，为开具发票的当天。收讫销售款项，是指纳税人销售服务、无形资产、不动产过程中或者完成后收到款项。取得索取销售款项凭据的当天，是指书面合同确定的付款日期；未签订书面合同或者书面合同未确定付款日期的，为服务、无形资产转让完成的当天或者不动产权属变更的当天……"

3. 发票备注栏的要求。对于发票备注栏的填写，必须慎重。因为根据《营业税改征增值税试点实施办法》第四十三条的规定："纳税人发生应税行为，将价款和折扣额在同一张发票上分别注明的，以折扣后的价款为销售额；未在同一张发票上分别注明的，以价款为销售额，不得扣减折扣额。”同时，必须注意，价款和折扣额在同一张发票上分别注明是指价款和折扣额在同一张发票上的“金额”栏分别注明的，以折扣后的价款为销售额征收增值税。未在同一张发票“金额”栏注明折扣额，而仅在发票的“备注”栏注明折扣额的，折扣额不得从价款中减除。

4. 未按照约定开具发票的违约责任。对此，也要在 PPP 项目合同体系中予以约定，一般约定为因对方开具发票的违约行为导致合同相对方的损失额作为对应的违约金。比如应免未免的金额，应抵扣未被抵扣的金额等。

四、结语

营改增是一件大事，PPP 项目也是一件大事，两件大事结合在一起，需要予以通盘考虑，既要符合营改增的法规政策规定，也要让 PPP 项目顺利落地、实施。在营改增的背景下，PPP 项目合同体系中的涉税条款及相关的税务风险，并非仅有前文所述的内容，还有其他很多内容，比如预付款的税务处理、PPP 项目公司前期无销项类合同仅有进项类合同的客观情况、土地使用权用于 PPP 项目的涉税情形、PPP 项目合作期满后移交政府方的涉税情形等，但限于本文篇幅，不再继续展开。在有限的篇幅范围内，形成此文，仅系个人意见，不一定正确，抛砖引玉，供各位参考。

重点八：PPP 项目招标文件编制重难点之如何妥当拟定 PPP 项目合同中的特许经营权质押融资条款

——以最高人民法院第 53 号指导案例“长乐市城区污水处理厂特许经营权质押融资借款合同纠纷案”为例

PPP 项目，以其复杂性著称于世。当然，也与其投资额巨大（投资额一般以亿元作为计算单位）有紧密关系。投资额巨大，带来的就是融资额的巨大。在 PPP 项目合同中，不管此 PPP 项目是经营类的项目，还是准经营类或者非经营类的项目，基本上均会涉及融资条款的拟定。当然，不同种类的 PPP 项目合同中融资条款的拟定，会有重大的区别。如果拟定不当，将会带来重大法律风险。据此，本文从一个实际案例出发，仅就经营类 PPP 项目中以特许经营权质押融资的条款拟定，作出如下分析，以供参考、讨论。

一、实例介绍：长乐市城区污水处理厂特许经营权质押融资借款合同纠纷案

此案例为最高人民法院于 2015 年 11 月 19 日发布的《最高人民法院关于发布第 11 批指导性案例的通知》（法〔2015〕320 号）中的第 53 号指导案例："福建海峡银行股份有限公司福州五一支行诉长乐亚新污水处理有限公司、福州市政工程有限公司金融借款合同纠纷案"（以下或称长乐市城区污水处理厂特许经营权质押融资借款合同纠纷案）。该案例的基本案情如下：

原告福建海峡银行股份有限公司福州五一支行（以下简称海峡银行五一支行）诉称：原告与被告长乐亚新污水处理有限公司（以下简称长乐亚新公司）签订单位借款合同后向被告贷款 3000 万元。被告福州市政工程有限公司（以下简称福州市政公司）为上述借款提供连带责任保证。原告海峡银行五一支行、被告长乐亚新公司、福州市政公司、案外人长乐市建设局四方签订了《特许经营权质押担保协议》，福州市政公司以长乐市污水处理项目的特许经营权提供质押担保。因长乐亚新公司未能按期偿还贷款本金和利息，故诉请法院判令：长乐亚新公司偿还原告借款本金和利息；确认《特许经营权质押担保协议》合法有效，拍卖、变卖该协议项下的质物，原告有优先受偿权；将长乐市建设局支付给两被告的污水处理服务费优先用于清偿应偿还原告的所有款项；福州市政公司承担连带清偿责任。

被告长乐亚新公司和福州市政公司辩称：长乐市城区污水处理厂特许经营权并非法定的可以质押的权利，且该特许经营权并未办理质押登记，故原告诉请拍卖、变卖长乐市城区污水处理厂特许经营权，于法无据。

法院经审理查明：2003 年，长乐市建设局为让与方，福州市政公司为受让方，长乐市财政局为见证方，三方签订《长乐市城区污水处理厂特许建设经营合同》，约定：长乐市建设局授予福州市政公司负责投资、建设、运营和维护长乐市城区污水处理厂项目及其附属设施的特许权，并就合同双方权利义务进行了详细约定。

2004 年 10 月 22 日，长乐亚新公司成立。该公司系福州市政公司为履行《长乐市城区污水处理厂特许建设经营合同》而设立的项目公司。

2005 年 3 月 24 日，福州市商业银行五一支行与长乐亚新公司签订《单位借款合同》，约定：长乐亚新公司向福州市商业银行五一支行借款 3000 万元；借款用途为长乐市城区污水处理厂 BOT 项目；借款期限为 13 年，自 2005 年 3 月 25 日至 2018 年 3 月 25 日；还就利息及逾期罚息的计算方式作了明确约定。福州市政公司为长乐亚新公司的上述借款承担连带责任保证。

同日，福州市商业银行五一支行与长乐亚新公司、福州市政公司、长乐市建设局共同签订《特许经营权质押担保协议》，约定：福州市政公司以《长乐市城区污水处理厂特许建设经营协议》授予的特许经营权为长乐亚新公司向福州市商业银行五一支行的借款提供质押担保，长乐市建设局同意该担保；福州市政公司同意将特许经营权收益优先用于清偿借款合同项下的长乐亚新公司的债务，长乐市建设局和福州市政公司同意将污水处理费优先用于清偿借款合同项下的长乐亚新公司的债务；福州市商业银行五一支行未受清偿的，有权依法通过拍卖等方式实现质押权利等。

上述合同签订后，福州市商业银行五一支行依约向长乐亚新公司发放贷款 3000 万元。长乐亚新公司于 2007 年 10 月 21 日起未依约按期足额还本付息。

另查明，福州市商业银行五一支行于 2007 年 4 月 28 日名称变更为福州市商业银行股份有限公司五一支行；2009 年 12 月 1 日其名称再次变更为福建海峡银行股份有限公司五一支行。

二、质权设定：PPP 项目的特许经营权可以设定质押权

（一）法律规定可以质押的权利种类

一是根据《中华人民共和国担保法》第七十五条的规定：“下列权利可以质押：（一）汇票、支票、本票、债券、存款单、仓单、提单；（二）依法可以转让的股份、股票；（三）依法可以转让的商标专用权，专利权、著作权中的财产权；（四）依法可以质押的其他权利。”PPP 项目中的特许经营权，明显不属于前三类权利，但是是否属于第四类“依法可以质押的其他权利”呢？

二是根据《中华人民共和国物权法》第二百二十三条的规定：“债务人或者第三人有权处分的下列权利可以出质：（一）汇票、支票、本票；（二）债券、存款

单；（三）仓单、提单；（四）可以转让的基金份额、股权；（五）可以转让的注册商标专用权、专利权、著作权等知识产权中的财产权；（六）应收账款；（七）法律、行政法规规定可以出质的其他财产权利。”那么，PPP 项目中的特许经营权，是属于第六类“应收账款”还是第七类“法律、行政法规规定可以出质的其他财产权利”呢？

（二）特许经营权中的收益权属于“应收账款”可以设定质权

在长乐市城区污水处理厂特许经营权质押融资借款合同纠纷案中，特许经营权可否出质，为争议焦点之一。福州市中级人民法院认为，特许经营权是对污水处理厂进行运营和维护，并获得收益的权利。污水处理厂的运营和维护，属于经营权人的义务；而污水处理厂的收益权，则属于经营权人所享有的权利。由于对污水处理厂的运营和维护并不属于可转让的权利，因此讼争的特许经营权的出质，实质上系指收益权的出质。

另外，虽然对于污水处理的收益权，我国法律并未将其列为独立的财产权利。但是，根据中国人民银行《应收账款质押登记办法》第二条的规定：“本办法所称应收账款是指权利人因提供一定的货物、服务或设施而获得的要求义务人付款的权利以及依法享有的其他付款请求权，包括现有的和未来的金钱债权，但不包括因票据或其他有价证券而产生的付款请求权，以及法律、行政法规禁止转让的付款请求权。本办法所称的应收账款包括下列权利：（一）销售、出租产生的债权，包括销售货物，供应水、电、气、暖，知识产权的许可使用、出租动产或不动产等；（二）提供医疗、教育、旅游等服务或劳务产生的债权；（三）能源、交通运输、水利、环境保护、市政工程等基础设施和公用事业项目收益权；（四）提供贷款或其他信用活动产生的债权；（五）其他以合同为基础的具有金钱给付内容的债权。”由于污水处理的收益权系基于提供污水处理服务而产生的债权，故属于应收账款。

同时，《最高人民法院关于适用〈中华人民共和国担保法〉若干问题的解释》第九十七条规定：“以公路桥梁、公路隧道或者公路渡口等不动产收益权出质的，按照担保法第七十五条第（四）项的规定处理。”污水处理厂的收益权与公路收益权同属于债权，且两者性质上相类似，公路收益权属于依法可质押的其他权利，则污水处理收益权亦应允许出质。并且，2001 年 9 月 29 日，《国务院办公厅转发国务院西部开发办〈关于西部大开放若干政策措施的实施意见〉》（国办发〔2001〕73 号）第五部分“加大金融信贷支持”第（十三）项关于“对具有一定还贷能力的水利开发项目和城市环保项目（如城市污水处理和垃圾处理等），探索逐步开办以项目收益权或收费权为质押发放贷款的业务”的规定，首次明确可试行将污水处理项目的收益权进行质押。因此，在《中华人民共和国物权法》实施之前，本案讼争特许经营的收益权亦属于可出质的权利。

因此，在 PPP 项目合同的融资条款中，可以约定将 PPP 项目的特许经营权予以质押担保融资。此外，《基础设施和公用事业特许经营管理办法》（发改委等六部委令第 25 号，自 2015 年 6 月 1 日起施行）第二十三条规定：“……探索利用特许经营项目预期收益质押贷款，支持利用相关收益作为还款来源。”

三、质权公示：PPP 项目的特许经营权质押如何予以公示

在长乐市城区污水处理厂特许经营权质押融资借款合同纠纷案中，特许经营权的质权公示事宜，为争议焦点之二。在该案中，被告福州市政公司辩称，长乐市城区污水处理厂特许经营权并未办理质押登记，故原告诉请拍卖、变卖长乐市城区污水处理厂特许经营权，于法无据。

对此，福州市中级人民法院认为，本案中，出质人福州市政公司已与质权人达成书面协议，对于污水处理特许经营收益权的质押公示问题，由于该质押担保协议签订于 2005 年，在《中华人民共和国物权法》施行之前，故不适用《中华人民共和国物权法》关于应收账款的统一登记制度。讼争的质权在主管部门登记备案，质权即依法成立并生效。本案讼争的长乐市城区污水处理项目的主管部门系特许权的转让方长乐市建设局，由于长乐市建设局在《特许经营权质押担保协议》上盖章，且协议第七条明确约定“长乐市建设局同意为原告和福州市政公司办理质押登记出质登记手续”，故可认定讼争污水处理项目的主管部门已知晓并认可该权利质押情况，有关利害关系人亦可通过长乐市建设局查询了解讼争污水处理厂的有关权利质押的情况。因此，本案讼争的权利质押已具备公示之要件，长乐市城区污水处理厂特许经营收益权的权利质权已成立并生效。

那么，PPP 项目的特许经营权质押，该如何予以公示呢？

一是必须以书面的形式约定特许经营权的质押事宜。根据《中华人民共和国物权法》第二百二十八条第一款的规定：“以应收账款出质的，当事人应当订立书面合同。质权自信贷征信机构办理出质登记时设立。”因此，在 PPP 项目合同中，对于以特许经营权质押融资的，必须以书面的形式予以约定。

二是必须在中国人民银行征信中心的应收账款质押登记公示系统进行出质登记，质权才能依法成立。根据中国人民银行《应收账款质押登记办法》第四条的规定："中国人民银行征信中心（以下简称征信中心）是应收账款质押的登记机构。征信中心建立基于互联网的登记公示系统（以下简称登记公示系统），办理应收账款质押登记，并为社会公众提供查询服务。"

三是登记义务由质权人承担。《应收账款质押登记办法》第八条规定："应收账款质押登记由质权人办理……质权人也可以委托他人办理登记。委托他人办理登记的，适用本办法关于质权人办理登记的规定。"因此，在PPP项目合同中，对于特许经营权质押登记，须明确质权人办理的责任。

四、质权实现：PPP项目特许经营权质押实现的有限性

在长乐市城区污水处理厂特许经营权质押融资借款合同纠纷案中，特许经营权的质权实现方式，为争议焦点之三。原告海峡银行五一支行的第3项诉讼请求为："3.确认原告与两被告以及长乐市建设局签订的《特许经营权质押担保协议》合法有效，判令拍卖、变卖《特许经营权质押担保协议》项下的质物，同时原告有权以上述质物变现所得优先受偿……"那么，特许经营权可否以拍卖、变卖的方式处理呢？

福州市中级人民法院认为，被告长乐亚新公司未偿还借款，原告依法有权行使质权。《中华人民共和国担保法》和《中华人民共和国物权法》均未具体规定权利质权的具体实现方法，仅就质权的实现作一般性的规定，即《中华人民共和国担保法》七十一条第二款规定："债务履行期届满质权人未受清偿的，可以与出质人协议以质物折价，也可以依法拍卖、变卖质物。"《中华人民共和国物权法》第二百一十九条第二款规定："债务人不履行到期债务或者发生当事人约定的实现质权的情形，质权人可以与出质人协议以质押财产折价，也可以就拍卖、变卖质押财产所得的价款优先受偿。"根据上述规定，质权人在行使质权时，可通过协商将质押财产折价或拍卖、变卖方式取得相应价款的优先受偿权。由于可质押的财产（包括动产和权利）通常并非直接体现为金钱价款，需通过转让的方式才可获得对价款，故我国法律规定了变价受偿的质权实现的一般方法。但收益权属于将来获得的金钱债权，其可通过直接向第三债务人收取金钱的方式实现质权，故无须采取折价或拍卖、变卖之方式。并且，收益权均附有一定之负担，其经营主体

的特定性以及经营过程中经营主体所应承担之义务，均非可转让的财产权利，依其性质均非可以折价或拍卖、变卖的对象。本案长乐市城区污水处理厂特许经营权的经营主体为福州市政公司及其成立的项目公司长乐亚新公司，由于福州市政公司及长乐亚新公司投资建设污水处理厂，其在经营期间对相关不动产、设备享有所有权，其亦雇佣人员具体负责污水处理厂的运营管理，故在实现质权时，该收益权依其性质不能采取拍卖、变卖的方式予以处置。因此，原告请求将《特许经营权质押担保协议》项下的质物予以拍卖、变卖并行使优先受偿权，不予支持。

同时，根据案涉当事人签订的《特许经营权质押担保协议》第三条第二款关于“根据特许协议的有关规定，为确保项目运营期届满前长乐亚新公司能够清偿借款合同项下的债务，长乐市建设局和福州市政公司同意将特许协议项下长乐市建设局支付给福州市政公司的污水处理服务费优先清偿借款合同项下的债务”的约定，原告海峡银行五一支行有权直接向长乐市建设局收取污水处理服务费，并对所收取的污水处理服务费行使优先受偿权。由于被告仍应依约对污水处理厂进行正常运营和维护，若无法正常运营，则将影响到长乐市城区污水的处理，亦将影响原告对污水处理费的收取，故原告在向长乐市建设局收取污水处理服务费时，应当合理行使权利，向被告预留经营污水处理厂的必要合理之费用。至于福州市政公司和长乐亚新公司已收取的污水处理服务费，已无法特定，故其已转化为福州市政公司和长乐亚新公司的一般财产，原告已不具备对被告已收取部分污水处理服务费行使优先受偿权之条件。

有鉴于此，福州市中级人民法院判决为：“三、原告福建海峡银行股份有限公司福州五一支行于本判决生效之日起有权直接向长乐市建设局收取应由长乐市建设局支付给被告长乐亚新污水处理有限公司、福州市政工程有限公司的污水处理服务费，并对该污水处理服务费就本判决第一、二项所确定的债务行使优先受偿权。”

因此，在 PPP 项目合同中，对于以特许经营权质押融资质权的实现，不能依赖于质权的拍卖、变卖，同时也须为 PPP 项目的正常运营、维护预留必要的费用。不能影响 PPP 项目正常提供公共服务。

五、结语：慎重约定特许经营权质押融资条款

PPP 项目合同中对特许经营权质押融资事宜，不管是对政府方来说，还是对社会资本方来说，抑或对 SPV 公司来说，都是相当重大的事宜。当然，对于提供

融资的债权人，更是关系其切身利益。对于特许经营权质押融资事宜，除了要明确以书面的形式予以约定，还需要符合中国人民银行《应收账款质押登记办法》规定的登记资料的要求。另外，也要提前打好预防针，虽然依法设置并公示了特许经营权的质押，但并不代表能拍卖、变卖特许经营权来实现质权，即使在行使代收费时，也不能将代收的费用全部用于偿还融资本息，还需要为PPP项目的正常运营、维护留下必要且合理的费用。毕竟，PPP项目不是纯粹的商业项目，而是负有向社会公众提供公共服务或公共产品的项目，是以社会公共利益最大化为目标，而不是以投资人或债权人利益最大化为目标。

重点九：PPP项目招标文件编制重难点之如何处理PPP项目合同的提前终止事宜

——以贵阳市筑城广场项目BOT协议提前解除事宜为例

PPP项目合同，作为PPP项目招标文件的核心组成部分，需要慎重斟酌。我们不仅需要慎重斟酌PPP项目合同的生效条件（好合），也需要慎重斟酌PPP项目合同的终止条件（好散）。在终止条件中，尤其需要关注PPP项目合同的提前终止条件。对此，本文拟从一个实际案例出发，分析在PPP项目招标文件的编制过程中，也即在PPP项目合同的编制中，如何处理PPP项目合同的提前终止事宜（此案例为贵阳市筑城广场项目BOT协议提前解除事宜）。当然，本文的分析不一定正确，仅供各位参考、讨论、指正。

一、实例：贵阳市筑城广场项目BOT协议提前解除事宜

根据中国证监会指定信息披露网站巨潮咨询网（http://www.cninfo.com.cn/）中载明的上市公司中天城投集团股份有限公司（以下简称中天城投）的相关公告，可知关于贵阳市筑城广场项目BOT协议提前解除的相关事宜如下：

（一）贵阳市筑城广场项目BOT协议的签署

根据中天城投于2011年9月8日在巨潮资讯网上的《中天城投集团股份有限

公司关于贵阳市筑城广场BOT项目对外投资公告》(公告编号:临2011-37)[1]可知,为了打造展示贵阳市城市形象的窗口,根据贵阳市委、市政府的决定,在市区核心地段原贵阳市第一中学搬迁后的校址(以下简称贵阳一中)及人民广场地块建设贵阳市城市中央生态公园"筑城广场"。经贵阳市人民政府批准,贵阳市人民政府全资子公司贵阳金阳建设投资(集团)有限公司(以下简称金阳建投)作为项目的项目法人;中天城投作为项目的投资方,参与"筑城广场"及地下人防工程、配套设施(含商业、停车场等,其中用于商业经营的约7000平方米)、附属工程项目(以下简称筑城广场项目或项目)建设。经中天城投与金阳建投协商一致,同意将筑城广场项目采用"投资—建设—运营—移交"的BOT模式进行合作。2011年9月6日,中天城投与金阳建投签订《贵阳市筑城广场项目投资—建设—运营—移交协议》,项目预计总投资额6.47亿元人民币。项目相关概况如下:

1.项目名称:贵阳市筑城广场项目。

2.项目用地:贵阳市筑城广场项目位于贵州省贵阳市南明区原贵阳一中及人民广场地块,属城市核心区,规划总用地面积为87433平方米,广场 ±0.00以下建筑面积64321平方米(最终以规划、国土部门的批准为准),项目用地以划拨方式取得。

3.项目内容:包括地面修建兼具集会、休闲、文化、历史纪念等功能于一体的广场,地下建设人防工程、配套设施、附属工程、原人民广场南广场改造及南明河内水景等,具体项目内容以经市规划部门批准的《筑城广场(原贵阳第一中学及人民广场地块)规划设计》为准。其中运营期向公众开放的范围为筑城广场(含南北广场)地面软、硬景等园林、水景、南明河周边沿河步道、人行桥、车行桥以及南明河内水景等。

4.建设期限:2011年12月15日前,完成向公众开放的范围[即筑城广场(含南北广场)地面软、硬景等园林、水景、南明河周边沿河步道以及南明河内水景等]。

5.项目总投资:包括房屋征收补偿费用(不含原贵阳一中教学楼等公产及相应土地)、地上建筑物、构筑物、附属设施拆除、树木移栽、土建工程、园林景

---

① 中天城投,中天城投集团股份有限公司关于贵阳市筑城广场BOT项目对外投资公告[EB/OL],http://www.cninfo.com.cn/finalpage/2011-09-08/59936068.PDF 2011-09-082016-04-11。

观建设等完成筑城广场规划、设计内容的所有投资（含原人民广场南广场改造费用），预计 6.47 亿元。

6. 协议签署时间：2011 年 9 月 6 日。

7. 协议标的：采用“投资—建设—运营—移交”的模式进行投资建设筑城广场项目。

8. 权利和义务主要内容：BOT 协议约定，地面园林绿化景观项目竣工验收后，地面软、硬景等园林、水景（地面 LED 屏幕等配套设施除外）等资产，由金阳建投和中天城投共同向政府园林绿化部门无偿移交。经贵阳市政府的批准，金阳建投授予中天城投独占、排他地享有运营、管理、维护筑城广场项目下列资产的权利：

（1）地下负一层、负二层人防工程、配套设施、附属工程；

（2）筑城广场地面 LED 屏幕等配套设施；

（3）项目的运营期限为 70 年，为自本项目竣工验收备案登记之日或本项目地下设施实际投入运营之日（以两者中条件先成就的起算）起至本协议约定的特许运营、管理、维护资产移交之日止的期间；

（4）项目验收合格后，在扣除本项目按规定应建人防工程面积外，项目多建的人防工程面积用于抵扣中天城投今后在贵阳市开发建设项目应建人防工程指标；本项目停车场车位指标用于抵减中天城投建设的河滨剧场地块贵州文化广场项目车位建设指标。

（二）贵阳市筑城广场项目 BOT 协议的提前解除

贵阳市筑城广场项目 BOT 协议签署后，中天城投按照协议的约定，对贵阳市筑城广场项目进行了建设，项目建设前后的对比图如下：

图3：建设前

图4：建成后

项目建成后，按照协议的约定，中天城投对筑城广场项目的特许运营期限为

70年。但时隔不到5年，在2016年4月2日，中天城投在巨潮资讯网上发布了《关于签署〈贵阳市筑城广场项目投资—建设—运营—移交协议〉提前解除协议的公告》（公告编号：临2016-35）①（已取消），在2016年4月8日，中天城投在巨潮资讯网上又发布了《关于签署〈贵阳市筑城广场项目投资—建设—运营—移交协议〉提前解除协议的公告的补充公告》（公告编号：临2016-37）②，在2016年4月9日，中天城投在巨潮资讯网上又发布了《关于签署〈贵阳市筑城广场项目投资—建设—运营—移交协议〉提前解除协议》的公告》（公告编号：临2016-35）③（更新后），公告显示：2016年3月31日，中天城投召开第七届董事会第43次会议审议通过提前解除原《筑城广场BOT协议》，并于同日与金阳建投签署了《〈贵阳市筑城广场项目投资—建设—运营—移交协议〉提前解除协议》，但提前解除事项还需贵阳市政府审批，并按照最终批复意见处理。

二、事由：PPP项目合同须详细约定提前终止的事由

（一）PPP项目合同常见提前终止的事由

1.《中华人民共和国合同法》规定的四种情形。根据其第九十四条的规定，有下列情形之一的，当事人可以解除合同：

一是因不可抗力致使不能实现合同目的。

二是在履行期限届满之前，当事人一方明确表示或者以自己的行为表明不履行主要债务。

三是当事人一方迟延履行主要债务，经催告后在合理期限内仍未履行。

四是当事人一方迟延履行债务或者有其他违约行为致使不能实现合同目的。

---

① 中天城投，关于签署《〈贵阳市筑城广场项目投资—建设—运营—移交协议〉提前解除协议》的公告［EB/OL］，http://www.cninfo.com.cn/finalpage/2016-04-02/1202133514.PDF 2016-04-022016-04-11。

② 中天城投，关于签署《〈贵阳市筑城广场项目投资—建设—运营—移交协议〉提前解除协议》的公告的补充公告［EB/OL］，http://www.cninfo.com.cn/finalpage/2016-04-08/1202149625.PDF2016-04-082016-04-11。

③ 中天城投，关于签署《〈贵阳市筑城广场项目投资—建设—运营—移交协议〉提前解除协议》的公告［EB/OL］，http://www.cninfo.com.cn/finalpage/2016-04-09/1202155195.PDF 2016-04-092016-04-11。

当然，根据《中华人民共和国合同法》第九十三条的规定，还有两种提前终止事由：

一是双方协商解除。当事人协商一致，可以解除合同。

二是约定单方解除权。当事人可以约定一方解除合同的条件。解除合同的条件成就时，解除权人可以解除合同。

2. 财政部《PPP 项目合同指南（试行）》规定的四种情形。在 PPP 项目合同中，可能导致项目提前终止的事由通常包括如下四种情形：

一是政府方违约事件——发生政府方违约事件，政府方在一定期限内未能补救的，PPP 项目合同的相对方（社会资本或项目公司）可根据合同约定主张终止 PPP 项目合同。

二是社会资本或项目公司违约事件——发生社会资本或项目公司违约事件，社会资本、项目公司和融资方或融资方指定的第三方均未能在规定的期限内对该违约进行补救的，政府方可根据合同约定主张终止 PPP 项目合同。

三是政府方选择终止——政府方在项目期限内任意时间可主张终止 PPP 项目合同。由于 PPP 项目涉及公共产品或服务供给，关系社会公共利益，因此 PPP 项目合同中，政府方享有在特定情形下（如 PPP 项目所提供的公共产品或服务已经不合适或者不再需要，或者会影响公共安全和公共利益）单方面决定终止项目的权利。但在 PPP 项目实践中，政府方的此项权利应当予以明确限定，以免被政府方滥用，打击社会资本参与 PPP 项目的积极性。

四是不可抗力事件——发生不可抗力事件持续或累计达到一定期限，任何一方可主张终止 PPP 项目合同。

3. 国家发改委《政府和社会资本合作项目通用合同指南（2014 年版）》规定的六种情形。在其第 65 条“合同解除的事由”中规定：“项目合同应约定各种可能导致合同解除的事由，包括：

（1）发生不可抗力事件，导致合同履行不能或各方不能就合同变更达成一致。

（2）发生法律变更，各方不能就合同变更达成一致。

（3）合同一方严重违约，导致合同目的无法实现。

（4）社会资本主体破产清算或类似情形。

（5）合同各方协商一致。

（6）法律规定或合同各方约定的其他事由。”

（二）贵阳市筑城广场项目 BOT 协议提前解除的事由

根据中天城投在巨潮资讯网上发布的《关于签署〈贵阳市筑城广场项目投资—建设—运营—移交协议〉提前解除协议的公告》，贵阳市筑城广场项目 BOT 协议提前解除的事由为："2015 年 12 月 24 日，贵阳市人民政府召开专题会议研究筑城广场文化提升事项并形成《关于研究筑城广场文化提升有关工作会议纪要（筑府专议〔2015〕566 号）》，会议决定：将筑城广场文化提升涉及的功能定位、区域划分、管理运行、改造需求、相关费用等内容纳入贵阳市文化建设整体方案，由贵阳市政府指定相关文化单位负责编制设计方案，提前解除金阳建投与中天城投于 2011 年签订的《筑城广场 BOT 协议》，由政府组织对项目投资成本进行审计，并由政府回购整体项目。由于该协议签署是基于贵阳市政府对筑城广场进行整体文化规划，由贵阳市政府主导签署，根据原合同约定，任何一方均不承担违约责任。"

因此，对于贵阳市筑城广场项目 BOT 协议提前解除的事由，从上述公告中可知，并不属于政府方违约，或社会资本方违约，或不可抗力（政治不可抗力或自然不可抗力），也不属于社会资本方破产或清算，从前述公告的有限信息推测，应该属于政府方选择终止。该等案例，对于我们在编制 PPP 招标文件中的项目合同时，须将各种提前终止事由详细予以规定。

三、回购：PPP 项目合同须详细约定提前终止后的回购机制

（一）PPP 项目合同提前终止后政府方的回购

PPP 项目合同终止后，政府方的回购，可以根据具体的情形设定为回购的义务，或者设定为回购的权利。

一是设定为政府方回购的义务。对于社会资本方来说，肯定希望如此规定。对于政府方来说，如果涉及公共安全和公众利益的，需要保障持续供给的 PPP 项目，即使在项目公司或社会资本方违约导致项目终止的情形下，政府仍有回购的义务。

二是设定为政府方回购的权利。对于此种设定，通常只有在项目公司或社会资本方违约导致项目终止的情形下，政府才不负有回购的义务而是享有回购的选择权，即政府可以选择是否回购该项目。但是如前所述，在某些 PPP 项目中，政府不得不负有回购的义务。

因此，在编制PPP项目合同时，对于政府方的回购，须慎重，因为根据财政部《PPP项目合同指南（试行）》的规定，在PPP项目终止后，政府可能并不一定希望全盘回购已经建成或者正在建设的项目设施。但如果政府方有权选择不回购该项目，对于项目公司或社会资本方而言可能是非常重大的风险。因为项目公司或社会资本方不仅将无法继续实施该项目并获得运营回报，甚至无法通过政府回购补偿收回前期投资。

在贵阳市筑城广场项目BOT协议提前解除事宜中，根据中天城投的公告，"由政府组织对项目投资成本进行审计，并由政府回购整体项目"，此为政府方的回购义务。

（二）PPP项目合同提前终止后政府方的回购补偿

对于PPP项目合同提前终止后政府方的回购补偿，须根据提前终止事由的不同而进行不同的约定。一般主要约定三类回购补偿方式，具体如下：

一是因政府方原因提前终止PPP项目合同情形下的补偿。此种原因如政府方违约、政府方选择终止、政治不可抗力等。对于此种情形，一般的补偿原则是确保项目公司或社会资本方不会因项目提前终止而受损或获得额外利益（即项目公司或社会资本方获得的补偿等于假设该PPP项目按原计划继续实施的情形下项目公司或社会资本方能够获得的经济收益）。补偿的范围一般包括：

（1）项目公司尚未偿还的所有贷款（其中可能包括剩余贷款本金和利息、逾期偿还的利息及罚息、提前还贷的违约金等）；

（2）项目公司股东在项目终止之前投资项目的资金总和（必要时需要进行审计）；

（3）因项目提前终止所产生的第三方费用或其他费用（如支付承包商的违约金、雇员的补偿金等）；

（4）项目公司或社会资本方的利润损失（双方通常会在PPP项目合同中约定利润损失的界定标准及补偿比例）。

二是因社会资本方或项目公司原因提前终止PPP项目合同情形下的补偿。在此种情形下，政府方仍负有回购的义务，一般情形下，回购补偿计算方法包括如下两种：

（1）市场价值方法，即按照项目终止时合同的市场价值（即再进行项目采购的市场价值）计算补偿金额。此种方法相对比较公平，并且在项目回购后政府方必须要在市场中重新进行项目采购，因此此种方法通常适用于PPP市场相对较为成熟的国家。但是在我国，PPP市场从2014年底才开始推动，正处于蓬勃发展阶段，离成熟的PPP市场还有一定的距离。

（2）账面价值方法，即按照项目资产的账面价值计算补偿金额。与市场价值方法不同，该计算方法主要关注资产本身的价值而非合同的价值。这种计算方法比较简单明确，可避免纠纷，但有时可能导致项目公司或社会资本方获得的补偿与其实际投资和支付的费用不完全一致。

在具体项目中适用哪一种计算方法，需要进行专项评估，但一般的原则是，尽可能避免政府方不当得利并且能够吸引融资方的项目融资。此外，根据上述计算方法计算出的补偿金额，通常还要扣减政府方因该终止而产生的相关费用和损失。

三是因不可归责于双方的原因提前终止PPP项目合同情形下的补偿。此种原因，一般指自然不可抗力。由于自然不可抗力属于双方均无过错的事件，因此对于自然不可抗力导致的终止，一般的原则是由双方共同分摊风险。通常来讲以如下方式处理：

（1）补偿范围一般会包括未偿还融资方的贷款、项目公司股东在项目终止前投入项目的资金以及欠付承包商的款项。

（2）补偿一般会扣除保险理赔金额，且不包括预期利润损失。

那么，在贵阳市筑城广场项目BOT协议提前解除事宜中，回购的补偿，是如何处理的呢？根据中天城投的公告，本项目中中天城投不再收取项目建设管理费及利润，只收取项目投资费和资金占用费。项目投资费由如下两部分组成：

（1）本项目中天城投投入的地面所有建筑物、构筑物、附属设施的拆除搬迁、树木移栽，原贵阳一中教师住宅的征收补偿决算总额（不含原贵阳一中教学楼等公产及土地）。

（2）本项目中天城投投入的地面软、硬景等园林、水景及地面LED屏幕等配套设施，地下负一层、负二层人防工程、配套设施、附属工程及原人民广场南广场改造的项目决算总额。项目投资费为贵阳市审计局根据中天城投提供的工程结算及财务决算资料进行审核后确定的审计金额。

资金占用费=Σ（占用资金或项目实际完成投资进度 × 同期银行贷款基准利率 × 资金占用时间）。资金占用时间按照项目实际完成投资进度确定资金占用费率及资金占用时间。

最终，经贵阳市审计局委托中审亚太会计师事务所（特殊普通合伙）审计并出具的《关于中天城投集团股份有限公司对贵阳市筑城广场项目投资费的专项审核报告》（中审亚太专审字〔2016〕04号）审定，项目投资费与资金占用费总和为950119208.95元，其中资金占用费为173397258.49元。因此，在贵阳市筑城广场项目BOT协议提前解除事宜中，回购的补偿，没有采取市场价值法。

（三）PPP项目合同提前终止后政府方回购补偿的支付

对于社会资本方来说，一次性支付当然最好，但是从公平合理的角度来说，分期支付更合理。当然，在予以详细约定的时候，需要考虑虽然分期付款可以在一定程度上缓解政府方的资金压力，但是否能够采用这种方式还取决于项目公司、社会资本方和融资方能否同意。此外，如果采用分期付款方式，项目公司或社会资本方一般会向政府方主张延期支付的利息，并且在未缴清补偿款前，项目公司或社会资本方一般不愿意移交项目资产，因此采用分期付款方式有可能会影响项目的移交时间。

在贵阳市筑城广场项目BOT协议提前解除事宜中，对于回购补偿的支付，根据中天城投的公告，回购补偿分三期支付如下：

（1）在《〈贵阳市筑城广场项目投资—建设—运营—移交协议〉提前解除协议》签订前，金阳建投已向中天城投支付人民币伍亿元整。

（2）中天城投完成已完工程（除消防工程外）的分项工程验收认可并经住建主管部门确认达到竣工验收备案条件后，将项目移交给金阳建投，且工程投资经贵阳市审计局审定并出具审计报告后，金阳建投向中天城投支付至审计报告金额的97%（扣除已支付金额伍亿元）。

（3）中天城投配合金阳建投完成筑城广场负一、负二层的规划、消防、环评、交评的手续办理并办理完成验收备案手续，且移交工程质量保修期满后金阳建投付清余款。

四、移交：PPP项目合同须详细约定提前终止后的项目处理方式

（一）移交的范围

根据财政部《PPP项目合同指南（试行）》的规定，在PPP项目终止后，移交的范围通常包括：

（1）项目设施；

（2）项目土地使用权及项目用地相关的其他权利；

（3）与项目设施相关的设备、机器、装置、零部件、备品备件以及其他动产；

（4）项目实施相关人员；

（5）运营维护项目设施所要求的技术和技术信息；

（6）与项目设施有关的手册、图纸、文件和资料（书面文件和电子文档）；

（7）移交项目所需的其他文件。

在贵阳市筑城广场项目 BOT 协议提前解除事宜中，根据中天城投的公告，移交的资产范围为："筑城广场景观（硬景、软景）、灯光、音响、雕塑工程由乙方向市政府指定部门移交。故本次移交范围为土建部分 66289 平方米地下设施及负一层室外沿河平台。"

（二）未完工程的处理

因属于 PPP 项目合同的提前终止，所以很有可能存在未完工程。对于未完工程，需要详细约定。在贵阳市筑城广场项目 BOT 协议提前解除事宜中，根据中天城投的公告，未完工程的处理方式为：

"收尾工程和剩余工程的实施及验收：

（1）地下设施内部的配电工程、供水工程，安装及柴油发电机组安装，金阳建投和中天城投双方依照协议约定进行。

（2）质量监督机构在工程检查验收过程中下发《工程质量监督抽查记录单》，提到的质量问题尚未回复的，由中天城投将整改处理情况逐条书面回复质量监督机构。

（3）未完的消防工程、后续改造工程及收尾工程，在规划方案确定后，由中天城投按国家有关规定完善相关建设手续。"

当然，不管是对于已完工程，还是对于未完但需要完成的工程，其移交项目的缺陷责任期与保修期，在贵阳市筑城广场项目 BOT 协议提前解除事宜中，如此规定：

（1）移交项目的缺陷责任期按照《建设工程质量保证金管理暂行办法》及国家相关规定执行，质量保修期按《建设工程质量管理条例》及国家相关规定执行。

（2）移交项目的缺陷责任期为 12 个月，从中天城投完成工程验收之日起计；质量保修期从中天城投完成工程竣工验收合格且工程移交之日起计算，具体保修期根据具体工程项目情况及中华人民共和国国务院令第 279 号《建筑工程质量管理条例》合理规定年限。

五、结语：好合好散的 PPP 项目合作

很多人将 PPP 项目视为一场婚姻，而不是一场婚礼。但婚姻也存在离婚的现实，虽然在结婚（签订 PPP 项目合同）时有相伴永远的许诺（贵阳市筑城广场项目经营期限为 70 年），但在离婚（PPP 项目合同提前终止）时总有各种万不得已的理由。既然有着各种万不得已的理由，就需要以一种好合好散的心态，在草拟 PPP 项目合同时，未雨绸缪，提前规定好 PPP 项目合同提前终止的各种处理机制。当然，不能有假结婚（假 PPP，双方利用提前终止之名行 BT 回购模式之实）的想法和行动。如上分析，仅系个人意见，不一定正确，抛砖引玉，供各位参考。

重点十：PPP 项目招标文件编制重难点之谁来委托监理单位较好

——以"重庆市建桥园区 C 区综合配套 PPP 项目"为例

PPP 项目，以其复杂性著称于世。PPP 项目的招标文件，在我国至今尚无官方制作的标准文本或范本，需要招标代理机构或招标人自行编制。在编制的过程中，恰恰因为 PPP 项目的复杂性，招标文件的编制也极其复杂，需要招标代理机构或招标人具备良好的 PPP 专业知识以及其他相关知识，才能编制一份质量优良的招标文件。当然，这对招标代理机构或者招标人来说就是一个有很大困难但也需要克服的事情。为便于大家共同推进 PPP 项目招标文件的编制质量，积累相关的经验或知识，笔者结合工作中的实际，从实际案例的角度出发，针对 PPP 项目招标文件编制中的重难点，分专题予以分析，仅系个人意见，囿于经验与知识，不一定正确，仅供各位参考、讨论、指正。

一、实例：重庆市建桥园区 C 区综合配套 PPP 项目概况

根据招标人重庆建桥实业发展有限公司于 2015 年 12 月 31 日在重庆市工程建设招标投标交易信息网上发布的《重庆市建桥园区 C 区综合配套 PPP 项目招标

公告》(招标编号：TJ-2015-157)以及附带的相关资料[①]，可知如下概况：

（一）项目基本情况

重庆市建桥园区 C 区综合配套 PPP 项目要求投标人完成包含市政道路和房屋建筑共两个建设类型的工程项目，分别为建桥科技创新育成中心项目和跳石路、黄桷树路项目。项目预计总投资约 50154 万元。具体情形如下：

1. 建桥科技创新育成中心项目（以下简称育成中心）

育成中心建设用地面积约为 40881.22 平方米，土地性质：商务用地，总建筑面积约为 87880 平方米，其中地上面积为 59639 平方米、地下面积为 28221 平方米，由三栋楼组成，其中东楼 28 层为 64014.65 平方米、北楼地面以上 7 层为 14435.84 平方米、综合服务中心地面以上 7 层为 9409.51 平方米。预计建设期两年。项目投资额约为 40154 万元。

2. 市政道路项目

新建建桥工业园区内两条相连市政道路，分别是黄桷树路约 0.62 公里、跳石路约 1.96 公里，预计建设期 1 年。项目投资额约为 10000 万元。

（二）PPP 项目合作方式

1. 招标人与中标人共同出资成立项目公司，项目公司的注册资本金为 1000 万元，招标人出资 5%，中标人出资 95%。

2. 项目公司注册后 30 日内，招标人与中标人将项目资本金注入项目公司基本账户，项目资本金为总投资额 50154 万元的 25%。其中，招标人出资比例 5%，金额为 50154 万元 ×25%×5% = 626.925 万元（出资额在招标人的前期投入费用 1106.108406 万元中相应充抵），中标人出资比例为 95%，金额为 50154 万元 ×25%×95% = 11911.575 万元。其他预计总投资额 75% 的资金缺口由中标人融资解决。招标人不负责项目公司经营及项目的融资，不参与收益分配，也不承担亏损和债务。在项目建成后，招标人收回出资资本金，收回的方式为在首期支付 PPP 项目回购款时予以直接抵扣。

3. 项目公司应完成的工作内容：

（1）市政道路工程：负责开工报告、资料整理、工程建设、竣工交付、运

① 重庆市建桥园区 C 区综合配套 PPP 项目，重庆市工程建设招标投标交易信息网 [EB/OL]，http://www.cpcb.com.cn/Front.aspx/ggsjxq/50010420151231013020012.2015-12-312016-03-15。

营期维保。项目报批、工程可行性研究、工程勘察、初步设计和施工图审核等手续报批，项目建设前期的征地拆迁和管线迁移以及项目建设后期的运营筹备，与市政公用配套相关单位的接口与协调，项目建成后完成购买服务，接收项目等工作由招标人负责。

（2）育成中心项目：完成土地取得、项目前期手续报批、资料整理、工程建设、竣工交付、缺陷修复和竣工交付使用后的保修工作等所有工作内容。

4. 项目运营。育成中心由项目公司运营或委托专业的物业公司运营，水电气通信使用费由使用者直接付费到归口单位，物业费、卫生费等使用者按照物价局审批定价交付给运营单位。市政道路竣工后交付给招标人运营，中标人负责缺陷保修期内的维修、保修。

（三）投标人的资格要求

1. 投标人具有独立法人资格。

2. 投标人须同时具备建设行政主管部门颁发的市政公用工程施工总承包壹级及以上资质、房屋建筑工程施工总承包壹级及以上资质，外地入渝施工企业必须持有重庆市市外建筑施工企业分支机构入渝登记备案证。

3. 本次招标接受联合体投标，但联合体成员单位最多不得超过两个，即一个施工企业和一个投资人（投资人可以是个人或商业银行或社会融资单位）。联合体投标的投标单位须提供联合体协议，并标明牵头单位，牵头单位必须具备市政公用工程施工总承包壹级及以上资质和房屋建筑工程施工总承包壹级及以上资质。投标时可由牵头单位派授权代表持授权委托书及招标文件规定的其他资料参与投标。

对于从《重庆市建桥园区 C 区综合配套 PPP 项目招标文件》中所列的前述基本情况，其是否符合国家关于 PPP 运作模式的政策法规的规定，本文暂且不予讨论。本文只讨论其中的一个重难点，即在 PPP 项目中，如果涉及的施工需要监理时，监理单位由谁来招标，比较妥当。

二、选择方式之一：由 PPP 项目的项目公司作为监理单位的委托人

（一）重庆市建桥园区 C 区综合配套 PPP 项目由项目公司委托监理单位

根据《重庆市建桥园区 C 区综合配套 PPP 项目招标文件》“投标人须知前附表”第 10.2 条“项目公司成立”的规定：“4.2 项目公司负责项目融资、工程建设

和交付运营工作，包括设计咨询、施工图设计、造价咨询、工程监理、工程咨询、投资管理（含总概算控制、申报调概调差等）、采购与合同管理（如招标采购管理、计量支付、竣工结算、竣工决算管理、变更管理、工程保险管理、合同管理方面的档案、信息、资料管理等），负责组织施工单位完成项目建设（含三通一平、全部土建及设备安装）有关的各项工作，负责安全管理、质量控制、进度控制，负责组织竣工验收与交付运营。”因此，在重庆市建桥园区 C 区综合配套 PPP 项目中，监理单位将由招标人与中标人成立的项目公司选择并委托。

（二）由项目公司选择并委托监理单位的优势

1. 项目公司作为重庆市建桥园区 C 区综合配套 PPP 项目的建设单位，依法应由建设单位采取招标等方式委托，这也符合法律法规的规定。如《中华人民共和国建筑法》第三十一条规定：“实行监理的建筑工程，由建设单位委托具有相应资质条件的工程监理单位监理。建设单位与其委托的工程监理单位应当订立书面委托监理合同。”重庆市建桥园区 C 区综合配套 PPP 项目，包含建筑工程。同时，根据《建设工程监理范围和规模标准规定》的规定，重庆市建桥园区 C 区综合配套 PPP 项目的建设工程，属于强制监理的范围。

2. 如果政府方作为项目公司的控股股东，由 PPP 项目的项目公司采取招标等方式选择委托监理单位，也可以达到对政府方职能转变、简政放权的目的。虽然《PPP 项目合同指南（试行）》中规定：“项目公司是依法设立的自主运营、自负盈亏的具有独立法人资格的经营实体。项目公司可以由社会资本（可以是一家企业，也可以是多家企业组成的联合体）出资设立，也可以由政府和社会资本共同出资设立。但政府在项目公司中的持股比例应当低于 50%、且不具有实际控制力及管理权。”但是，在《国务院关于鼓励和引导民间投资健康发展的若干意见》（国发〔2010〕13 号）中规定：“鼓励民间资本参与交通运输建设。鼓励民间资本以独资、控股、参股等方式投资建设公路、水运、港口码头、民用机场、通用航空设施等项目。”以及在国家发展改革委、财政部、水利部于 2015 年 3 月 17 日联合发布的《关于鼓励和引导社会资本参与重大水利工程建设运营的实施意见》（发改农经〔2015〕488 号）中规定：“盘活现有重大水利工程国有资产，选择一批工程通过股权出让、委托运营、整合改制等方式，吸引社会资本参与，筹得的资金用于新工程建设。对新建项目，要建立健全政府和社会资本合作（PPP）机制，鼓励社会资本以特许经营、参股控股等多种形式参与重大水利工程建设运营。”社会资本方有可能是作为项目公司的参股而非控股股东的角色出现的。那么，在政府方控股 PPP 项目的项目公司情形下，由项目公司来委托监理单位，也未尝不可。

（三）由项目公司选择并委托监理单位的劣势

如果 PPP 项目的项目公司由社会资本方控股，且社会资本方参与 PPP 项目施工的，比如重庆市建桥园区 C 区综合配套 PPP 项目，明确要求由“中标人作为工程总承包商负责其承包工程的质量、工期、安全、造价、缺陷修复和竣工交付使用后的保修工作”。将对政府方构成重大不利。理由如下：

1. 监理单位将难以客观、公正地执行监理任务。虽然根据《中华人民共和国建筑法》第三十四条的规定：“工程监理单位应当在其资质等级许可的监理范围内，承担工程监理业务。工程监理单位应当根据建设单位的委托，客观、公正地执行监理任务……”但是，同样根据《中华人民共和国建筑法》第三十二条的规定：“建筑工程监理应当依照法律、行政法规及有关的技术标准、设计文件和建筑工程承包合同，对承包单位在施工质量、建设工期和建设资金使用等方面，代表建设单位实施监督。工程监理人员认为工程施工不符合工程设计要求、施工技术标准和合同约定的，有权要求建筑施工企业改正。工程监理人员发现工程设计不符合建筑工程质量标准或者合同约定的质量要求的，应当报告建设单位要求设计单位改正。”在重庆市建桥园区 C 区综合配套 PPP 项目中，因项目公司由社会资本方绝对控股，持股比例达到 95%，重庆市建桥园区 C 区综合配套 PPP 项目的建设工程，又由社会资本方来作为工程总承包商，相当于承包单位自己选择一家监理单位来监督管理承包单位自己，不合理，且也不难想象，监理单位将难以客观、公正地执行监理任务。

2. 政府方将丢失有效监督管理 PPP 项目的质量、安全、进度等的方法。因为一旦 PPP 项目的项目公司的控股股东由社会资本方担任，除非项目公司的章程另有约定，否则根据《中华人民共和国公司法》第四十三条的规定：“股东会的议事方式和表决程序，除本法有规定的外，由公司章程规定。股东会会议作出修改公司章程、增加或者减少注册资本的决议，以及公司合并、分立、解散或者变更公司形式的决议，必须经代表三分之二以上表决权的股东通过。”在重庆市建桥园区 C 区综合配套 PPP 项目中，社会资本方持有项目公司的股比达到 95%，远远超过三分之二的规定。因此，一旦在社会资本方控股项目公司的情形下，将监理单位的选择权交由项目公司选择，对政府方来说，将构成重大不利。

三、选择方式之二：由 PPP 项目的政府方作为监理单位的委托人

（一）由政府方选择并委托监理单位的优势

由政府方选择并委托监理单位的优势，即由项目公司选择并委托监理单位的劣势转变而来，即不管 PPP 项目的项目公司是否由社会资本方控股，也不管 PPP 项目的建设工程是否由社会资本方具体实施，政府方都将保留有效监督管理 PPP 项目的质量、安全、进度等的方法。同时，也能够保障监理单位将客观、公正地执行监理任务。毕竟，此时的委托单位不再是项目公司，而是政府方，监理单位作为被委托人，需要为委托人服务并忠于委托人。那么，是否可以得出结论，在所有的 PPP 项目中，均由政府方选择并委托监理单位？

（二）由政府方选择并委托监理单位的劣势

最大的劣势，来自现行《中华人民共和国建筑法》第三十一条规定："实行监理的建筑工程，由建设单位委托具有相应资质条件的工程监理单位监理。建设单位与其委托的工程监理单位应当订立书面委托监理合同。"对于何为"建设单位"，《中华人民共和国建筑法》并未予以定义，在《建设工程安全生产管理条例》《建设工程质量管理条例》等中也未予以定义。但是，比如在重庆市建桥园区 C 区综合配套 PPP 项目中，建设单位是项目公司，而非政府方或 PPP 项目的招标人，如果由作为非"建设单位"的政府方或 PPP 项目的招标人来选择并委托监理单位，合法性则遇到障碍。

四、结语：寻求政府方与社会资本方的一个平衡点

恰如财政部于 2014 年 9 月 23 日下发的《关于推广运用政府和社会资本合作模式有关问题的通知》（财金〔2014〕76 号）中对 PPP 项目的定义："政府和社会资本合作模式是在基础设施及公共服务领域建立的一种长期合作关系。通常模式是由社会资本承担设计、建设、运营、维护基础设施的大部分工作，并通过'使用者付费'及必要的'政府付费'获得合理投资回报；政府部门负责基础设施及公共服务价格和质量监管，以保证公共利益最大化。"PPP 项目既不是保证政府方利益最大化，也不是保证社会资本方利益最大化，而是保证公共利益最大化。在保证公共利益最大化的前提下，需要寻求一个政府方与社会资本方的平衡点，对于监理单位的选择及其委托，也需要予以平衡。笔者建议的处理方式有二：

一是权宜之计：在 PPP 项目招标文件中规定，PPP 项目建设工程的监理单位，由 PPP 项目的项目公司委托政府方或 PPP 项目的招标人或其指定的第三方代为选择并委托监理单位，监理费用计入 PPP 项目总投资，并由政府方支配使用，社会资本在投标时，需对招标文件的该等规定予以全面响应。

二是长久之计：建议在未来的立法中，如创制《中华人民共和国政府和社会资本合作法》(《PPP 法》)，在其中明确规定，PPP 项目中建设工程的监理单位选择与委托，交由政府方选择并委托，尤其是在社会资本方同时实施建设工程的情形下。

此为二计，仅系个人意见，不一定正确，抛砖引玉，供各位参考。

重点十一：招标前签署 PPP 项目框架协议的法律风险评析

——以长江南京航道工程局与广东云清高速公路建设发展有限公司、中城北方交通建设发展股份有限公司招标前签订相关合同纠纷案为例

PPP 项目的投资规模大，且大部分 PPP 项目均会涉及建设（新建或改建）内容。在实践中，有部分 PPP 项目，在尚未开始 PPP 项目社会资本招标程序时，即由政府方与未来可能成为中标社会资本的公司签署关于 PPP 项目的框架协议，框架协议可能会约定该 PPP 项目的具体运作模式、施工单位资质、施工量价确定以及工程款支付等事宜，然后政府方在此份 PPP 项目框架协议的基础上，按照 PPP 项目招标社会资本的流程，开展相关的招投标工作。对于此种招标前招标人（政府）与投标人（公司）之间的“合意”，是否属于“串通投标”，它们之间签署的 PPP 框架协议是否有效？或者，在政府方开展此 PPP 项目的招标时，签约框架协议的公司，是否还具备投标或中标的资格？这些事宜，都需要签约的政府方和公司慎重考虑，因为这些都是重大的法律风险。法律风险一旦发生，就很有可能变成法律事故或损失。

比如，在长江南京航道工程局（以下简称南京航道局）与广东云清高速公路建设发展有限公司（以下简称广东云清公司）、中城北方交通建设发展股份有限

公司（以下简称中城北方公司）招标前签订相关合同纠纷案中，南京航道局为了获得广东云清公司的某段高速部分施工任务，在没有开始招标时，即签署了相关协议，并支付了3000万元保证金，最后因各种原因，南京航道局并没有获得相应的施工任务，且支付的3000万元保证金中也仅仅获得几百万元的退款，大部分保证金没有获得退还，纠纷由此而起并诉至法院。具体情形及带给我们的启示，分析如下。

一、实例原况回放：南京航道局与广东云清公司、中城北方公司招标前签订相关合同纠纷案

本案例来源于最高人民法院中国裁判文书网，具体可见江苏省南京市中级人民法院《原告长江南京航道工程局与广东云清高速公路建设发展有限公司、中城北方交通建设发展股份有限公司合同纠纷一案的民事判决书》[（2014）宁民初字第39号][①]，案件情况如下：

2011年12月19日，南京航道局（乙方）与广东云清公司（甲方）签订《承接高速公路工程协议书》，约定甲乙双方通过友好协商，达成共识。中国城市建设控股集团第三工程局中标承接的“汕湛高速公路清新至新兴段工程项目”，工程总长约157公里，工程总投资约130亿人民币，甲方以业主的形式，将部分项目发包给乙方施工。项目名称为“汕湛高速公路清新至新兴段工程项目”；项目来源为云浮市交通运输局发包，由中国城市建设控股集团第三工程局中标，并与云浮市交通运输局签署框架协议，为此，项目特组建广东云清高速公路建设发展有限公司；项目公司为广东云清高速公路建设发展有限公司；项目开工时间计划在2012年6月前后正式开工；甲乙双方经过协商一致同意，待甲方获得业主权后，经工程招标将部分工程项目交由乙方或乙方组建的联合体承建；甲方有责任确保乙方或乙方联合体参与上述承建项目的投标时中标；乙方承诺为了承接此项目，乙方将与具有施工资质的单位组成联合体遵守甲方投标要求参与投标。乙方为联

① 江苏省南京市中级人民法院，原告长江南京航道工程局与广东云清高速公路建设发展有限公司、中城北方交通建设发展股份有限公司合同纠纷一案的民事判决书[EB/OL]，http://wenshu.court.gov.cn/content/content?DocID=c83fe438-01d9-4ebb-b370-87c334039965&KeyWord=串通投标|框架协议.2015-09-02/2016-05-26。

合体牵头人，即项目中标人，项目中标以后甲方直接跟乙方确认中标事宜。乙方保证在合法的前提下，遵照所有中标条件，保质保量按期完成承接项目。甲乙双方签署本协议后，乙方同意在 2011 年 12 月 31 日前出资人民币 3000 万元作为保证金，配合甲方完成招标相关事宜。结算标准为按广东省定额标准要求计费，确保工程下浮点（在 15% 之内）给予中标。

2012 年 1 月 13 日，广东云清公司（甲方）、南京航道局（乙方）、中城北方公司（丙方）签订《补充协议书》一份，约定，鉴于甲、乙双方于 2011 年 12 月 19 日签订了《承接高速公路工程协议书》，现就有关条款补充如下：一、协议书第三条“双方责任”中“乙方责任”第三项的保证金，在甲方、丙方提供所需相关材料后三个工作日内支付至甲方的银行基本存款账户。二、甲方承诺在 2012 年 6 月 30 日前，与乙方或乙方联合体、乙方合作方订立协议书约定的工程施工合同。本协议约定的保证金转作工程施工合同的质量保证金（按工程施工合同多退少补），按施工合同约定的期限退还给乙方。在进度付款中不再扣留质量保证金。三、甲方保证除非因国家政策导致工程项目取消，否则必须保证订立工程施工合同。如未能在上述期限或乙方同意的其他期限订立工程施工合同，甲方在期限届满后三个工作日内将保证金连同自收款之日起至还款之日止按同期银行贷款利率计算的利息一并退还到乙方付款账户。如逾期支付，则按双倍利息支付迟延支付违约金。丙方为甲方提供保证担保。担保范围为甲方依协议书及本协议应当承担的全部责任。乙方有权直接要求丙方承担担保责任。担保条款独立存在，不受协议书、本协议效力影响。本协议书作为协议书的组成部分，与协议书具有同等法律效力。广东云清公司法定代表人丁晶、南京航道局原法定代表人袁亚康、中城北方公司法定代表人刘铁军在该份协议上签名并加盖了单位公章。

2012 年 1 月 18 日，广东云清公司出具收到南京航道局保证金 1000 万元收据一份；2012 年 2 月 1 日，广东云清公司出具收到南京航道局银行承兑汇票 2000 万元保证金收据一份。

南京航道局诉称，后因广东云清公司因工程项目推进迟缓，未能如期与南京航道局订立工程施工合同，南京航道局也未同意延长期限。广东云清公司未依合同约定退还保证金（南京航道局认可收到广东云清公司 800 万元）、支付相应利息。南京航道局多次向广东云清公司、中城北方公司主张权利未果后诉诸法院。

法院经审理认为，招投标活动应当遵循公开、公平、公正和诚实信用的原则。

投标人与招标人不得相互串通。本案中，广东云清公司与南京航道局签订的《承接高速公路工程协议书》第三条，甲方责任（1）约定："甲方有责任确保乙方或乙方联合中体参与承建项目的投标时中标"。该约定存在明显的串通投标意图，有预先确定中标人的意思表示，排挤了其他投标人的公平竞争，破坏了市场竞争秩序，违背了《中华人民共和国招标投标法》第三十二条第二款"投标人不得与招标人串通投标，损害国家利益、社会公共利益或者他人的合法权益"的规定，故双方于2011年12月19日签订的《承接高速公路工程协议书》应认定无效。据此，法院依照《中华人民共和国合同法》第五十二条第（四）、（五）项，《中华人民共和国招标投标法》第三十二条、第五十三条，《中华人民共和国招标投标实施条例》第四十一条等之规定，判决广东云清公司于判决生效之日起十日内支付给南京航道局保证金2200万元及孳息（孳息从2012年1月18日起以实际占用金额按照中国人民银行同期银行贷款基准利率计算至实际给付之日止）等。

二、实例启示之一：政府方与社会资本在招标前签署的PPP项目框架协议存在涉嫌串标导致协议无效的法律风险

根据《中华人民共和国合同法》第五十二条的规定："有下列情形之一的，合同无效：（一）一方以欺诈、胁迫的手段订立合同，损害国家利益；（二）恶意串通，损害国家、集体或者第三人利益；（三）以合法形式掩盖非法目的；（四）损害社会公共利益；（五）违反法律、行政法规的强制性规定。"那么，政府方与社会资本在PPP项目招标前签署的PPP项目框架协议，是否属于《中华人民共和国合同法》第五十二条规定的无效合同情形之一？

在南京航道局与广东云清公司、中城北方公司招标前签订相关合同纠纷案中，南京航道局也与广东云清公司在招标施工单位前签署了《承接高速公路工程协议书》。南京市中级人民法院认为《承接高速公路工程协议书》无效，是因为广东云清公司与南京航道局签订的《承接高速公路工程协议书》第三条，甲方责任（1）约定，"甲方有责任确保乙方或乙方联合中体参与承建项目的投标时中标"。该约定存在明显的串通投标意图，有预先确定中标人的意思表示，排挤了其他投标人的公平竞争，破坏了市场竞争秩序，违背了《中华人民共和国招标投标法》第三十二条第二款"投标人不得与招标人串通投标，损害国家利益、社会公共利益或者他人的合法权益"的规定，故双方于2011年12月19日签订的《承接高速公

路工程协议书》应认定无效。

因此，如果政府方与社会资本在PPP项目招标前签署的PPP框架协议中，约定的相关内容“存在明显的串通投标意图，有预先确定中标人的意思表示，排挤了其他投标人的公平竞争，破坏了市场竞争秩序”的情形，比如类似于“甲方有责任确保乙方或乙方联合中体参与承建项目的投标时中标”等内容，PPP框架协议将存在涉嫌串标导致协议无效的法律风险。

三、实例启示之二：政府方与社会资本在招标前签署的PPP项目框架协议存在涉嫌串标导致投标被否决的法律风险

对于何为招标人与投标人之间的串通投标，《中华人民共和国招标投标实施条例》第四十一条明确规定：“禁止招标人与投标人串通投标。有下列情形之一的，属于招标人与投标人串通投标：（一）招标人在开标前开启投标文件并将有关信息泄露给其他投标人；（二）招标人直接或者间接向投标人泄露标底、评标委员会成员等信息；（三）招标人明示或者暗示投标人压低或者抬高投标报价；（四）招标人授意投标人撤换、修改投标文件；（五）招标人明示或者暗示投标人为特定投标人中标提供方便；（六）招标人与投标人为谋求特定投标人中标而采取的其他串通行为。”

在南京航道局与广东云清公司、中城北方公司招标前签订相关合同纠纷案中，南京航道局与广东云清公司在招标施工单位前签署《承接高速公路工程协议书》的行为，属于《中华人民共和国招标投标实施条例》第四十一条第二款第（六）项规定的“招标人与投标人为谋求特定投标人中标而采取的其他串通行为”。同理，如果政府方与社会资本签署的PPP项目框架协议约定的相关内容“存在明显的串通投标意图，有预先确定中标人的意思表示，排挤了其他投标人的公平竞争，破坏了市场竞争秩序”的情形，也将存在被认定为招标人与投标人串通投标的法律风险。

而一旦认定政府方与社会资本签署的PPP项目框架协议为串通投标，则社会资本在参与政府方后期的PPP社会资本招标时，其投标将被否决，也就不可能被授予中标资格，社会资本在PPP框架协议中的最大诉求也就不可能实现。法律依据为《中华人民共和国招标投标实施条例》第五十一条的规定：“有下列情形之一的，评标委员会应当否决其投标：（一）投标文件未经投标单位盖章和单位负责人

签字;（二）投标联合体没有提交共同投标协议;（三）投标人不符合国家或者招标文件规定的资格条件;（四）同一投标人提交两个以上不同的投标文件或者投标报价，但招标文件要求提交备选投标的除外;（五）投标报价低于成本或者高于招标文件设定的最高投标限价;（六）投标文件没有对招标文件的实质性要求和条件作出响应;（七）投标人有串通投标、弄虚作假、行贿等违法行为。”

当然，我们不能将不具有投标资格和不具有中标资格混为一谈，被否决投标意味着不具有中标资格，但并不意味着不具有投标资格。因为根据《中华人民共和国招标投标实施条例》第三十四条的规定：“与招标人存在利害关系可能影响招标公正性的法人、其他组织或者个人，不得参加投标。单位负责人为同一人或者存在控股、管理关系的不同单位，不得参加同一标段投标或者未划分标段的同一招标项目投标。违反前两款规定的，相关投标均无效。”另外，没有通过资格预审的也不具有投标资格。与政府方签署 PPP 框架协议，并不必然导致其不具备投标资格。因为并非所有的 PPP 项目框架协议均会被认定为招标人与投标人的串通投标，只有 PPP 项目框架协议约定的相关内容“存在明显的串通投标意图，有预先确定中标人的意思表示，排挤了其他投标人的公平竞争，破坏了市场竞争秩序”等的情形，其投标才会因串标行为而被否决。

四、实例启示之三：政府方与社会资本在招标前签署的 PPP 项目框架协议存在涉嫌串标投标罪的刑事法律风险

串通投标行为，除了投标被否决的法律风险外，还存在涉嫌串通投标罪被追究刑事责任的法律风险。因为根据《中华人民共和国刑法》第二百二十三条的规定：“投标人相互串通投标报价，损害招标人或者其他投标人利益，情节严重的，处三年以下有期徒刑或者拘役，并处或者单处罚金。投标人与招标人串通投标，损害国家、集体、公民的合法利益的，依照前款的规定处罚。”另外，如果是单位与单位之间串通投标，比如政府方与社会资本在招标前签订的 PPP 项目框架协议被认定为串标的，其单位的相关负责人也将被追究刑事责任。具体规定详见《中华人民共和国刑法》第二百三十一条的规定：“单位犯本节第二百二十一条至第二百三十条规定之罪的，对单位判处罚金，并对其直接负责的主管人员和其他直接责任人员，依照本节各该条的规定处罚。”

那么，如何判断“损害国家、集体、公民的合法利益”？达到何种情况，将

被立案追诉？根据最高人民法院、公安部《关于公安机关管辖的刑事案件立案追诉标准的规定（二）》（节录）（2010 年 5 月 7 日，公通字〔2010〕23 号）第七十六条的规定："投标人相互串通投标报价，或者投标人与招标人串通投标，涉嫌下列情形之一的，应予立案追诉：（一）损害招标人、投标人或者国家、集体、公民的合法利益，造成直接经济损失数额在五十万元以上的；（二）违法所得数额在十万元以上的；（三）中标项目金额在二百万元以上的；（四）采取威胁、欺骗或者贿赂等非法手段的；（五）虽未达到上述数额标准，但两年内因串通投标，受过行政处罚二次以上，又串通投标的；（六）其他情节严重的情形。"PPP 项目均以亿元为计算单位，其中标金额远远超过二百万元。

因此，不管是对于政府方来说，还是对于社会资本来说，如果在招标前签署的 PPP 项目框架协议存在串通投标的行为，后期社会资本投标又中标的，则可能并不是一件好事，而是一件涉嫌违法犯罪的事情。

五、结语：签或者不签 PPP 项目框架协议是一个需要慎重考虑的重大问题

政府方与社会资本在 PPP 项目招标社会资本前签署 PPP 项目框架协议，如果 PPP 框架协议约定的内容"存在明显的串通投标意图，有预先确定中标人的意思表示，排挤了其他投标人的公平竞争，破坏了市场竞争秩序"等的情形，除了 PPP 项目框架协议存在被认定为无效协议的法律风险外，还存在后期招标 PPP 项目的社会资本时，签署 PPP 项目框架协议的社会资本的投标将被否决，也就不可能获得中标，也就不能达到 PPP 项目框架协议中社会资本的最大诉求。同时，如果在招标前签署的 PPP 项目框架协议被认定为招标人与投标人的串通投标，还将面临《中华人民共和国招标投标法》第五十三条规定的如下法律责任："投标人相互串通投标或者与招标人串通投标的，投标人以向招标人或者评标委员会成员行贿的手段谋取中标的，中标无效，处中标项目金额千分之五以上千分之十以下的罚款，对单位直接负责的主管人员和其他直接责任人员处单位罚款数额百分之五以上百分之十以下的罚款；有违法所得的，并处没收违法所得；情节严重的，取消其一年至二年内参加依法必须进行招标的项目的投标资格并予以公告，直至由工商行政管理机关吊销营业执照；构成犯罪的，依法追究刑事责任。给他人造成损失的，依法承担赔偿责任。"

因此，在PPP项目招标社会资本前，政府方与社会资本签署PPP项目框架协议的，法律风险众多且均非常重大，签或者不签署PPP项目框架协议，以及如何签订PPP项目框架协议，须慎重考虑决定。

重点十二：一权不二许之特许经营权招标须满足的前提条件

——以周口市益民公司诉河南省周口市政府等行政行为违法案为例

这是一个具有重大意义的案件。之所以具有重大的意义，不在于该案件属于“民告官”的案件，不在于该案件审理法院的级别之高（一审由河南省高级人民法院审理，二审由最高人民法院审理），不在于该案件被告方聘请了当时中国行政法学界最牛的多名教授作为代理人，不在于该案件的诉讼标的额（仅要求被告赔偿的直接经济损失就高达3500万元人民币），也不在于被告方败诉且相关行政行为被确认为违法并须合理弥补原告方的合法投入……

它之所以具有重大的意义，在于该案件为一权二许导致的特许经营权招标纠纷案，虽然发生在十多年前，但对于现今我国如火如荼开展的政府与社会资本合作模式（PPP）项目，以及众多特许经营项目来说，具有一定的警示意义！不管是对于政府方来说，还是对于社会资本方来说，都需要积极审视具体的特许经营项目或具有特许经营性质的PPP项目。该项目启动的前提条件是否已经满足，该项目从法律上来说是否合法？否则，政府方的相关行为有可能属于违法行为，社会资本方的投资有可能存在重大风险。尤其是在该具体的项目为存量项目，或者已经开始实施但中途又转为PPP或特许经营的续建项目，更要慎重。

一、中标通知书发放授予独家特许经营权后，周口市政府坐上了被告席

中标通知书发放后，是几家欢喜几家愁。中标的高兴，没中标的就没有那么高兴。

2003年6月19日，河南省周口市发展计划委员会（以下简称周口市计委）

依据评标结果和考察情况向河南亿星实业集团有限公司（以下简称亿星公司）下发了《中标通知书》，其中称："河南亿星实业集团有限公司：周口市天然气城市管网项目法人，通过邀请招标，经评标委员会推荐，报请市政府批准，确定由你公司中标。"同年6月20日，周口市政府作出周政〔2003〕54号《关于河南亿星实业集团有限公司独家经营周口市规划区域内城市管网燃气工程的通知》（以下简称54号文），其中称："为促进我市的经济发展，完善城市基础设施建设，提高居民生活质量，市政府同意周口市燃气城市管网项目评标委员会意见，由河南亿星实业集团公司独家经营周口市规划区域内城市天然气管网工程。"

亿星公司拿到中标通知书和周口市政府的54号文后，办理了天然气管网的有关项目用地手续，购置了输气管道等管网设施，并于2003年11月与中国石油天然气股份有限公司西气东输管道分公司（以下简称中石油公司）签订了"照付不议"用气协议，并开始动工开展管网项目建设。

一切似乎都进展得很顺利。

但是不久，周口市政府、周口市计委就收到了河南省高级人民法院的传票。

另外一家公司，周口市益民燃气有限公司（以下简称益民公司）将周口市政府、周口市计委送上了被告席。益民公司与本案有何关系呢？原来益民公司也参加了周口市天然气城市管网项目法人招标，不过遗憾的是，中标人只有一家，益民公司没有中标而已。益民公司将周口市政府、周口市计委告上河南省高级人民法院，是认为周口市计委、周口市政府作出的周口市天然气城市管网项目法人招标《招标方案》《中标通知书》和54号文违反了法律规定，并侵犯了其依法享有的管道燃气经营权，于是向河南省高级人民法院提起行政诉讼。

二、益民公司剑指特许经营权招标程序违法，称中标通知书应无效，一审法院判决后，益民公司上诉到最高人民法院

益民公司认为，周口市天然气城市管网项目法人招标的中标通知书应无效，因该招标程序违法，而且违法的地方不仅仅只有一处。具体如：

第一，周口市天然气城市管网项目法人招标要求提交5000万元人民币的保证金，严重违法。益民公司在报名后因未能缴纳5000万元保证金而没有参加最后的竞标活动。但一审法院河南省高级人民法院认为，《中华人民共和国招标投

标法》没有禁止设置保证金的规定，而且周口市计委设定5000万元保证金是为了确保中标人的经营实力，并不违法。益民公司的此项说理，并未获得一审法院的支持，这也就构成益民公司上诉到最高人民法院的理由之一。

第二，给投标人编制标书准备投标的时间不足20天，严重违法。在该案件中，被告周口市计委发出邀标函的时间是2003年4月26日，通知招标方案的时间是2003年5月2日，开标时间是2003年5月12日。对此，一审法院予以支持，认为根据《中华人民共和国招标投标法》第二十四条的规定，投标人的准备时间应从取得招标文件之日起算，从被告周口市计委发出招标方案到开标时间中间是10天时间，不符合法律关于准备时间不得少于20天的规定。因此，被告周口市计委给投标人的准备时间违法。

第三，招标方案规定是公开招标，但却并未公开招标，实际采用邀请招标，程序违法。对此，一审法院也予以支持，认为招标方案中规定招标实行公开招标，而在实际招标时未公开公布招标方案，且适用了邀请招标的程序；本案中的招标项目是省级重点项目，按照《河南省实施招标投标法办法》和相关规定，应当适用公开招标程序，如果适用邀请招标程序，应经过省人民政府或国家计委批准，但本案中适用邀请招标方式未经批准。因而被告周口市计委在未经批准的情况下适用邀请招标方式违法。

第四，评标委员会中有政府方2名代表，评标委员会组成违法。在招标时，被告周口市计委从河南省方圆招标代理有限责任公司专家库中选取了5名专家，另有周口市委副秘书长和市政府副秘书长共7人组成评标委员会。对此，一审法院未予以支持，认为按照《中华人民共和国招标投标法》第三十七条规定，评标委员会成员中专家应占2/3以上，其他人可以是政府代表。本案中的评标人是7人，其中5人从专家代理机构中抽取，有专家资格，另2人即市委和市政府副秘书长虽不是从法定代理机构中抽取的，但是属于政府代表。具有专家资格的评标人已占评标委员会成员2/3以上，因此，本案中的评标人组成不违法。

第五，招标时被告周口市计委并未通知监督部门参加，违法。对此，一审法院也未予以支持，认为《中华人民共和国招标投标法》第七条规定招标活动应当接受监督，但没有规定必须是事中监督，因此，被告周口市计委组织招标时未通知行政监察部门参加不违法。

第六，被告周口市计委不应作为招标人，招标人应是周口市城市建设行政主管部门。依据为建设部 1997 年第 62 号令《城市燃气管理办法》[①] 第四条“县级以上地方人民政府城市建设行政主管部门负责本行政区域内的城市燃气管理工作”之规定。对此，一审法院也未予以支持，认为根据国务院关于“西气东输”工程的领导体制和主管部门的规定，河南省人民政府办公厅豫政办〔2002〕第 35 号文《关于加快西气东输利用工作的通知》，以及周口市政府关于各职能部门的权限划分情况，可以认定被告周口市计委有组织招标的职权。

第七，在益民公司作为“周口市管道燃气专营单位”的情形下，被告启动周口市天然气城市管网项目法人招标，违法。因为 2000 年 7 月 7 日，原周口地区建设局以周地建城〔2000〕10 号文对益民公司作出《关于对周口市益民燃气有限责任公司为“周口市管道燃气专营单位”的批复》，该批复主要内容为：与天然气西气东输工程接轨。经审查，批准你公司为周口城市管道燃气专营单位。益民公司取得该文后，又先后取得了燃气站《建设用地规划许可证》，周口市大庆路、八一路等路段的燃气管网铺设《建设工程规划许可证》和《建设工程施工许可证》等批准文件。对此，一审法院认为，益民公司 1999 年已取得经营燃气的工商许可，2000 年原周口地区建设局以周地建城〔2000〕10 号文批准益民公司为管道燃气专营单位。在新的政策要求对公用事业的经营实行开放、通过招标确定经营者的情况下，如果对周口市天然气管网项目法人进行招标，应当首先处理益民公司的管道燃气经营权问题。周口市计委在益民公司的燃气经营权未被撤销的情况下发布天然气管网项目法人方案属程序违法。

另外，一审法院认为，益民公司 1999 年取得燃气经营权，2000 年取得燃气专营权，在益民公司的经营权和专营权未经法律程序被撤销的情况下，被告周口市政府又授予亿星公司天然气管网项目经营权，由于燃气包含天然气，这种做法造成了益民公司和亿星公司在天然气经营权上的冲突。虽然益民公司的专营权在本案诉讼过程中被废止，但在被告周口市计委招标和周口市政府作出 54 号文时，益民公司的专营权还未被撤销，其营业执照至今未被撤销。54 号文是依据招标作出的，招标方案和招标通知存在违法之处，54 号文缺乏合法的依据，因此构成违法行政行为。

综上及其他，一审法院河南省高级人民法院判决如下：一、确认周口市计委作出的《招标方案》《中标通知》和周口市政府作出的 54 号文违法。二、由周口市政

① 现已失效。

府对益民公司施工的燃气工程采取相应的补救措施。三、驳回益民公司的赔偿请求。

益民公司收到一审法院的判决书后，旋即向最高人民法院上诉。

三、最高人民法院二审一锤定音，对原被告双方予以详细说理

益民公司上诉的理由，被告方的答辩，以及最高人民法院的说理，从以下几个方面分别予以展开：

第一，关于周口市计委是否具有组织城市天然气管网项目招标工作的职权事宜。益民公司提出城市天然气管网项目招标应当由主管城市燃气的建设部门负责，周口市计委无权组织招标。最高人民法院认为，周口市城市天然气管网项目系“西气东输”利用工作的组成部分，在本案招标活动开始之前，从中央到河南省地方，此项工作已经交由各级计委负责。根据国务院 2000 年专题会议关于“要求国家计委牵头成立西气东输工程建设领导小组，协调西气东输工程中的上下游衔接，落实市场和相关政策”之精神，及 2002 年 5 月 27 日河南省人民政府办公厅豫政办〔2002〕35 号《关于加快推进西气东输利用工作的通知》关于“各级计委为西气东输利用工作的责任联系单位，配合同级政府和上级政府做好各项工作”之规定，周口市计委有权参与“西气东输”利用工作。周口市城市天然气管网既是市重点项目，也是省级重点项目，根据 2002 年 3 月 18 日周口市委编制委员会向市直各单位下发的周编〔2002〕25 号《周口市发展计划委员会职能配置、内设机构和人员编制方案》关于周口市计委“负责市重点项目或受省委托的重大项目建设过程中的招标、投标”工作之具体规定，周口市计委有权组织城市天然气管网项目招标工作，并发布《招标方案》。建设部 1997 年第 62 号令《城市燃气管理办法》第四条虽有“县级以上地方人民政府城市建设行政主管部门负责本行政区域内的城市燃气管理工作”之规定，但鉴于国务院及河南省两级地方政府已将“西气东输”利用工作交各级计委负责，故该规定不能适用于本案。益民公司之主张不能成立，最高人民法院不予支持。

第二，益民公司已取得的“周口市管道燃气专营单位”未被撤销的情形下是否可以开展周口市天然气城市管网项目法人招标事宜。周口市计委辩称，周地建城〔2000〕10 号文中的“专营”系专业经营之意，而非独家经营，故周地建城〔2000〕10 号文并非招标及特许行为之障碍。最高人民法院认为，原周口地区建设局于 2000 年 7 月 7 日作出的周地建城〔2000〕10 号文批准益民公司为管道燃

气专营单位（《河南省燃气管理实施办法》第二条规定燃气包含天然气），并载明“能与天然气西气东输工程接轨”，据此，益民公司已取得了燃气专营权。在招标活动开始之前，周地建城〔2000〕10号文仍然生效，很显然对《招标方案》《中标通知书》及54号文的作出构成障碍。尽管周口市计委有权组织城市天然气管网项目招标工作，但在周地建城〔2000〕10号文已经授予益民公司燃气专营权的情况下，按照正当程序，周口市计委亦应依法先行修正、废止或者撤销该文件，并对益民公司基于信赖该批准行为的合法投入给予合理弥补之后，方可作出《招标方案》。因此，周口市计委置当时仍然生效的周地建城〔2000〕10号文于不顾，径行发布《招标方案》属于违反法定程序，亦损害了益民公司的信赖利益。根据周地建城〔2000〕10号文所援引的“一个城市只允许批准一家管道燃气经营单位的原则”及其他法律依据，该文中的“专营”应当解释为独家经营，周口市计委的答辩理由缺乏法律依据，最高人民法院不予采纳。

第三，要求提交5000万元人民币保证金是否合法及是否排斥投标人事宜。益民公司提出的《招标方案》设定5000万元保证金超出了法定最高限额，其目的是排斥益民公司参加投标。最高人民法院认为，《工程建设项目施工招标投标办法》第四十条关于“投标人撤回投标文件的，其投标保证金将被没收”等规定可知，设定投标保证金的目的在于保证投标人确有投标之诚意，为招标活动的顺利进行提供担保。而《招标方案》中关于“为确保公开招标的顺利进行，保证确有实力的招标企业建设周口天然气城网项目，各企业报名后按时将5000万元保证金打入周口指定账户”及“中标企业的保证金用于周口天然气项目建设”等内容可知，设定该保证金之主要目的并非仅为招标活动本身提供担保，还为“西气东输”利用项目的顺利进行提供资金上的保障。因此，该保证金并非《工程建设项目施工招标投标办法》中规定的投标保证金，不应受该办法第三十七条关于“投标保证金一般不得超过投标总价的百分之二，但最高不得超过八十万元人民币”之规定的约束。根据《中华人民共和国招标投标法》第二十六条关于“投标人应当具备承担招标项目的能力”之规定，周口市计委在制定招标方案时，可以根据项目的实际情况设定体现投标人能力的合理条件，鉴于周口市天然气城市管网项目建设预计投资超过1亿元人民币，需要投标人具有相应的资金能力，周口市计委要求投标人交纳5000万元保证金是合理的，且并不违背法律规定的原意。益民公司提出的该项诉讼理由不能成立。

第四，对于应公开招标但实际邀请招标是否合法事宜。周口市政府认为周口市计委采用邀请招标方式的违法仅仅体现在没有完成法律规定的报批程序而已，因为按照《河南省实施招标投标法办法》的规定，政府重点项目原则上应当公开招标，只有符合以下两个要件才能采用邀请招标方式，一是属于以下情形之一：（1）因项目技术复杂或者有特殊要求，只有少数潜在投标人可供选择的；（2）对专有技术和专利权保护有特殊要求的；（3）受自然资源或者环境限制的；（4）采用公开招标方式不符合经济性要求的；（5）法律、法规规定其他不宜公开招标的。二是必须经省发展计划委员会核准后报省人民政府批准。最高人民法院认为，本案所涉招标项目是省重点项目，而周口市计委在既未说明本案招标活动是否属于上述五种情形之一，也没有依法办理批准手续的情况下，径行采用邀请招标方式，属于违反法定程序。周口市政府认为仅仅体现在没有完成法律规定的报批程序而已，其对违法性的认识不够全面。

第五，对于给投标人准备标书投标的时间是否合法事宜。周口市政府提出，由于招标时离“西气东输”在周口开口的时间已非常紧迫，故给投标人的准备时间短于法定时限情有可原。最高人民法院认为，根据《中华人民共和国招标投标法》第二十四条关于“依法必须进行招标的项目，自招标文件开始发出之日起至投标人提交投标文件截止之日止，最短不得少于二十日”之规定，给投标人的准备时间不得少于20日。周口市计委给投标人的准备时间起自2003年5月2日，截至同年5月12日，共计10日，明显少于法律规定的准备时间，构成违反法定程序。周口市政府提出的答辩理由虽具有一定合理性，但不能改变其行为的违法性。

第六，对于评标委员会组成人员是否合法事宜。益民公司提出，评标委员会7名成员中，一审法院河南省高级人民法院认定的5名专家都是政府官员，而非真正的专家。周口市计委辩称，河南省方圆招标代理有限公司是省级招标代理机构，该公司提供的证明载明，上述5人都是“工民建”专业高级工程师，列于专家库中，我国法律没有禁止官员担任专家，实际上官员具有业务职称是很常见的。最高人民法院认为，周口市计委提供的证据能够证明，招标委员会的5名专家均符合《中华人民共和国招标投标法》第三十七条第三款关于应当“由招标人从国务院有关部门或者省、自治区、直辖市人民政府有关部门提供的专家名册或者招标代理机构的专家库内的相关专业的专家名单中确定”专家之规定，益民公司提出的上诉理由不足以否定周口市计委提供证据的证明力。鉴于此，评标委员会7

名成员中有5人具有专家身份，符合《中华人民共和国招标投标法》第三十七条第二款关于“依法必须进行招标的项目，其评标委员会由招标人的代表和有关技术、经济等方面的专家组成，成员人数为五人以上单数，其中技术、经济等方面的专家不得少于成员总数的三分之二”之规定。

第七，关于周口市政府向中标人亿星公司作出特许经营权的54号文是否合法事宜。最高人民法院认为，根据建设部272号文关于对城市供气等“直接关系社会公共利益”的行业实行特许经营，“公开向社会招标选择投资者和经营者”之规定，周口市政府有权根据招标结果确定城市管网项目的经营者，但在此之前，必须先对周地建城〔2000〕10号文进行依法处理，排除法律上的障碍。然而，周口市政府却在未对周地建城〔2000〕10号文进行任何处理的情况下，径行作出授予中标人亿星公司城市天然气管网项目经营权的54号文，既违反了法定程序，又损害了益民公司的信赖利益。

另外，既然周口市计委作出《招标方案》、发出《中标通知书》及周口市政府作出54号文的行为存在适用法律错误、违反法定程序之情形，且影响了益民公司的信赖利益，是否就应该撤销上述行政行为呢？

最高人民法院认为，如果判决撤销上述行政行为，将使公共利益受到以下损害：一是招标活动须重新开始，如此则周口市“西气东输”利用工作的进程必然受到延误。二是由于具有经营能力的投标人可能不止亿星公司一家，因此重新招标的结果具有不确定性，如果亿星公司不能中标，则其基于对被诉行政行为的信赖而进行的合法投入将转化为损失，该损失虽然可由政府予以弥补，但最终亦必将转化为公共利益的损失。三是亿星公司如果不能中标，其与中石油公司签订的“照付不议”合同亦将随之作废，周口市利用天然气必须由新的中标人重新与中石油公司谈判，而谈判能否成功是不确定的，在此情况下，周口市民及企业不仅无法及时使用天然气，甚至可能失去“西气东输”工程在周口接口的机会，从而对周口市的经济发展和社会生活造成不利影响。根据《最高人民法院关于执行〈中华人民共和国行政诉讼法〉若干问题的解释》[①]第五十八条关于“被诉具体行政行

① 本案判决时，《最高人民法院关于执行〈中华人民共和国行政诉讼法〉若干问题的解释》尚未失效，但现已被《最高人民法院关于适用〈中华人民共和国行政诉讼法〉的解释》（法释〔2018〕1号）所废止。

为违法，但撤销该具体行政行为将会给国家利益或者公共利益造成重大损失的，人民法院应当作出确认被诉具体行政行为违法的判决，并责令被诉行政机关采取相应的补救措施”之规定，应当判决确认被诉具体行政行为违法，同时责令被上诉人周口市政府和周口市计委采取相应的补救措施。由于周地建城〔2000〕10号文已被周口市建设局予以撤销，该文现在已不构成被诉具体行政行为在法律上的障碍，因此就本案而言，补救措施应当着眼于益民公司利益损失的弥补，以实现公共利益和个体利益的平衡。一审法院判决确认被诉具体行政行为违法并无不当，但其对补救措施的判决存在两点不足：一是根据法律精神，为防止行政机关对于采取补救措施之义务无限期地拖延，在法律未明确规定期限的情况下，法院可以指定合理期限，但一审判决未指定相应的期限。二是一审判决仅责令周口市政府采取相应的补救措施，而未对周口市计委科以应负的义务。

综上及其他，最高人民法院判决如下：一、维持一审判决第一项、第三项；二、一审判决第二项改为“责令周口市人民政府、周口市发展计划委员会于本判决生效之日起六个月内采取相应补救措施，对周口市益民燃气有限公司的合法投入予以合理弥补”。二审案件受理费100元，由上诉人周口市益民燃气有限公司负担。

四、均值得政府和社会资本牢记的经验：确认特许经营权招标是否满足相应的前提条件

在前述案例中，周口市政府作出54号文的前提是周口市计委发出的《中标通知书》，周口市计委发出《中标通知书》的前提是周口市计委组织的招标程序合法，周口市计委组织招标程序的前提是周口市计委作出的《招标方案》合法。但恰恰在最前端的《招标方案》中，周口市政府及相关部门在未对周地建城〔2000〕10号文进行任何处理的情况下开展招标工作，导致的结果是一权二许，侵害早先获得特许经营权的益民公司的权益，对整个招标活动始终构成法律上的障碍，并直接导致周口市计委作出《招标方案》、发出《中标通知书》及周口市政府作出54号文的行为违法。

因此，对于存量或续建的特许经营项目或含有特许经营性质的PPP项目招标社会资本时，如果该项目只能独家经营，则不管是政府方，还是社会资本方，均须核实该项目前期是否已经授予了其他公司独家的特许经营权，或者授予的该特

许经营权是否已经予以撤销或已依法处理，否则将对后续开展的特许经营权招标构成法律上的障碍，将直接影响中标通知书的合法性等。

当然，在开展特许经营权招标时，不能以时间紧、任务重为由违法减少给投标人准备标书投标的20日法定时间，在抽取评标专家组建评标委员会时也要依法进行，对于保证金的设置，虽然2000年开始实施的《中华人民共和国招标投标法》没有对投标保证金的具体金额或比例有规定，但是在2012年开始实施的《中华人民共和国招标投标法实施条例》第二十六条有了详细而明确的规定："招标人在招标文件中要求投标人提交投标保证金的，投标保证金不得超过招标项目估算价的2%。投标保证金有效期应当与投标有效期一致。"同时，2016年6月23日，国务院办公厅下发了《关于清理规范工程建设领域保证金的通知》（国办发〔2016〕49号），规定"全面清理各类保证金。对建筑业企业在工程建设中需缴纳的保证金，除依法依规设立的投标保证金、履约保证金、工程质量保证金、农民工工资保证金外，其他保证金一律取消。对取消的保证金，自本通知印发之日起，一律停止收取"。另外，如果需要采取邀请招标，必须严格依法进行等。

如上种种，不一而足，但关键是，不管是特许经营项目还是含有特许经营性质的PPP项目招标社会资本时，均须依法进行，才有合法结果。

重点十三：PPP项目招标社会资本资格审查的法律应用分析

——以全国首例市政道路PPP项目第一次招标流标为视角

一、前言

2015年5月28日，财政部在其官方网站以"安庆市创新推进PPP模式建设"为题，对安庆市外环北路工程PPP项目介绍如下："2015年5月6日，安庆市外环北路工程PPP项目正式签约，成为国内运用PPP模式建设纯公益性项目的'破题之作'。该项目总投资额达到19.76亿元人民币，采用DBFO（设计—建设—融资—经营）的运作方式，严格按照财政部等部委的文件规定规范推进。项目建成后，将连接城市几大板块，形成‘内成网、外成环’的城市道路框架。该项目对纯公益性项目如何规范运用PPP模式的难题进行了有效破解，在运作方式、绩效考核和竞价方式等方面积极探索，大胆创新，为全省乃至全国纯公益性项目采用PPP模式提供了成功的经验。”① 该项目作为国内首例市政道路PPP项目，确实提供了相应的经验，但在成功的路上，也有挫折，其第一次招标即流标②，随后修改了相应的资格审查标准，第二次招标后才成功③。本文从其第一次招标流标的角度出发，分析PPP项目招标社会资本时资格审查中的法律应用，以期尽量避免流标，节省时间，提高效率。但该等分析仅系笔者意见，不一定正确，抛砖引玉，供各位参考、批评、指正。

二、采用资格预审还是资格后审的法律应用分析

（一）安庆市外环北路工程PPP项目的经验

1. 第一次招标采取资格后审。2015年1月9日，采购人安庆市城乡建设委员会在安庆公共资源交易中心等公布了《安庆市外环北路工程PPP项目招标公告》④，该公告第三条第二款规定：“本项目实行资格后审制度，资格审查采用合格制，请有意参与本项目竞争的社会资本慎重考虑自身条件是否符合上述资格条件的要求。”

2. 第一次招标后流标。第一次招标公告发布后，有13家企业报名，其中，10家央企，2家国企，1家上市民企⑤，但最终投标人数不足3家。2015年2月10日，安庆市城乡建设委员会在安庆公共资源交易中心等公布了《安庆市外环北路工程PPP项目流标公示》，公布的流标原因为：“提交投标文件且符合本项目招标

---

① 安庆市创新推进PPP模式建设［EB/OL］，http://www.mof.gov.cn/xinwenlianbo/anhuicaizhengxinxilianbo/201505/t20150528_1243114.html.2015-05-28/2015-06-30。

② 安庆市外环北路工程PPP项目流标公示［EB/OL］，http://www.aqzbcg.org/Front/InfoDetail/?InfoID=3d9147ee-c730-42ff-aa1a-cbbe05192b88.2015-02-10/2015-06-30。

③ 安庆市外环北路工程PPP项目中标公示［EB/OL］，http://www.aqzbcg.org/Front/InfoDetail/?InfoID=bf445202-91f3-45a8-af25-52359e34af49.2015-04-24/2015-06-30。

④ 安庆市外环北路工程PPP项目招标公告［EB/OL］，http://www.aqzbcg.org/Front/InfoDetail/?InfoID=7fa2c695-ded3-429d-9590-9d4ee524a515.2015-01-09/2015-06-30。

⑤ 赵超霖，全国首例市政道路PPP项目诞生记［EB/OL］，中国经济导报，http://www.ceh.com.cn/cjpd/2015/05/860026.shtml.2015-05-28/2015-06-30。

文件要求的投标人少于两家，该项目流标。”

3. 第二次招标采取资格预审。2015 年 2 月 12 日，采购人安庆市城乡建设委员会在安庆公共资源交易中心等公布了《安庆市外环北路工程 PPP 项目资格预审公告》①，直接采取资格预审，并规定：“资格预审文件递交结束后，采购人将组织资格预审委员会对所有递交资格预审申请文件的社会资本进行资格预审，并按规定将资格预审结果进行公示。”

4. 第二次招标成功。第二次招标公告发布后，有 10 家企业报名，其中，5 家央企、3 家国企、2 家民企。2015 年 3 月 10 日，安庆市城乡建设委员会在安庆公共资源交易中心等公布了《安庆市外环北路工程 PPP 项目资格预审结果公示》②，公布：“按程序规定，于安庆市公共资源交易中心抽取 5 名资格预审专家，组成资格预审委员会，经评审提交资格预审申请文件的社会资本或联合体均符合资格预审文件的要求，全部通过资格预审。”进入下一步的投标程序。

（二）因 PPP 项目的特殊性采取资格预审的方式较为妥当

1. 采取资格预审或资格后审，均合法。不管是根据《中华人民共和国招标投标法》《中华人民共和国招标投标法实施条例》，还是根据《中华人民共和国政府采购法》《中华人民共和国政府采购法实施条例》的规定，招标人（采购人）有权自行选择采取资格预审或资格后审的方式，两种方式从合法性上分析，均合法。

2. PPP 项目非常复杂，须慎重对待。PPP 项目不是单纯的施工合同，也不是单纯的融资合同，更不是单纯的设计合同，它包含了项目合同、投资协议、公司章程、施工合同、融资合同、设计合同、保险合同、采购合同等一系列合同的合同体系。PPP 项目的合作模式并不仅为 BOT，它还包括 BOO、ROT、TOT 等模式，甚至如安庆市外环北路工程 PPP 项目的 DBFO 模式，在投标人（社会资本）没有弄明白该 PPP 项目之前，一般不会贸然投标。

3. 资格预审方式较适合 PPP 项目。虽然资格预审相对于资格后审的最大劣势，

---

① 安庆市外环北路工程 PPP 项目资格预审公告［EB/OL］，http://www.aqzbcg.org/Front/InfoDetail/?InfoID=5bedb76e-5bc9-4103-ada4-88187c26a2cb.2015-02-12/2015-06-30。

② 安庆市外环北路工程 PPP 项目资格预审结果公示［EB/OL］，http://www.aqzbcg.org/Front/InfoDetail/?InfoID=655686b7-90a0-498b-a6cc-8dc642270a28.2015-03-10/2015-06-30。

是资格预审后投标人或潜在投标人之间均相互知晓并有可能造成串标的风险。但是，对于此等串标的风险，除了法律、法规明文禁止并给予严厉处罚甚至是刑事处罚外，采购人还可以通过设置最高投标限价、标底等方式预防其串标。同时，因 PPP 项目的复杂性，PPP 项目选择社会资本时，招标只是方式之一，如果一旦通过资格预审的投标人不足 3 家的，采购人可以及时依法调整采购方式，避免浪费时间。对此，财政部于 2014 年 12 月 31 日发布的《政府和社会资本合作项目政府采购管理办法》（财库〔2014〕215 号）第八条给予了明确的规定。其具体规定为："项目有 3 家以上社会资本通过资格预审的，项目实施机构可以继续开展采购文件准备工作；项目通过资格预审的社会资本不足 3 家的，项目实施机构应当在调整资格预审公告内容后重新组织资格预审；项目经重新资格预审后合格社会资本仍不够 3 家的，可以依法变更采购方式。资格预审结果应当告知所有参与资格预审的社会资本，并将资格预审的评审报告提交财政部门（政府和社会资本合作中心）备案。"

三、对资金实力资格条件设置的法律应用分析

（一）安庆市外环北路工程 PPP 项目的经验

1. 第一次招标要求的资金实力资格条件。根据 2015 年 1 月 9 日安庆市城乡建设委员会在安庆公共资源交易中心等发布的《安庆市外环北路工程 PPP 项目招标公告》，安庆市外环北路工程 PPP 项目要求投标的社会资本必须具备如下两项资金实力资格条件：

（1）具有良好的银行资信、财务状况以及相应的投融资、偿债能力。截至 2013 年 12 月 31 日，经审计的企业净资产不低于人民币柒亿元整（或等值外币，下同）；

（2）截至报名文件递交截止日，企业注册资本不低于人民币伍亿元整。

2. 流标后第二次招标要求的资金实力资格条件。根据 2015 年 2 月 12 日安庆市城乡建设委员会在安庆公共资源交易中心等发布的《安庆市外环北路工程 PPP 项目资格预审公告》，流标后经分析原因，降低了社会资本资金实力资格条件如下：

（1）具有良好的银行资信、财务状况以及相应的投融资、偿债能力。截至 2013 年 12 月 31 日，经审计的企业净资产不低于人民币伍亿元整（或等值外币，

下同）；

（2）截至资格预审申请文件递交截止日，企业注册资本不低于人民币叁亿伍仟万元整。

对经审计的企业净资产和注册资本等条件予以降低后，也就是降低了投标的门槛，将吸引更多的投标人进入，从而避免投标人不满3家的风险。

（二）应结合PPP项目的特性设置合理的资金实力资格条件

1. PPP项目均为投资规模较大的项目。财政部《关于推广运用政府和社会资本合作模式有关问题的通知》（财金〔2014〕76号）已经明确规定："适宜采用政府和社会资本合作模式的项目，具有价格调整机制相对灵活、市场化程度相对较高、投资规模相对较大、需求长期稳定等特点。"同时，从国家发展和改革委员会发布的PPP项目库①中可以一窥究竟，项目的投资额以亿元作为计算单位，发布的1000多个项目中，总投资近2万亿元。

2. PPP项目资金实力资格条件不应过高。一是过高设置的话，将减少合格投标人的数量，吸引不了足够的投标人来投标，也就不能有效地促进竞争，更容易让投标人之间形成串标等风险。二是过高设置的话，将存在涉嫌以不合理的条件限制、排斥潜在投标人或者投标人的法律风险，如《中华人民共和国招标投标法实施条例》第三十二条规定："招标人不得以不合理的条件限制、排斥潜在投标人或者投标人。招标人有下列行为之一的，属于以不合理条件限制、排斥潜在投标人或者投标人：……；（二）设定的资格、技术、商务条件与招标项目的具体特点和实际需要不相适应或者与合同履行无关；……"

3. PPP项目资金实力资格条件不应过低。设置过低的话，将增加采购人资格审查的工作量，也将一些不具备实施以亿元为计算单位的PPP项目的单位吸引过来，对后期PPP项目的实施，构成不利。因此，对于PPP项目，采购人可以先对市场进行调查及预判，本PPP项目在市场上的潜在投标人会有哪些，这些潜在投标人的平均注册资本、资产状况如何，可以在平均线以上，结合本PPP项目的具体投资规模，作出一个相对合适的条件设置。

---

① PPP项目库［EB/OL］，http://tzs.ndrc.gov.cn/zttp/PPPxmk/.2015-06-30。

四、对是否允许联合体投标的法律应用分析

（一）安庆市外环北路工程PPP项目的经验

1. 第一次招标不允许联合体投标。根据2015年1月9日安庆市城乡建设委员会在安庆公共资源交易中心等发布的《安庆市外环北路工程PPP项目招标公告》第三条规定："参与本项目投资竞争的社会资本应同时具备下述条件：……；6. 本项目不接受联合体投标。"

2. 流标后第二次招标允许联合体投标。根据2015年2月12日安庆市城乡建设委员会在安庆公共资源交易中心等发布的《安庆市外环北路工程PPP项目资格预审公告》，流标后经分析原因，允许联合体投标，调整相应资格条件如下：

（1）本项目接受联合体投标，联合体成员不得超过2家，包括联合体牵头方和财务投资人；联合体牵头方应满足上述全部资格条件要求且在未来项目公司中的股权出资比例应不低于40%（含）；财务投资人应满足上述第2条资格条件要求，负责为本项目提供股权或债权融资支持。

（2）本项目至多允许2家具有关联关系的社会资本同时参与，同一联合体内具有关联关系的成员可作为一家社会资本参与本项目投标。

（3）联合体投标特殊要求：联合体各方必须按本公告附件之《资格预审申请文件》中规定的格式签订联合体协议，明确联合体牵头方和财务投资人的主要权利和义务；联合体各方不得再以自己的名义单独或加入其他联合体参加资格预审；联合体通过资格预审后，其各成员组成、股权比例、职责分工等主要条款不得改变。

（二）建议PPP项目均允许联合体投标

1. PPP项目参与方众多，应允许具备不同专业能力的社会资本组成联合体投标。根据财政部印发的《PPP项目合同指南（试行）》的规定可知："PPP项目的参与方通常包括政府、社会资本方、融资方、承包商和分包商、原料供应商、专业运营商、保险公司以及专业机构等。"PPP项目参与方与通常的施工合同、采购合同、投资合同等相比，参与方众多，且参与方主体的主营业务、专业范围均不相同。PPP项目需要众多主体共同参与，如果不允许联合体投标，与PPP项目的特性并不完全相符。

2. 从法律应用的角度看，允许联合体投标并不会产生低实力的公司"搭便

车”行为。一是根据《中华人民共和国招标投标法》第三十一条第二款的规定：“联合体各方均应当具备承担招标项目的相应能力；国家有关规定或者招标文件对投标人资格条件有规定的，联合体各方均应当具备规定的相应资格条件。由同一专业的单位组成的联合体，按照资质等级较低的单位确定资质等级。”二是根据《中华人民共和国政府采购法实施条例》第二十二条的规定：“联合体中有同类资质的供应商按照联合体分工承担相同工作的，应当按照资质等级较低的供应商确定资质等级。以联合体形式参加政府采购活动的，联合体各方不得再单独参加或者与其他供应商另外组成联合体参加同一合同项下的政府采购活动。”因此，从法律应用上分析，允许联合体投标，并不会导致低实力的公司“搭便车”行为。

五、设置资格条件应考虑避免违反法律的规定

（一）应考虑避免违反招投标法律法规对此的规定

对此，《中华人民共和国招标投标法实施条例》第三十二条予以了明确的规定，PPP 项目的招标人或委托的招标代理机构在设置资格审查条件时，须注意不得有如下情形出现：

1. 设定的资格、技术、商务条件与 PPP 项目的具体特点和实际需要不相适应或者与合同履行无关；

2. PPP 项目以特定行政区域或者特定行业的业绩、奖项作为加分条件或者中标条件；

3. 对潜在投标人或者投标人采取不同的资格审查或者评标标准；

4. 在 PPP 项目招标中限定或者指定特定的专利、商标、品牌、原产地或者供应商；

5. 非法限定 PPP 项目潜在投标人或者投标人的所有制形式、组织形式以及以其他不合理条件限制、排斥潜在投标人或者投标人。

（二）应考虑避免违反政府采购法律法规对此的规定

对此，《中华人民共和国政府采购法实施条例》第二十条予以明确的规定，与《中华人民共和国招标投标法实施条例》第三十二条的规定基本相同。PPP 项目的采购人或者委托的采购代理机构，须注意在资格条件的设置时，避免出现如下情形：

1. 设定的资格、技术、商务条件与 PPP 项目的具体特点和实际需要不相适应或者与合同履行无关；

2. PPP 项目采购需求中的技术、服务等要求指向特定供应商、特定产品；

3. 以特定行政区域或者特定行业的业绩、奖项作为加分条件或者通过 PPP 项目资格审查的条件；

4. 对 PPP 项目的社会资本方采取不同的资格审查标准；

5. 在 PPP 项目采购中限定或者指定特定的专利、商标、品牌或者供应商；

6. 非法限定 PPP 项目社会资本方的所有制形式、组织形式或者所在地以及其他不合理条件限制或者排斥潜在的社会资本条件。

六、结语

因 PPP 项目的复杂性、投资规模较大性、参与方众多性等多种特性，PPP 项目在招标社会资本时，对于是采取资格预审还是资格后审、资金实力资格条件的设置、是否允许联合体投标、设置的资格条件是否合法等，须予以慎重考虑，仔细考量，提前做好市场摸底，尽量委托专业的中介机构（含咨询机构、律师事务所、招标采购代理机构等），让专业的人做专业的事情，结合具体的 PPP 项目，设置合适的资格审查方式、资格条件等，提高采购的成功率，尽量减少或避免类似于全国首例市政道路 PPP 项目第一次招标流标事宜。毕竟，一旦产生流标以后，延迟了项目的推进时间事小，影响了采购人、社会资本或采购人的上级部门的信心事大。

重点十四：PPP 项目采购强制实施资格预审的法律反思

一、前言：国家规定的与实际操作的不一致

2014 年 12 月 31 日，为了贯彻落实《国务院关于创新重点领域投融资机制鼓励社会投资的指导意见》（国发〔2014〕60 号），推广政府和社会资本合作（PPP）模式，规范 PPP 项目政府采购行为，财政部根据《中华人民共和国政府

采购法》和有关法律法规，制定并印发了《政府和社会资本合作项目政府采购管理办法》（财库〔2014〕215 号）。《政府和社会资本合作项目政府采购管理办法》规定 PPP 项目采购必须实行资格预审，资格预审为“规定动作”，必不可少，且强制使用，具体详见其第五条的规定：“PPP 项目采购应当实行资格预审。项目实施机构应当根据项目需要准备资格预审文件，发布资格预审公告，邀请社会资本和与其合作的金融机构参与资格预审，验证项目能否获得社会资本响应和实现充分竞争。”

但是在 PPP 项目采购的具体实施过程中，又有一些项目并未严格实施资格预审，而是采用“资格后审”或者模糊用语的“资格审查”。比如，2015 年 11 月 2 日贵州省交通运输厅委托的代理机构四川国泰工程管理咨询有限公司在贵州省公共资源交易中心网站上发布的《贵州省铜仁至怀化高速公路（铜仁段）PPP 项目社会资本招标公告》[①] 中就明文规定：“现对本项目的社会资本进行公开招标，实行资格后审。”再如，2015 年 9 月 10 日贵州宏财投资集团有限责任公司委托的代理机构贵州万和工程招标代理造价咨询有限责任公司在贵州省公共资源交易中心网站上发布的《盘县 2015 年城关镇片区棚户区改造项目 PPP 投资合作人竞争性磋商公告》[②] 第 3.5 条就明文规定“本项目磋商采用资格审查方式”。

一边是《政府和社会资本合作项目政府采购管理办法》强制要求实施资格预审，一边是实际工作中要么资格预审，要么资格后审，甚至不写明是资格预审还是资格后审，而笼统规定为资格审查。对于国家政策规定与实际操作之间的不一致，需要予以反思，究竟是国家政策规定的不合理，还是实际操作的不合法、不合规？

---

① 贵州省铜仁至怀化高速公路（铜仁段）PPP 项目社会资本投标招标公告［EB/OL］，http://www.gzsggzyjyzx.cn/module/content.html?module_class=4A&inf_type=4A1&list_id=INF215000007672.2015-11-02/2015-11-24。

② 盘县 2015 年城关镇片区棚户区改造项目 PPP 投资合作人竞争性磋商公告［EB/OL］，http://www.gzsggzyjyzx.cn/module/content.html?module_class=4B&inf_type=4B1&list_id=INF215000006119.2015-09-10/2015-11-24。

二、上位法：强制实施资格预审的合法性反思

（一）政策法规制定须维护社会主义法制的统一

根据《中华人民共和国立法法》第四条的规定："立法应当依照法定的权限和程序，从国家整体利益出发，维护社会主义法制的统一和尊严。"为了维护社会主义法制的统一，立法时必须遵循下位法根据上位法予以制定的原则。比如，国务院制定行政法规，必须根据宪法和法律；省、自治区、直辖市的人民代表大会及其常务委员会制定地方性法规，一是要根据本行政区域的具体情况和实际需要，二是要在不同宪法、法律、行政法规相抵触的前提下制定；国务院各部、委员会、中国人民银行、审计署和具有行政管理职能的直属机构制定规章，要根据法律和国务院的行政法规、决定、命令，在本部门的权限范围内制定。

《政府和社会资本合作项目政府采购管理办法》由财政部制定，其制定时也须"维护社会主义法制的统一"，也须根据法律和国务院的行政法规、决定、命令以及财政部的规章等予以制定。对此，《政府和社会资本合作项目政府采购管理办法》强制要求实施的资格预审，是否有上位法依据呢？

（二）对PPP项目强制实施资格预审的上位法审思

第一，自2000年1月1日起施行的《中华人民共和国招标投标法》并未规定"资格预审"或"资格后审"，只规定了"资格审查"，也就谈不上强制要求实施资格预审。具体为其第十八条第一款的规定："招标人可以根据招标项目本身的要求，在招标公告或者投标邀请书中，要求潜在投标人提供有关资质证明文件和业绩情况，并对潜在投标人进行资格审查；国家对投标人的资格条件有规定的，依照其规定。"

第二，自2003年1月1日起施行的《中华人民共和国政府采购法》也与《中华人民共和国招标投标法》对此的规定基本一致，即也并未规定"资格预审"或"资格后审"，只规定了"资格审查"，当然也就谈不上强制要求实施资格预审。具体为其第二十三条的规定："采购人可以要求参加政府采购的供应商提供有关资质证明文件和业绩情况，并根据本法规定的供应商条件和采购项目对供应商的特定要求，对供应商的资格进行审查。"

第三，自2012年2月1日起施行的《中华人民共和国招标投标法实施条例》

明确规定了“资格预审”，但并没有规定招标人必须强制实施资格预审，而是将是否实施资格预审的权力和权利赋予了招标人，由招标人自行决定。换言之，是否采取资格预审是《中华人民共和国招标投标法实施条例》赋予招标人的权利，而不是《政府和社会资本合作项目政府采购管理办法》要求招标人（采购人）的义务。具体为其第十五条第二款的规定：“招标人采用资格预审办法对潜在投标人进行资格审查的，应当发布资格预审公告、编制资格预审文件。”

第四，自 2015 年 3 月 1 日起施行的《中华人民共和国政府采购法实施条例》也与《中华人民共和国招标投标法实施条例》对此的规定基本一致，即虽然明确规定了“资格预审”，但并没有规定采购人必须强制实施资格预审，而是将是否实施资格预审的权力和权利赋予了采购人，由采购人自行决定。具体为其第二十一条第一款的规定：“采购人或者采购代理机构对供应商进行资格预审的，资格预审公告应当在省级以上人民政府财政部门指定的媒体上发布。已进行资格预审的，评审阶段可以不再对供应商资格进行审查。资格预审合格的供应商在评审阶段资格发生变化的，应当通知采购人和采购代理机构。”

第五，自 2014 年 2 月 1 日起施行的《政府采购非招标采购方式管理办法》（财政部令第 74 号）并无“资格预审”一词。

第六，自 2017 年 10 月 1 日起施行的《政府采购货物和服务招标投标管理办法》（财政部令第 87 号）明确规定了“资格预审”，但也只是要求政府采购货物和服务采用邀请招标的方式且不是从省级以上人民政府财政部门建立的供应商库中选取，也不是由采购人书面推荐时，才必须强制实施资格预审，对于公开招标采购货物和服务，则并无强制实施资格预审的要求。具体为其第十四条的规定：“采用邀请招标方式的，采购人或者采购代理机构应当通过以下方式产生符合资格条件的供应商名单，并从中随机抽取 3 家以上供应商向其发出投标邀请书：（一）发布资格预审公告征集；（二）从省级以上人民政府财政部门（以下简称财政部门）建立的供应商库中选取；（三）采购人书面推荐。采用前款第一项方式产生符合资格条件供应商名单的，采购人或者采购代理机构应当按照资格预审文件载明的标准和方法，对潜在投标人进行资格预审。采用第一款第二项或者第三项方式产生符合资格条件供应商名单的，备选的符合资格条件供应商总数不得少于拟随机抽取供应商总数的两倍。随机抽取是指通过抽签等能够保证所有符合资格条件供应商机会均等的方式选定供应商。随机抽取供应商时，应当有不少于两名采购人工作人员在场监督，并形成书面记录，随采购文件一并存档。”

（三）PPP 项目强制实施资格预审尚无充分的上位法依据

前述五部法律、行政法规、规章，均属于《政府和社会资本合作项目政府采购管理办法》的上位法，但只有《政府采购货物和服务招标投标管理办法》规定邀请招标采购货物和服务时，才必须实施资格预审。而我们可知，PPP 项目与货物或服务采购项目之间并不能画等号，PPP 项目的采购方式与邀请招标之间也不能画等号，PPP 项目的采购方式有公开招标、邀请招标、竞争性磋商、竞争性谈判、单一来源采购等。

虽然早于《政府和社会资本合作项目政府采购管理办法》发布的财政部《关于印发政府和社会资本合作模式操作指南（试行）的通知》（财金〔2014〕113 号，2014 年 11 月 29 日发布）第十三条明确规定：“项目实施机构应根据项目需要准备资格预审文件，发布资格预审公告，邀请社会资本和与其合作的金融机构参与资格预审，验证项目能否获得社会资本响应和实现充分竞争，并将资格预审的评审报告提交财政部门（政府和社会资本合作中心）备案……”但是，《政府和社会资本合作项目政府采购管理办法》和《关于印发政府和社会资本合作模式操作指南（试行）的通知》均由财政部制定，且均属于政策性文件，效力层级相同，不能作为制定的依据。

因此，从上位法的依据分析，《政府和社会资本合作项目政府采购管理办法》强制要求所有 PPP 项目均实施资格预审，并未有充分的上位法依据作为支撑，与上位法之间的规定出现了不一致。

三、合理性：实施资格预审的利弊反思

（一）实施资格预审的立法意图

由前文所述可知，《中华人民共和国政府采购法》与《中华人民共和国招标投标法》均未明文规定“资格预审”，而《中华人民共和国政府采购法实施条例》和《中华人民共和国招标投标法实施条例》明文规定了“资格预审”，但也均为强制要求必须实施“资格预审”。对于为何实施“资格预审”，国家有权机关作如是解释。

一是在国家发展和改革委员会法规司等编著的《中华人民共和国招标投标

法实施条例释义》中释义为[1]，资格预审的目的是筛选出满足招标项目所需资格、能力和有参与招标项目投标意愿的潜在投标人，最大限度地调动投标人挖掘潜能，提高竞争效果。对潜在投标人数量过多或者大型复杂等单一特征明显的项目，以及投标文件编制成本高的项目，资格预审还可以有效降低招投标的社会成本，提高评标效率。

另外，对于《中华人民共和国招标投标法实施条例》对于资格预审的众多条文规定，还特别说明两点：[2] 一是《条例》(即《中华人民共和国招标投标法实施条例》)未对资格预审和资格后审作倾向性规定。虽然《条例》关于资格预审的规定远多于资格后审，但并不意味着《条例》更重视或者鼓励资格预审。《条例》对资格预审规定的内容之所以多于资格后审，主要原因是资格预审需要经过公告发布、预审文件编制发售、澄清说明、预审文件编制提交、资格审查等一系列流程，而根据《条例》第二十条规定，资格后审属于评标工作的一部分，适用现行有关评标的规定即可。二是采用何种资格审查方式由招标人根据实际自主确定。在什么情况下采用资格预审，世界银行的相关规定可供参考。世界银行《货物、工程和非咨询服务采购指南》规定，通常对于大型或复杂的工程，或在准备详细的投标文件成本很高不利于竞争的情况下，诸如专为用户设计的设备、工业成套设备、专业化服务以及交钥匙合同、设计和施工合同或管理承包等，对投标人进行资格预审是必要的。国际咨询工程师联合会（FIDIC）在其招标程序中也将资格预审列为其推荐的招投标程序的一个主要环节。但不是强制要求的环节。

二是在财政部国库司、财政部条法司、财政部政府采购管理办公室、国务院法制办公室财金司联合编著的《中华人民共和国政府采购法实施条例释义》一书中释义为[3]：采购人可以要求参加政府采购活动的供应商提供有关资质证明文件和业绩情况，并根据本法规定的供应商条件和采购项目对供应商的特定要

① 国家发展和改革委员会法规司、国务院法制办公室财金司、监察部执法监察司：《中华人民共和国招标投标法实施条例释义》，中国计划出版社，2012 年 6 月第 1 版，第 40 页。

② 国家发展和改革委员会法规司、国务院法制办公室财金司、监察部执法监察司：《中华人民共和国招标投标法实施条例释义》，中国计划出版社，2012 年 6 月第 1 版，第 44—45 页。

③ 财政部国库司、财政部条法司、财政部政府采购管理办公室、国务院法制办公室财金司：《中华人民共和国政府采购法实施条例释义》，中国财政经济出版社，2015 年 6 月第 1 版，第 80—81 页。

求，对供应商的资格进行审查。需要说明的是，实践中很多人认为资格预审只适用于邀请招标，这是一种误解。资格预审是采购程序中一个独立的环节。除单一来源采购外，其他采购方式均可适用，具体由采购人或者采购代理机构酌情决定。

因此，对于《政府和社会资本合作项目政府采购管理办法》强制要求所有PPP项目均实施资格预审，与国家对“资格预审”的立法意图也并不完全一致，在PPP项目采购中，如果采用单一来源的方式采购社会资本方，是不需要实施资格预审的，因为仅此一家。

（二）实施资格预审的有利之处

资格预审，从某种意义上说，它把招标程序分为两个阶段，第一个阶段是选择“合格的潜在投标人”，第二个阶段是选择“最优的投标要约”①。资格预审的利，主要体现在如下几个方面：

一是能够确保招投标活动的竞争效率。当竞争是在具有同比竞争力的投标人之间进行时，才能最大限度地调动相互竞争的投标人的潜能。投标人实力和水平差距过大，将大大降低竞争的效率，资格预审通过对申请人的资质、业绩、技术水平、财务状况、人员状况等的评审，能够发挥“过滤”作用，确保投标的竞争性。

二是可以有效降低招投标的社会成本。过多的投标人参与投标，累计的投标投入太大，而中标人只能有一个，未中标人的投标成本不可避免地会转嫁到他们今后投标并中标的工程中，必然会增加社会成本和其他投资人的负担。

三是可以减少评标工作量。提高评标效率，从而提高招投标工作的效率，确保招投标目的的顺利实现。这些作用在按照择优选择原则，通过资格预审活动限制投标人数量时更为明显②。

四是资格预审能够避免履约能力不佳的企业中标，降低履约风险。资格预审过程减少了大量潜在的承包商，将潜在承包商范围缩小至那些已证明有能力执行特定质量标准的承包商。经过资格预审，能够将资信、业绩达不到招标人要求

---

① 李显冬：《中华人民共和国政府采购法实施条例条文理解与案例适用》，中国法制出版社，2013年6月第1版，第70页。

② 冯志祥：《工程项目投标资格预审及其规范初探》，建筑经济，2015年第1期，第59页。

的潜在投标人排斥在投标人之外，能够在一定程度上预防合同签订后履约风险的发生[①]。

（三）实施资格预审的不利之处

虽然资格预审有如上有利之处，但资格预审也有其不利之处，具体如下：

一是采用资格预审容易形成投标人之间的串标。如果不实施资格预审而是实施资格后审，在投标截止日之前，即开标前，投标人的信息是保密的，相互之间是不知道的。但是如果一旦实施资格预审，不管是否通过资格预审，投标人之间均相互知晓哪些人具有投标资格，并将参与下一步的投标工作，使相互之间有了了解和知晓，为串标提供了可能。而且，正因为投标人数量经过资格预审筛选后的减少，使投标人之间的竞争性，也减少了。

二是采用资格预审，延长了招标采购的时间，降低了招标采购的核心价值。学理上，通常认为招标投标制度的设置，最核心的价值是解决价格问题。从资格预审公告的发布、资格预审文件的编制到资格评审等整个资格预审程序的完成，无疑会延长招标投标的时间。以建设施工为例，许多项目因其工程性质的特殊性，工期要求紧张，在竣工时间已定情形下只能压缩施工工期，这就增加了中标人追赶工期的成本。于是，投标人会在投标报价中增加追赶工期的成本，无形中会抬高最后的中标价，降低了招标投标制度的核心价值[②]。

三是采用资格预审，资格审查专家或资格审查主体的约束性较少。对于资格审查委员会，《中华人民共和国招标投标法实施条例》也仅对"国有资金占控股或者主导地位的依法必须进行招标的项目"的资格审查委员会有相应的组建要求，对于"非国有资金占控股或者主导地位的依法必须进行招标的项目"则没有要求，具体见其第十八条的规定："资格预审应当按照资格预审文件载明的标准和方法进行。国有资金占控股或者主导地位的依法必须进行招标的项目，招标人应当组建资格审查委员会审查资格预审申请文件。资格审查委员会及其成员应当遵守招标投标法和本条例有关评标委员会及其成员的规定。"由此导致的一个结果，就是有些项目的资格预审审查的随意性较大[③]，侵害其他方的合法权益。

---

① 付大学：《资格预审的利弊分析及其完善建议》，中国招标，2012年第20期，第14页。

② 付大学：《资格预审的利弊分析及其完善建议》，中国招标，2012年第20期，第15页。

③ 宋军：《四问公开招标前的资格预审》，中国财经报，2010年2月24日第3版。

正因为资格预审的弊端,《中华人民共和国招标投标法实施条例》《中华人民共和国政府采购法实施条例》均没有强制要求所有招标采购项目必须实施资格预审，而是将资格预审的选择权，赋予了招标人（采购人），以真正落实“项目法人责任制”的要求。对此,《贵州省房屋建筑和市政工程招标项目勘察、设计、施工、监理资格预审文件和招标文件（标准文本）试行规定》第四条明文规定：“施工招标项目的工期不超过 12 个月（含）、技术相对简单、工程造价在 800 万元（含）以内的小型工程，资格审查采用后审方式，招标文件适用《简明标准施工招标文件》，合同采用总价合同形式。施工工期超过 12 个月、工程造价在 800 万元以上的项目，全部使用国有资金投资的，资格预审采用合格制；部分使用国有资金投资的，资格预审采用有限数量制或合格制。其招标文件适用《标准施工招标文件》，合同采用单价合同形式。采用有限数量制的，项目投资估算价在 1000 万元以上时，预审合格人数下限设为 9 家；1000 万元（含）以下时，预审合格人数下限设为 7 家。当投标报名人数或递交资格预审申请文件人数少于或等于设定数量的，不再进行资格预审，资格预审改为资格后审。”

四、具体性：针对不同的 PPP 项目及不同的采购方式确定是否实施资格预审

（一）PPP 项目相互之间具有重大的区别

2014 年 5 月 18 日，国家发改委推出了首批 80 个鼓励社会资本参与建设营运的示范项目[①]，涵盖了铁路、公路、港口等交通基础设施，新一代信息基础设施，重大水电、风电、光伏发电等清洁能源工程，油气管网及储气设施，现代煤化工和石化产业基地等方面，每一个项目之间，均有着重大区别。

另外，在 2014 年 11 月 30 日，财政部发布的《关于政府和社会资本合作示范项目实施有关问题的通知》（财金〔2014〕112 号）中的 30 个 PPP 示范项目，涵盖了新能源汽车、供暖、地下综合管廊、污水处理、供水、轨道交通、垃圾处理、医疗、环境综合治理、交通、体育等领域，范围之广，区别之大，不能不具体问题具体分析，具体情况具体对待。

---

① 国家发改委关于发布首批基础设施等领域鼓励社会投资项目的通知［EB/OL］，http://www.sdpc.gov.cn/zcfb/zcfbtz/201405/t20140521_612322.html.2014-05-18/2015-11-24。

而且，国家发展和改革委员会《关于开展政府和社会资本合作的指导意见》（发改投资〔2014〕2724号）明确指出："PPP模式主要适用于政府负有提供责任又适宜市场化运作的公共服务、基础设施类项目。燃气、供电、供水、供热、污水及垃圾处理等市政设施，公路、铁路、机场、城市轨道交通等交通设施，医疗、旅游、教育培训、健康养老等公共服务项目，以及水利、资源环境和生态保护等项目均可推行PPP模式。"各类PPP项目之间，性质不同，领域不同，强制要求一刀切均实施资格预审，罔顾具体性，值得探讨。

（二）PPP项目采购方式众多需要区别对待

根据《政府和社会资本合作模式操作指南（试行）》（财金〔2014〕113号）第十一条的规定："……（七）采购方式选择。项目采购应根据《中华人民共和国政府采购法》及相关规章制度执行，采购方式包括公开招标、竞争性谈判、邀请招标、竞争性磋商和单一来源采购。项目实施机构应根据项目采购需求特点，依法选择适当采购方式。公开招标主要适用于核心边界条件和技术经济参数明确、完整、符合国家法律法规和政府采购政策，且采购中不作更改的项目。"因此，PPP项目采购方式，目前至少有公开招标、竞争性谈判、邀请招标、竞争性磋商和单一来源采购5种采购方式。

在这5种采购方式之中，除了《政府采购货物和服务招标投标管理办法》明确规定以邀请招标的方式采购货物和服务需要实施资格预审外，其他4种方式，均无强制性要求。因此，至少公开招标、竞争性磋商、竞争性谈判，是否必须强制实施资格预审，法有授权，授给了招标人（采购人）自行根据项目的具体特点决定。

五、结语：将是否实施资格预审还权于招标人（采购人）

虽然《政府和社会资本合作项目政府采购管理办法》明文规定所有的PPP项目采购必须实施资格预审，但是在现实面前，有些PPP项目并未严格按照《政府和社会资本合作项目政府采购管理办法》的规定实施资格预审。那么，是《政府和社会资本合作项目政府采购管理办法》的规定有误，还是实际操作有误呢？从前文的分析不难看出，不管是从上位法的规定，还是从相关的立法意图，或者实施资格预审的利弊，甚至PPP项目的复杂性、重大差异性、采购方式众多性来看，都应当具体情况具体对待，将PPP项目采购是否实施资格预审，交给招标人（采购人）自己来综合考量决定，同时以便真正落实"项目法人责任制"。

重点十五：PPP项目邀请招标社会资本实施资格预审的法律反思

——以某供暖工程PPP项目邀请招标资格预审为例

一、引言：从一个案例说起

2015年11月13日，招标人某经济技术开发区市政公用局委托某建设工程招标有限责任公司在中国政府采购网、中国采购与招标网、某市公共资源交易信息网上发布了《某经济技术开发区供暖工程PPP项目邀请招标资格预审公告》①（以下简称《资格预审公告》），招标项目的基本情况为：某市经济技术开发区供暖工程项目采用PPP模式运作，引入社会资本建设并授权特许经营，运营期结束交还政府。本项目改扩建供热一次管网34.55千米（其中主干线19.86千米，管径DN300—1000毫米；支干线14.69千米，管径DN150—500毫米），改造二次管网25.36千米（管径DN50—400毫米）。取缔区内所有燃煤锅炉房，利用原锅炉房改造换热站15座（规划供热面积内换热站设计不包含在本工程内），计划投资金额为36732.92万元。

2015年12月4日，招标人某经济技术开发区市政公用局发布了《某经济技术开发区供暖工程PPP项目资格预审公示》②，招标方式为邀请招标资格预审，经5名评委评审，共有某供热有限公司等3家单位通过了资格预审。

该PPP项目，属于典型的以邀请招标的方式选择社会资本，但在实施邀请招标的过程中，又采用资格预审的方式对投标人进行资格审查，那么，此种方式妥当吗？本文将从合法性、合规性和合理性三个方面予以反思，并提出相应的建议，以期抛砖引玉。

---

① 吉林经济技术开发区市政公用局吉林经济技术开发区供暖工程PPP项目邀请招标资格预审公告［EB/OL］，http://www.ccgp.gov.cn/cggg/dfgg/yqzbgg/201511/t20151113_6138461.htm，2015-11-13/2016-06-05。

② 吉林经济技术开发区市政公用局吉林经济技术开发区供暖工程PPP项目资格预审公示［EB/OL］，http://www.ccgp.gov.cn/cggg/dfgg/yqzbgg/201511/t20151113_6138461.htm，2015-12-04/2016-06-05。

二、合法性反思：招标投标法与政府采购法的差异

合法性，本文此处主要指是否符合法律和行政法规的规定。对于规定邀请招标的法律与行政法规，主要是《中华人民共和国招标投标法》《中华人民共和国招标投标法实施条例》，以及《中华人民共和国政府采购法》《中华人民共和国政府采购法实施条例》。

（一）招标投标法中并未规定邀请招标须实施资格预审

1.《中华人民共和国招标投标法》并未规定邀请招标须实施“资格预审”，而是规定邀请招标是以“投标邀请书”的方式邀请特定的法人或者其他组织投标。“资格预审”与“投标邀请书”的差别巨大。具体为其第十条第三款的规定：“邀请招标，是指招标人以投标邀请书的方式邀请特定的法人或者其他组织投标。”

2.《中华人民共和国招标投标法实施条例》规定的“资格预审”，仅适用于“公开招标”而非“邀请招标”。具体为其第十五条的规定：“公开招标的项目，应当依照招标投标法和本条例的规定发布招标公告、编制招标文件。招标人采用资格预审办法对潜在投标人进行资格审查的，应当发布资格预审公告、编制资格预审文件……”

（二）政府采购法中也并未规定邀请招标须实施资格预审

1.《中华人民共和国政府采购法》也并未规定邀请招标须实施“资格预审”，只是规定以“投标邀请书”的方式“随机”邀请3家以上的供应商参加投标。具体为其第三十四条的规定：“货物或者服务项目采取邀请招标方式采购的，采购人应当从符合相应资格条件的供应商中，通过随机方式选择三家以上的供应商，并向其发出投标邀请书。”

2.《中华人民共和国政府采购法实施条例》并未对邀请招标实施资格预审进行相应的规定。

（三）两法对比的合法性反思

1. 两法规定的相同之处。对于PPP招标项目，采取邀请招标的方式选择社会资本，均未规定必须实施资格预审，也即法律对资格预审并无强制性要求。

2. 两法规定的不同之处。对于PPP项目邀请招标社会资本，《中华人民共和国招标投标法》规定的是邀请“特定”的单位参加投标；《中华人民共和国政府采

购法》规定的是"随机"邀请符合相应资格条件的单位参加投标。至于如何判定"符合相应资格",《中华人民共和国政府采购法》未进一步予以规定。也正是因为未进一步予以规定，导致在进行合规性反思时，出现了不同的声音。

有鉴于此，某市经济技术开发区供暖工程 PPP 项目采用邀请招标资格预审的方式，似乎属于"法律空白"[①]"无法可依"。但是否属于"无规可依"呢？下文将从合规性方面予以反思。

三、合规性反思：规定与规定及规定与上位法的差异

合规性，本文此处主要指是否符合国务院各部委发布的规章、政策、文件、通知等规范性文件，比如《基础设施和公用事业特许经营管理办法》（国家发改委等 6 部委令第 25 号）、财政部《关于印发政府和社会资本合作模式操作指南（试行）的通知》（财金〔2014〕113 号）等。因法律、行政法规不可能将所有的情况均予以详细规定，相关的规章、政策、文件等规范性文件就发挥了细化的配套作用。

（一）有些规定要求实施资格预审而有些规定则无

1. 要求实施资格预审的规定。一是《政府和社会资本合作项目政府采购管理办法》（财库〔2014〕215 号）第五条规定："PPP 项目采购应当实行资格预审。项目实施机构应当根据项目需要准备资格预审文件，发布资格预审公告，邀请社会资本和与其合作的金融机构参与资格预审，验证项目能否获得社会资本响应和实现充分竞争。"二是原《政府采购货物和服务招标投标管理办法》（财政部令第 18 号）[②]第十五条规定："采用邀请招标方式的，招标采购单位应当在省级以上人民政府财政部门指定的政府采购信息媒体发布资格预审公告，公布投标人资格条件，资格预审公告的期限不得少于七个工作日。投标人应当在资格预审公告期结束之日起三个工作日前，按公告要求提交资格证明文件。招标采购单位从评审合格投标人中通过随机方式选择三家以上的投标人，并向其发出投标邀请书。"也正是

---

① 侯继虎：《法律空白产生与弥补略探——法治形式要件之完善》，云南行政学院学报，2012 年第 6 期。

② 《政府采购货物和服务招标投标管理办法》（财政部令第 18 号）现已失效，现行有效的是《政府采购货物和服务招标投标管理办法》（财政部令第 87 号）。

因为有了如此规定，《政府采购信息报》才刊登《邀请招标须发资格预审公告》[①]一文。

2. 未要求实施资格预审的规定。除了上述两份规范性文件外，其他关于 PPP 项目邀请招标是否必须实施资格预审，并未予以规定。

（二）要求实施资格预审的规定缺乏上位法依据

对于《政府和社会资本合作项目政府采购管理办法》和《政府采购货物和服务招标投标管理办法》要求实施资格预审，但是在《中华人民共和国招标投标法》《中华人民共和国招标投标法实施条例》，以及《中华人民共和国政府采购法》《中华人民共和国政府采购法实施条例》中均未强制要求邀请招标实施资格预审，要求邀请招标实施资格预审缺乏上位法依据。

（三）相关规范性文件对比的合规性反思

1. 强制要求实施资格预审的规范性文件，均为国家财政部发布的规定。

2. 对于其他部委等发布的与 PPP 相关的规范性文件中，尚未有相关规定要求邀请招标社会资本必须实施资格预审。

因此，某市经济技术开发区供暖工程 PPP 项目采用邀请招标资格预审的方式，符合财政部发布的要求邀请招标实施资格预审的规定。但邀请招标社会资本，实施资格预审合理吗？

四、合理性反思：拘泥于文字与具体问题具体分析的差异

（一）实施资格预审的文字表述与立法意图

《中华人民共和国招标投标法》《中华人民共和国招标投标法实施条例》，以及《中华人民共和国政府采购法》《中华人民共和国政府采购法实施条例》均未强制要求邀请招标实施资格预审，仅在作为下位法的《政府和社会资本合作项目政府采购管理办法》和《政府采购货物和服务招标投标管理办法》中要求实施资格预审。但对于为何规定资格预审，国家有权机关作如是立法意图的解释：

1. 在国家发改委等编著的《中华人民共和国招标投标法实施条例释义》一

① 万玉涛：《邀请招标须发资格预审公告》，政府采购信息报，2008 年 11 月 3 日第 2 版。

书第40页中释义为[①]:“资格预审的目的是为了筛选出满足招标项目所需资格、能力和有参与招标项目投标意愿的潜在投标人,最大限度地调动投标人挖掘潜能,提高竞争效果。对潜在投标人数量过多或者大型复杂等单一特征明显的项目,以及投标文件编制成本高的项目,资格预审还可以有效降低招投标的社会成本,提高评标效率。”

2. 对于《中华人民共和国招标投标法实施条例》对于资格预审的众多条文规定,它们还特别说明两点[②]:“一是《条例》(即《中华人民共和国招标投标法实施条例》)未对资格预审和资格后审作倾向性规定。虽然《条例》关于资格预审的规定远多于资格后审,并不意味着《条例》更重视或者鼓励资格预审。《条例》对资格预审规定的内容之所以多于资格后审,主要原因是资格预审需要经过公告发布、预审文件编制发售、澄清说明、预审文件编制提交、资格审查等一系列流程,而根据《条例》第20条规定,资格后审属于评标工作的一部分,适用现行有关评标的规定即可。二是采用何种资格审查方式由招标人根据实际自主确定。在什么情况下采用资格预审,世界银行的相关规定可供参考。世界银行《货物、工程和非咨询服务采购指南》第2.9款规定:通常对于大型或复杂的工程,或在准备详细的投标文件成本很高不利于竞争的情况下,诸如专为用户设计的设备、工业成套设备、专业化服务以及交钥匙合同、设计和施工合同或管理承包等,对投标人进行资格预审是必要的。国际咨询工程师联合会(FIDIC)在《FIDIC招标程序》中也将资格预审列为其推荐的招投标程序的一个主要环节。”但不是强制要求的环节。

(二)资格预审的优势在邀请招标的情形下不再是优势

根据上述立法意图,可知资格预审的优势,一是“最大限度地调动投标人挖掘潜能,提高竞争效果”;二是“可以有效降低招投标的社会成本,提高评标效率”。但是这两个优势,在邀请招标情况下,不再是优势。理由如下:

1. 适用邀请招标有严格的法定条件。具体为《中华人民共和国招标投标法实施条例》第八条规定:“国有资金占控股或者主导地位的依法必须进行招标的项

---

① 国家发展和改革委员会法规司、国务院法制办公室财金司、监察部执法监察司:《中华人民共和国招标投标法实施条例释义》,中国计划出版社,2012年6月第1版,第40页。

② 国家发展和改革委员会法规司、国务院法制办公室财金司、监察部执法监察司:《中华人民共和国招标投标法实施条例释义》,中国计划出版社,2012年6月第1版,第44—45页。

目，应当公开招标；但有下列情形之一的，可以邀请招标：（一）技术复杂、有特殊要求或者受自然环境限制，只有少量潜在投标人可供选择；（二）采用公开招标方式的费用占项目合同金额的比例过大……"《中华人民共和国政府采购法》第二十九条也规定："符合下列情形之一的货物或者服务，可以依照本法采用邀请招标方式采购：（一）具有特殊性，只能从有限范围的供应商处采购的；（二）采用公开招标方式的费用占政府采购项目总价值的比例过大的。"

2. 正因为"只有少量潜在投标人可供选择""只能从有限范围的供应商处采购"，"最大限度地调动投标人挖掘潜能，提高竞争效果"的前提条件就大打折扣。

3. 正因为"采用公开招标方式的费用占项目合同金额的比例过大"或"占政府采购项目总价值的比例过大"才选择邀请招标，"可以有效降低招投标的社会成本，提高评标效率"的基础也就不复存在。

（三）资格预审的弊端在邀请招标的情形下仍是弊端

资格预审，有其优势，但也有其弊端。具体如下：

1. 采用资格预审容易形成投标人之间的串标。如果不实施资格预审而是实施资格后审，在投标截止日之前，即开标前，投标人的信息是保密的，相互之间是不知道的。但是如果一旦实施资格预审，不管是否通过资格预审，投标人之间均相互知晓哪些人具有投标资格，并将参与下一步的投标工作，使相互之间有了了解和知晓，为其串标提供了可能。

2. 采用资格预审，延长了招标采购的时间，降低了招标采购的核心价值。学理上，通常认为招标投标制度的设置，最核心的价值是解决价格问题。从资格预审公告的发布、资格预审文件的编制到资格评审等整个资格预审程序的完成，无疑会延长招标投标的时间。

这些弊端，在邀请招标的情形下，仍是弊端。

（四）无视 PPP 项目的具体性，一刀切的方式实施邀请招标资格预审，并不妥当

PPP 项目，项目与项目之间具有非常大的区别，如 2014 年 5 月 18 日，国家发改委推出的首批 80 个鼓励社会资本参与建设营运的示范项目[①]，涵盖了铁路、

① 国家发改委关于发布首批基础设施等领域鼓励社会投资项目的通知［EB/OL］. ?http://www.sdpc.gov.cn/zcfb/zcfbtz/201405/t20140521_612322.html?.?2014-05-18/2015-11-24。

公路、港口等交通基础设施，新一代信息基础设施，重大水电、风电、光伏发电等清洁能源工程，油气管网及储气设施，现代煤化工和石化产业基地等方面，每一个项目之间，均有着重大区别。

另外，在2014年11月30日，财政部发布的《关于政府和社会资本合作示范项目实施有关问题的通知》(财金〔2014〕112号)中的30个PPP示范项目，涵盖了新能源汽车、供暖、地下综合管廊、污水处理、供水、轨道交通、垃圾处理、医疗、环境综合治理、交通、体育等领域，范围之广，区别之大，不能不具体问题具体分析，具体情况具体对待。

另外，对于《政府采购货物和服务招标投标管理办法》是否适用于所有的PPP项目，国家财政部《关于坚决制止地方以政府购买服务名义违法违规融资的通知》(财预〔2017〕87号)规定："严格按照《中华人民共和国政府采购法》确定的服务范围实施政府购买服务，不得将原材料、燃料、设备、产品等货物，以及建筑物和构筑物的新建、改建、扩建及其相关的装修、拆除、修缮等建设工程作为政府购买服务项目。严禁将铁路、公路、机场、通讯、水电煤气，以及教育、科技、医疗卫生、文化、体育等领域的基础设施建设，储备土地前期开发，农田水利等建设工程作为政府购买服务项目。严禁将建设工程与服务打包作为政府购买服务项目。严禁将金融机构、融资租赁公司等非金融机构提供的融资行为纳入政府购买服务范围。"因此，对于基础设施建设类的PPP项目，就不属于《政府采购货物和服务招标投标管理办法》的适用范围，在采取邀请招标社会资本时，并不必然适用《政府采购货物和服务招标投标管理办法》的规定。

五、结语：依法依规合理实施

因此，在PPP项目采取邀请招标的方式选择社会资本时，我们不仅需要做到合法、合规，还要做到合理，要针对PPP项目的具体特性，具体问题具体分析，具体情形具体对待。对于政府购买服务类型的PPP项目，也即国家财政部《关于坚决制止地方以政府购买服务名义违法违规融资的通知》规定的"政府购买服务内容应当严格限制在属于政府职责范围、适合采取市场化方式提供、社会力量能够承担的服务事项，重点是有预算安排的基本公共服务项目"。在采取邀请招标的方式选择社会资本，实施资格预审符合《政府和社会资本合作项目政府采购管理办法》和《政府采购货物和服务招标投标管理办法》的规定。但如果对于基础设施建设、储备土地前期开发、农田水利等建设工程的 PPP 项目，邀请招标社会资本，就不属于《政府采购货物和服务招标投标管理办法》的规范范围。如果仍采取邀请招标资格预审，费时费力还弊端众多。

第二编　投标类重点法律实务

重点十六：从招标人的角度看 PPP 模式中社会资本采取联合体投标的法律风险控制

一、前言

PPP 模式中，政府（含政府授权的实施机构）作为招标人在选择社会资本时，对于是否允许社会资本以联合体的方式投标，主要分为如下两类：

一类是允许社会资本组成联合体投标。如重庆市首例水利项目 PPP 模式招标社会资本时，在招标人于 2015 年 4 月 3 日发布的《重庆市彭水县凤升水库工程 PPP 项目社会投资人招标公告》（招标编号：HD-GC-1510）第 3 项对投标人资格及业绩要求为："……3.2 本次招标接受联合体投标。联合体投标的具体要求详见招标文件。"[①]

另一类是不允许社会资本组成联合体投标。如株洲县南洲新区污水处理厂及配套管网工程项目 PPP 模式招标社会资本时，在招标人于 2015 年 6 月 26 日发布的《株洲县南洲新区污水处理厂及配套管网工程 PPP 项目招标公告》（招标编号：0623-1585N3110585）第 3 项对投标人资格要求为："3.1 投标人必须是招标文件购买人，且须为独立法人实体，本项目不接受联合体投标……"[②]

---

① 彭水县凤升水库工程 PPP 项目［EB/OL］，http://www.cpcb.com.cn/Front.aspx/ggsjxq/5000002015040301201001.2015-04-03/2015-08-19。

② 株洲县南洲新区污水处理厂及配套管网工程 PPP 项目招标公告［EB/OL］，http://www.bidding.hunan.gov.cn/item/itemInviteBaseInfoDetail.aspx?ID=105407.2015-06-26/2015-08-19。

那么，招标人在PPP项目中，是否有义务或有权利选择或不选择社会资本联合体投标？如果选择其中之一，会有哪些法律风险？这些法律风险又该如何控制呢？

二、是否允许社会资本采取联合体投标PPP项目属于招标人的法定权利但建议招标人根据PPP项目的具体情况予以适用

（一）招标人具有是否允许社会资本组成联合体投标的法定权利

对于招标人是否允许投标人组成联合体投标，是招标人的权利，还是招标人的义务？曾有过争论。比如，有人认为招标人无权拒绝投标人以联合体方式投标，理由为："首先，从《招标投标法》第三十一条第一款的措辞来看，联合体是可以组成的，也就是联合各方根据自愿的原则组织起来，是联合各参加方的权利；其次，拒绝联合体投标有悖于《招标投标法》公平竞争的精神，强强联合可以使参与投标各方降低风险和成本，增加竞争力，而拒绝联合体投标则会使一些潜在投标人的竞争力下降，降低其中标的机会；再次，联合体各方均应具备单独投标的条件，组成联合体实际上为招标人多增加了一道保险，不会损害招标人的利益；最后，拒绝联合体投标可能会被招标人滥用，滋生腐败，尤其是在政府采购过程中。"①

但是，《中华人民共和国招标投标法实施条例》自2012年2月1日起施行以来，从法规的角度，对招标人是否允许投标人组建联合体投标的权利，予以明文规定，详见其第三十七条第一款的规定："招标人应当在资格预审公告、招标公告或者投标邀请书中载明是否接受联合体投标。"

（二）建议根据PPP项目的具体情况确定是否允许社会资本以联合体方式投标

根据国家发改委于2014年12月2日下发的《关于开展政府和社会资本合作的指导意见》（发改投资〔2014〕2724号）的规定，PPP项目操作模式的选择，可以分为经营性项目、准经营性项目和非经营性项目三类，不同类型项目的PPP模式，各不相同，对社会资本的要求，也会各不相同。

在重庆市彭水县凤升水库工程PPP项目中，因凤升水库工程属于准经营性项目，如果仅靠凤升水库工程的运营收入，无法平衡社会资本的投资。于是，该

---

① 姚大华：《试论联合体投标的主要法律问题》，学习与探索，2004年第5期，第50页。

PPP 项目采取捆绑土地的方式，以求达到吸引社会资本参与的目的[①]。此种方式，也符合国家发改委《关于开展政府和社会资本合作的指导意见》规定的："依法依规为准经营性、非经营性项目配置土地、物业、广告等经营资源，为稳定投资回报、吸引社会投资创造条件。"因此，该项目对社会资本的要求，除了须具备水利水电工程施工总承包二级及以上资质外，还需要具备房地产开发一级资质。但是，同时具备此两项资质的社会资本相对较少，如果采取允许联合体的方式投标，将会吸引更多的社会资本参与。

同时，以 PPP 项目资产特征的主要体现来看，PPP 项目可以分为三类：以固定资产投入为主的公路、机场和港口、铁路等项目为一类，以核心技术或设备系统要求或投入为主的垃圾处理、水处理等项目为一类，以运营统筹等能力要求为主的公用设施如医院、办公物业等项目为一类[②]。每一类不同的 PPP 项目，对社会资本的要求是不一样的。如果 PPP 项目主要是希望社会资本提供资金支持，或者主要是希望提供技术运营支持，对社会资本的需求不是复合型的，有可能会选择单一的社会资本投标，而不允许社会资本采取联合体的方式投标。毕竟，在招标人对投标人的协调上，协调一家单位的难度和成本是小于协调两家或两家以上的单位的。

三、社会资本采取联合体投标 PPP 项目时数量与性质要求的法律风险控制

（一）法律法规仅规定了联合体数量的下限但未规定数量的上限

对于社会资本采取联合体的方式参加 PPP 项目的投标，重庆市首例水利项目 PPP 模式招标社会资本时，在《重庆市彭水县凤升水库工程 PPP 项目社会投资人招标文件》投标人须知前附表第 1.4.2 条规定"联合体成员数量不应超过三家（含三家）"，[③]那么，此种规定合法吗？

---

① 彭水县凤升水库工程 PPP 项目投融资方案［EB/OL］，http://www.cpcb.com.cn/Front.aspx/ggsjxq/500000201504030120100l.2015-04-03/2015-08-19。

② 盛和太、王守清：《特许经营项目融资（PPP/BOT）资本结构选择》，清华大学出版社，2015 年版，第 138 页。

③ 重庆市彭水县凤升水库工程 PPP 项目社会投资人招标文件［EB/OL］，http://www.cpcb.com.cn/Front.aspx/ggsjxq/500000201504030120100l.2015-04-03/2015-08-19。

1.《中华人民共和国招标投标法》第三十一条第一款规定："两个以上法人或者其他组织可以组成一个联合体，以一个投标人的身份共同投标。"

2.《中华人民共和国政府采购法》第二十四条第一款规定："两个以上的自然人、法人或者其他组织可以组成一个联合体，以一个供应商的身份共同参加政府采购。"

3.《工程建设项目施工招标投标办法》第四十二条第一款规定："两个以上法人或者其他组织可以组成一个联合体，以一个投标人的身份共同投标。"

因此，不仅是否允许社会资本以联合体投标的形式参与 PPP 项目的投标属于招标人的法定权利，允许多少家社会资本组成联合体投标也是招标人的法定权利。招标人可以对社会资本联合体成员的数量予以限制，可以是两家，也可以是三家，由 PPP 项目的招标人根据 PPP 项目的具体特点确定。因此，重庆市首例水利项目 PPP 模式招标社会资本时规定的联合体成员数量，是合法的。

（二）自然人可否作为社会资本参与联合体投标 PPP 项目的法律适用分析

如前所述，《中华人民共和国政府采购法》第二十四条第一款规定："两个以上的自然人、法人或者其他组织可以组成一个联合体，以一个供应商的身份共同参加政府采购。"同时，在《中华人民共和国招标投标法》第二十五条中，也规定特定项目投标人可以是自然人，具体规定为："投标人是响应招标、参加投标竞争的法人或者其他组织。依法招标的科研项目允许个人参加投标的，投标的个人适用本法有关投标人的规定。"那么，在 PPP 项目中，自然人可否作为社会资本参与联合体投标呢?

重庆市首例水利项目 PPP 模式招标社会资本时，要求社会资本必须具备水利水电工程施工总承包二级及以上资质和房地产开发一级资质，而个人是不可能获得该两项资质的，也就意味着，重庆市首例水利项目 PPP 模式招标，即使是资金实力再雄厚的自然人，也不可能获得参与投标的资格。但是，《中华人民共和国政府采购法》第二十四条第一款又允许自然人与其他自然人、法人或者其他组织组成一个联合体投标。那么，如何理解与处理呢？我们来看看与 PPP 紧密相关的其他规章、政策等对此的规定。

第一类是明确规定，投标人仅为法人或其他组织。如《基础设施和公用事业特许经营管理办法》第三条规定："本办法所称基础设施和公用事业特许经营，是指政府采用竞争方式依法授权中华人民共和国境内外的法人或者其他组织，通过协议明确权利义务和风险分担，约定其在一定期限和范围内投资建设运营基础设施和公用事业并获得收益，提供公共产品或者公共服务。”在财政部《关于印发政府和社会资本合作模式操作指南（试行）的通知》中，更进一步规定，仅允许法人投标，其他组织也不得参与投标。详见其第二条的规定：“本指南所称社会资本是指已建立现代企业制度的境内外企业法人，但不包括本级政府所属融资平台公司及其他控股国有企业。”

第二类是模糊规定，投标人的法律性质较宽泛。如《关于鼓励和引导社会资本参与重大水利工程建设运营的实施意见》（发改农经〔2015〕488号）规定：“只要是社会资本，包括符合条件的各类国有企业、民营企业、外商投资企业、混合所有制企业，以及其他投资、经营主体愿意投入的重大水利工程，原则上应优先考虑由社会资本参与建设和运营。”

本文暂且不论PPP项目选择社会资本时是适用《中华人民共和国政府采购法》还是《中华人民共和国招标投标法》，在针对具体的PPP项目时，建议根据PPP项目的具体情况，如果PPP项目涉及勘察、设计、施工等需要按照国家规定取得相应资质才能实施的项目时，因作为自然人的个人是不可能取得该资质的，那么，在此种情况下，建议不允许自然人作为投标人参与投标。但如果该PPP项目是以融资为主，则可慎重考量选用自然人作为投标人参与投标。

（三）外商投资企业作为联合体成员之一参与PPP项目投标的法律适用分析

一是并非所有的PPP项目外商投资企业均可以参与投标。根据国家发展和改革委员会、商务部于2017年6月28日联合印发的《外商投资产业指导目录（2017年修订）》（中华人民共和国国家发展和改革委员会、商务部令第4号，自2017年7月28日起施行）规定，外商投资产业目录分为三类：第一类，鼓励外商投资产业目录，包含12个大项，348个小项；第二类，限制外商投资产业目录，包含35个小项；第三类，禁止外商投资产业目录，包含28个小项。招标人在制作招标公告或招标文件时，须审核该具体的PPP项目是否属于限制外商投资产业目录或禁止外商投资产业目录之列。

二是并非所有的PPP项目外商投资企业可以随意持有任何比例的股权。如《关于鼓励和引导社会资本参与重大水利工程建设运营的实施意见》规定：“鼓励社会资本以特许经营、参股控股等多种形式参与重大水利工程建设运营。其中，综合水利枢纽、大城市供排水管网的建设经营需按规定由中方控股。”

四、社会资本采取联合体投标 PPP 项目时投标保证金与履约保证金的法律风险控制

（一）法律法规未明确规定投标保证金和履约保证金在联合体投标时由谁缴纳

对此，《中华人民共和国招标投标法》《中华人民共和国政府采购法》《中华人民共和国招标投标法实施条例》《中华人民共和国政府采购法实施条例》等法律、法规未对在联合体投标的情况下，由谁缴纳投标保证金与履约保证金予以规定。

（二）部分部委规章明确规定投标保证金在联合体投标时由谁缴纳

1.《工程建设项目施工招标投标办法》第四十五条规定：“联合体投标的，应当以联合体各方或者联合体中牵头人的名义提交投标保证金。以联合体中牵头人名义提交的投标保证金，对联合体各成员具有约束力。”

2.《政府采购货物和服务招标投标管理办法》[①] 第三十六条第三款的规定：“联合体投标的，可以由联合体中的一方或者共同提交投标保证金，以一方名义提交投标保证金的，对联合体各方均具有约束力。”

（三）国家发布的部分标准招标文件对此的具体规定

1.《中华人民共和国标准施工招标文件（2007 年版）》第 3.4.1 条规定：“投标人在递交投标文件的同时，应按投标人须知前附表规定的金额、担保形式和第八章‘投标文件格式’规定的投标保证金格式递交投标保证金，并作为其投标文件的组成部分。联合体投标的，其投标保证金由牵头人递交，并应符合投标人须知前附表的规定。”

2.《中华人民共和国标准设计施工总承包招标文件（2012 年版）》第 3.4.1 条也作了基本相同的规定：“投标人在递交投标文件的同时，应按投标人须知前附表规定的金额、担保形式和第七章‘投标文件格式’规定的投标保证金格式递交投

---

① 《政府采购货物和服务招标投标管理办法》（财政部令第 18 号）现已失效，现行有效的是《政府采购货物和服务招标投标管理办法》（财政部令第 87 号）。

标保证金，并作为其投标文件的组成部分。联合体投标的，其投标保证金由牵头人递交，并应符合投标人须知前附表的规定。”

3.《中华人民共和国标准设计施工总承包招标文件（2012 年版）》第 7.4.1 条规定：“在签订合同前，中标人应按投标人须知前附表规定的担保形式和招标文件第四章‘合同条款及格式’规定的或者事先经过招标人书面认可的履约担保格式向招标人提交履约担保。除投标人须知前附表另有规定外，履约担保金额为中标合同金额的 10%。联合体中标的，其履约担保由联合体各方或者联合体中牵头人的名义提交。”

4.《中华人民共和国标准施工招标文件（2007 年版）》第 7.3.1 条规定：“在签订合同前，中标人应按投标人须知前附表规定的金额、担保形式和招标文件第四章‘合同条款及格式’规定的履约担保格式向招标人提交履约担保。联合体中标的，其履约担保由牵头人递交，并应符合投标人须知前附表规定的金额、担保形式和招标文件第四章‘合同条款及格式’规定的履约担保格式要求。”

（四）招标人可以自行在 PPP 项目招标文件中依法规定

重庆市首例水利项目 PPP 模式招标社会资本时，在《重庆市彭水县凤升水库工程 PPP 项目社会投资人招标文件》投标人须知前附表第 3.4.1 条规定“投标保证金由联合体牵头人提交”，对于此种规定，属于招标人自主合法确定的范畴。

至于《中华人民共和国标准施工招标文件（2007 年版）》和《中华人民共和国标准设计施工总承包招标文件（2012 年版）》，因 PPP 项目并非单纯的施工或设计施工总承包，迄今为止国家并未发布 PPP 项目标准的招标文件，《中华人民共和国标准施工招标文件（2007 年版）》和《中华人民共和国标准设计施工总承包招标文件（2012 年版）》仅可作为 PPP 项目编制招标文件时的一种参考，而非依据。

同时，对于投标保证金和履约保证金的金额或比例，《中华人民共和国招标投标法实施条例》第二十六条第一款对投标保证金的缴纳比例作了明确的规定：“招标人在招标文件中要求投标人提交投标保证金的，投标保证金不得超过招标项目估算价的 2%。投标保证金有效期应当与投标有效期一致。”以及第五十八条对履约保证金的缴纳比例作了明确的规定：“招标文件要求中标人提交履约保证金的，中标人应当按照招标文件的要求提交。履约保证金不得超过中标合同金额的 10%。”PPP 项目的招标人在编制或审核招标文件时，须注意是否超过了法定的比例。

五、社会资本采取联合体投标 PPP 项目时共同投标协议与项目合同签订的法律风险控制

（一）共同投标协议的法律风险控制

一是对于“共同投标协议”的格式或内容，《中华人民共和国招标投标法》《中华人民共和国政府采购法》《中华人民共和国招标投标法实施条例》《工程建设项目施工招标投标办法》等均未予以详细规定。

二是可参考《中华人民共和国标准施工招标文件（2007 年版）》和《中华人民共和国标准设计施工总承包招标文件（2012 年版）》中以“联合体协议书”的名称予以体现的共同投标协议，其具体内容大致为：“_________（所有成员单位名称）自愿组成_________（联合体名称）联合体，共同参加_________（项目名称）_________标段施工投标。现就联合体投标事宜订立如下协议。1._________（某成员单位名称）为_________（联合体名称）牵头人。2. 联合体牵头人合法代表联合体各成员负责本招标项目投标文件编制和合同谈判活动，并代表联合体提交和接收相关的资料、信息及指示，并处理与之有关的一切事务，负责合同实施阶段的主办、组织和协调工作。3. 联合体将严格按照招标文件的各项要求，递交投标文件，履行合同，并对外承担连带责任。4. 联合体各成员单位内部的职责分工如下：_________。5. 本协议书自签署之日起生效，合同履行完毕后自动失效。6. 本协议书一式_______份，联合体成员和招标人各执一份。”

在 PPP 项目没有标准招标文件可循的情形下，为避免社会资本组成联合体投标时，提交的共同投标协议不统一，建议招标人在制作 PPP 项目的招标文件时，参考《中华人民共和国标准施工招标文件（2007 年版）》和《中华人民共和国标准设计施工总承包招标文件（2012 年版）》的规定，制作统一的共同投标协议范本，供社会资本使用，也方便招标人根据《中华人民共和国招标投标法实施条例》第五十一条的规定：“有下列情形之一的，评标委员会应当否决其投标：（一）投标文件未经投标单位盖章和单位负责人签字；（二）投标联合体没有提交共同投标协议；……”否决不合格的投标。

（二）与中标的社会资本联合体签署项目合同时的法律风险控制

在实践中，曾经出现过联合体中标后，只由联合体牵头人与招标人签订合同，而其他联合体成员并没有与招标人签订合同的情形。这对签订合同的牵头人来说，

风险极大，因此应由所有成员共同签订。具体法律依据如下：

一是《中华人民共和国招标投标法》第三十一条第三款规定："联合体各方应当签订共同投标协议，明确约定各方拟承担的工作和责任，并将共同投标协议连同投标文件一并提交招标人。联合体中标的，联合体各方应当共同与招标人签订合同，就中标项目向招标人承担连带责任。"

二是《中华人民共和国政府采购法》第二十四条第二款规定："以联合体形式进行政府采购的，参加联合体的供应商均应当具备本法第二十二条规定的条件，并应当向采购人提交联合协议，载明联合体各方承担的工作和义务。联合体各方应当共同与采购人签订采购合同，就采购合同约定的事项对采购人承担连带责任。"

六、结语

PPP 模式的项目，远较一般的施工项目或设计施工总承包项目复杂。PPP 项目的招标人在编制招标文件、实施招标投标活动时，对于是否允许社会资本组成联合体投标，以及联合体成员的数量，联合体成员是否为自然人或外商投资企业时的法律风险把控，以及投标保证金、履约保证金的缴纳，共同投标协议的格式、内容、提交等以及中标后的项目合同签署等，均须依照《中华人民共和国招标投标法》《中华人民共和国政府采购法》《中华人民共和国招标投标法实施条例》等法律、法规的规定，依法、合规操作，规避相应的法律风险。

重点十七：虚假招标公告诈骗 85 万元，5 个法律关键点帮助投标人防骗

一、案例介绍

这是一个真实的案例！ 8 家企业被骗 85 万元！

2013 年 4 月 3 日，陕西恒伟工程造价咨询有限公司在网络上发布了《两台

160 吨起重机招标公告》，公告具体内容如下[①]：

陕西恒伟工程造价咨询有限公司（招标机构）受业主的委托，就起重机设备进行公开招标，欢迎有供货能力的厂商前来投标。

1. 招标文件编号：SXHW-ZB1304006；招标形式：国内公开招标。

2. 招标内容及数量：QD160 吨电动双梁吊钩桥式起重机；数量：2 台。

3. 投标人的资格要求：（1）投标人应是在法律上、财务上独立运行的法人，招标内容在经营范围内，投标人须为设备的制造商或代理商；（2）设备制造商具有 ISO 9000 系列质量体系认证证书；（3）投标人经营情况和银行资信状况良好；（4）投标人是代理商的除具有代理证书外，投标时还需提供设备制造商对本项目的专项授权书；（5）投标货物（同类型）在中国大陆境内有良好的销售和使用业绩；（6）本项目不接受联合体投标。

4. 招标文件售价（人民币）：600 元 / 套；售后不退；国内邮购须另加 50 元人民币。

5. 购买招标文件的时间：从 2013 年 4 月 8 日至 2013 年 4 月 12 日，每天（节假日除外）9：00—11：30，14：00—17：30（北京时间，下同）。

6. 购买招标文件的地点：陕西省西安市朱雀路南段 132 号，朱雀大街与雁塔西路交汇处的阳阳国际大厦 C 座 502 室。

7. 递交投标文件及开标时间：2013 年 5 月 3 日上午 8：30 前。逾期收到的报价文件不予接受。

8. 递交报价文件及开标地点：详见招标文件。

如需对本招标文件提出询问，请在 2013 年 4 月 20 日下午 5：00 前按以下联系方式与陕西恒伟造价咨询有限公司联系（技术方面的询问请以电子邮件形式与招标代理机构联系）。

招标代理机构：陕西恒伟工程造价咨询有限公司；地址：陕西省西安市朱雀路南段 132 号，朱雀大街与雁塔西路交汇处的阳阳国际大厦 C 座 502；联系人：魏先生；手机：×××××××××××；电话：×××××××；电子邮箱：（略）；邮编：710000；开户名称：陕西恒伟工程造价咨询有限公司；开户银行：中国建设银行西安曲江支

---

① 两台 160 吨起重机招标公告［EB/OL］，http://www.scbid.com/pm/news/web_show_1016856.shtml，2013-04-03/2014-11-13。

行；银行账号：××××××××××××××××××××。

《招标公告》发布后恰好相隔一个月，2013 年 5 月 3 日，西安市公安局雁塔分局经侦大队就接到受害人蒋某报案称：“陕西恒伟工程造价咨询有限公司”在网上发布工程项目对外招标信息，在收取蒋某公司 12 万元“招标保证金”后，该公司法定代表人魏某不知去向。同时，另一位受害人王某报案称，4 月初自己在“投标网”上看到“陕西恒伟工程造价咨询有限公司”发布的招标信息，称中铝宝鸡有色金属加工有限公司招标项目为起重机、电缆、塑胶跑道，而自己的公司主要做起重机，刚好符合招标要求。为了确认公司的真实性，王某在网上查询该公司的注册信息，网上显示，确实有这个公司。5 月 1 日，王某赶到位于西安市雁塔西路的阳阳国际大厦内的陕西恒伟工程造价咨询有限公司，在公司墙上看到营业执照，5 名工作人员正忙碌着。为了再次确认，王某提出想看看招标书，对方很快答应并拿来。看到对方拿出的招标书上技术参数、投标编号等项目十分规范，王某放心了，将“招标保证金”近 10 万元打给了对方。没想到的是，钱打过去没多久，王某就联系不上对方了。

西安市公安局雁塔分局经侦大队民警接到报警后，通过排查布控等多方调查，发现曾在西安活动过的冯某有重大嫌疑。2013 年 6 月 29 日，西安警方在云南省昆明市某小区内将冯某抓获。民警通过调查，发现冯某冒用二代身份证事主魏某的个人信息注册公司，并在网上公开招标。拿着这个假冒的身份证，冯某在西安注册成立了陕西恒伟工程造价咨询有限公司，并以魏某身份担任公司的法定代表人。从 2013 年 3 月初开始以陕西恒伟工程造价咨询有限公司的名义，在互联网上对外发布大量虚假的招标信息，通过网上公布的指定银行账户，骗取多家公司招标保证金。据调查，受骗单位均在招标网上看到招标信息，并依照指定账户，付给陕西恒伟工程造价咨询有限公司“招标保证金”8 万元到 12 万元不等，受骗单位涉及北京、上海、江苏、四川、陕西等多个省市，涉案金额达 85 万元[①]。

二、案例分析

识别虚假招标公告，有以下 5 个法律关键点：

---

① 西安破获利用二代证“先天缺陷”诈骗案涉案 85 万［EB/OL］，http://news.hsw.cn/system/2013/08/15/051734988.shtml，2013-08-15/2014-11-13。

（一）从“全国企业信用信息公示系统”中查询以及以其他多种方式核实招标人和招标代理机构的真实主体身份

虽然案例中受害人王某在网上查询该公司的注册信息并到实地了解招标代理机构是否存在，以及了解招标文件的编制内容等，但仍被骗。其关键点是除了须核实招标代理机构的主体身份外，还应该核实招标人的主体身份。但在《招标公告》中，陕西恒伟工程造价咨询有限公司并未写明招标人的名称，此为重大疑点。如果在招标公告中，均有招标代理机构与招标人的名称，简易、经济、快速、安全的主体身份核实方法，是登录中华人民共和国国家工商行政管理总局制作的“全国企业信用信息公示系统”网站（http://gsxt.saic.gov.cn/）输入招标人或招标代理机构的名称，可查询招标人或招标代理机构的登记信息，如注册号、名称、类型、法定代表人、注册资本、成立日期、住所、营业期限、经营范围、登记机关、登记状态、股东以及股东的持股比例、公司高管人员、分支机构、动产抵押登记信息、股权出质登记信息、行政处罚信息、经营异常信息、严重违法信息、抽查检查信息等。以陕西恒伟工程造价咨询有限公司为例，经查询，部分信息截图如下[①]：

全国企业信用信息公示系统（陕西）

陕西恒伟工程造价咨询有限公司　　注册号：610000100552677

工商公示信息　企业公示信息

登记信息　备案信息　动产抵押登记信息　股权出质登记信息　行政处罚信息　经营异常信息　严重违法信息　抽查检查信息

基本信息			
注册号	610000100552677	名称	陕西恒伟工程造价咨询有限公司
类型	有限责任公司(自然人投资或控股)	法定代表人	魏家强
注册资本	300.0万人民币元	成立日期	2013年04月07日
住所	西安市雁塔区朱雀路南段132号阳阳国际C座502室		
营业期限自	2013年04月07日	营业期限至	
经营范围	工程项目管理；工程、机械招标代理咨询；工程造价咨询及技术咨询；工程机械设备的技术咨询。(股东认缴出资额，余额交付期限为2015年3月26日止)（以上经营范围中许可经营的项目除外）		
登记机关	陕西省工商行政管理局	核准日期	2013年04月07日
登记状态	在营（开业）企业		

股东信息

股东的出资信息截止2014年2月28日。2014年2月28日之后工商只公示股东姓名，其他出资信息由企业自行公示。

股东类型	股东	证照/证件类型	证照/证件号码	详情
自然人股东	魏家强			详情
自然人股东	何松荣			详情

图 5

① 陕西恒伟工程造价咨询有限公司［EB/OL］，http://117.22.252.219：8002/p/ent2/view-gsgsxx?id=07BBF23A8D6861A8E0530B15010161A8&entType=1130，2014-11-13/2014-11-13。

对于在“全国企业信用信息公示系统”中无法查询到招标人或招标代理机构，投标人在投标时，基本可以考虑放弃投标。但是，对于案例中冯某冒用他人的身份信息注册真实的公司予以诈骗等，除了须核实招标代理机构的主体身份信息外，还应当核实招标人的主体身份信息。而招标人的名称，恰恰在《招标公告》中未予以公布。

（二）从招标项目的审批、核准以及资金保障等方面核实招标项目的真实性

根据《中华人民共和国招标投标法》第九条的规定：“招标项目按照国家有关规定需要履行项目审批手续的，应当先履行审批手续，取得批准。招标人应当有进行招标项目的相应资金或者资金来源已经落实，并应当在招标文件中如实载明。”因此，如果招标项目需要履行项目审批手续的，应当先履行审批手续，取得批准，并在招标公告中写明资金保障条件，是自有资金、银行贷款还是其他资金等。而案例的《招标公告》中，除了没有审批、核准的文件外，也没有对招标项目的相应资金或者资金来源已经落实的表述。当然，如果是自愿招标（即非依法必须进行招标的项目）或无须审批、核准的招标项目，并不需要提供审批、核准的文件，但至少应当对招标项目的相应资金或者资金来源已经落实有相应的表述。

当然，除了从招标项目的审批、核准以及资金保障方面核实招标项目的真实性外，还可以通过对招标项目的实地踏勘、了解，通过招标人以及招标人的股东、上级管理机关、相关行政主管机关予以了解、核实，多方求证，以求无误。

（三）从招标公告的发布媒介上核实招标项目的真实性

根据《招标公告和公示信息发布管理办法》（自2018年1月1日起施行，中华人民共和国国家发展和改革委员会令第10号）第八条的规定：“依法必须招标项目的招标公告和公示信息应当在‘中国招标投标公共服务平台’或者项目所在地省级电子招标投标公共服务平台（以下统一简称‘发布媒介’）发布。”因此，对于依法必须进行招标的项目，如果在前述媒介上没有发现相应的招标公告，投标人得小心谨慎了。

当然，对于自愿招标的项目（非依法必须进行招标的项目），其招标公告并无必须在前述媒介公布的法定义务与责任，其可以自行决定发布媒介，对于此等项目的招标公告，投标人须从其他方面予以慎重核实。另外，自从2012年《中

华人民共和国招标投标法实施条例》施行以后，全国各地出现了大量的公共资源交易中心，一般均要求招标项目进入公共资源交易中心交易，投标人在核实招标项目的真实性时，可以登录招标项目当地的公告资源交易中心网站核实或到实地核实。

（四）从招标公告的内容核实招标项目的真实性

对于招标公告应该公布或包含的内容，相应的法律、法规等做出了详细的规定，具体如下：

1.《中华人民共和国招标投标法》第十六条第二款规定："招标公告应当载明招标人的名称和地址、招标项目的性质、数量、实施地点和时间以及获取招标文件的办法等事项。"

2.《机电产品国际招标投标实施办法（试行）》（中华人民共和国商务部令2014年第1号）第十五条规定："资格预审公告、招标公告或者投标邀请书应当载明下列内容：（一）招标项目名称、资金到位或资金来源落实情况；（二）招标人或招标机构名称、地址和联系方式；（三）招标产品名称、数量、简要技术规格；（四）获取资格预审文件或者招标文件的地点、时间、方式和费用；（五）提交资格预审申请文件或者投标文件的地点和截止时间；（六）开标地点和时间；（七）对资格预审申请人或者投标人的资格要求。"

3.《工程建设项目施工招标投标办法》第十四条规定："招标公告或者投标邀请书应当至少载明下列内容：（一）招标人的名称和地址；（二）招标项目的内容、规模、资金来源；（三）招标项目的实施地点和工期；（四）获取招标文件或者资格预审文件的地点和时间；（五）对招标文件或者资格预审文件收取的费用；（六）对投标人的资质等级的要求。"

因此，如果招标公告中没有法律、法规、规章中规定招标公告应该具备内容的，投标人在投标时，须多方求证，以核实招标项目的真实性。

（五）从招标代理机构或招标人收取相应费用的名目、时间、金额等核实招标项目的真实性

在招标公告中，通常只规定获取招标文件的费用，而不可能要求提交投标保证金，如果以提交大额的投保保证金作为获取招标文件的前提，此等做法不仅与法律规定不符，也成为招标项目真实性核实的重大疑点。因对提交投标保证金的金额、时间、方式等，均在招标文件中予以规定，而无须在招标公告中规定，且

提交投标保证金的时间，也不可能、不应该在获取招标文件之间就提交。

另外，如果收取大额的招标文件发售费用，投标人也不可不查。因为根据《中华人民共和国招标投标法实施条例》第十六条第二款的规定："招标人发售资格预审文件、招标文件收取的费用应当限于补偿印刷、邮寄的成本支出，不得以营利为目的。"如果招标人或招标代理机构收取大额的招标文件发售费用，不仅与法律规定相冲突，也成为招标项目真实性的疑点，当然，这仅仅是一个疑点，也有很多真实的招标项目收取天价的招标文件发售费用[①]。

三、相应的建议

不管投标人通过何种途径获得招标信息，须首先核实招标项目的真实性，案例中 8 家企业被骗 85 万元，证明被骗并非个例。投标人可通过"全国企业信用信息公示系统"查询或以其他多种方式核实招标人和招标代理机构的真实主体身份，从招标项目的审批、核准以及资金保障、招标公告的发布媒介、招标公告的内容、收取相应费用的名目、时间、金额等多方面核实招标项目的真实性，做到多方求证，以防被骗。

重点十八：对禁止设置最低投标限价的反思

一、前言：被禁止的最低投标限价

《中华人民共和国招标投标法实施条例》在其第二十七条用一句简短的话语，禁止了最低投标限价的设置，法律规定原文为："招标人不得规定最低投标限价。"

至于为何禁止最低投标限价，官方给出的解释，在《中华人民共和国招标投标法实施条例释义》第 73 页中释义为："投标人不得规定最低投标限价。因为投标人的竞争能力和完成招标项目的个别成本具有很大差异，为了保证充分竞争，

① 违规高价卖标书成普遍现象 [EB/OL]，http://www.chinabidding.com/zxzx-detailMonitoring-357268.html，2005-09-28/2014-11-13。

促进技术管理进步，节省采购成本，本条明确规定招标人不得设置最低投标限价，即不允许作出‘低于最低限价的投标报价为无效投标’等规定。为了防止投标人以低于成本的报价竞争，可以通过对投标价格的分析论证来判断其是否低于成本价，包括参考标底、其他投标人的报价，以及投标人的证明材料等，而不能统一设定最低限价。”[①]

可以理解为禁止设置最低投标限价的原因，是设置最低投标限价后，会产生三个不良影响或后果：一是不能保证充分竞争；二是不能促进技术管理进步；三是不能节省采购成本。那么，“保证充分竞争，促进技术管理进步，节省采购成本”是否就仅不设置最低投标限价此一方式能达到？或者设置了最低投标限价后就一定不能达到？或者不能“保证充分竞争，促进技术管理进步，节省采购成本”与设置最低投标限价之间有因果关系？

这需要我们作进一步的思考，尤其是在面对“低价中标、高价结算”的大量现实面前，尤其是在面对《低价中标的游戏：饿死同行、累死自己、坑死业主》[②]的残酷现状前，个人认为，有必要对一刀切的禁止最低投标限价做一些反思。

二、最低投标限价是否一定阻碍充分竞争？

根据产品或服务供给方的状况，市场可以划分为四个类型，即完全竞争市场、完全垄断市场、寡头垄断市场和垄断竞争市场[③]。

完全竞争的市场条件为：第一，市场上有大量的买者和卖者。买者和卖者多到他个人的经济行为不足以引起市场结构的变化或影响微乎其微，可以忽略不计，个体买者或卖者只是价格的接受者，而不是价格的决定者。第二，市场上的产品

---

① 国家发展和改革委员会法规司、国务院法制办公室财金司、监察部执法监察司：《中华人民共和国招标投标法实施条例释义》，中国计划出版社，2012 年 6 月第 1 版，第 73—74 页。

② 《低价中标的游戏：饿死同行、累死自己、坑死业主》，http://mp.weixin.qq.com/s?__biz=MzA3MzE3OTk2NA==&mid=214381762&idx=4&sn=a2fe12420249a93fd3eed7530623b1d6&scene=1&srcid=11221h6hBiiYDTy1HmTn2FpZ&key=d72a47206eca0ea9f3a54d34360d6d3a2bd394567f8e5f62f763895e903c7e8ccda1c48b8ca58d2a35c70d3675fcd8bd&ascene=1&uin=Mjg3MjExMjQwMQ%3D%3D&devicetype=webwx&version=70000001&pass_ticket=VMQpk3CQf2IE97sqp9CLhAsfMuQb0ktHN%2FjyssEIDuhD7%2BiI5ewNMlZs4nZwJzih，2015-07-30/2015-11-22。

③ 高兴佑：《价格歧视下四种市场类型的消费者剩余》，经济研究导刊，2012 年第 7 期，第 182 页。

是同质的。市场上的产品对于消费者来说没有挑选的行为，只有买与不买的选择。第三，资源是完全自由流动的。每个厂商或企业可以根据自己的情况自由出入某一市场，不受资源的限制。第四，市场信息是畅通的。即对于大量买者与卖者来说，市场的变化或信息可以马上完全知道，不存在地域、技术秘密、专利等的限制[①]。在工程建设项目招投标领域，在我国现阶段，不属于完全竞争的市场。第一，市场上的招标人占少数，投标人占多数。第二，施工单位提供的产品不是同质的，每一家施工单位施工的工程结果不可能是同质的，每一家设计单位的设计成果也不可能是同质的，每一家监理单位的服务也不可能是同质的，只有在货物领域，才有可能存在同质的产品。第三，在工程建设领域，资源并非完全自由流动，因为工程建设项目有强烈的独一性和固定性，以及地域性。第四，市场信息不畅通，每一家施工单位的管理模式、施工技术、施工设备、专利等并不完全互通也并不完全相同。因此，在我国现阶段，工程建设项目招投标市场，并不是一个完全竞争的市场。

完全垄断的市场条件为：第一，政府借助于政权对某一行业进行垄断。它可以是政府自行垄断，也可以是政府特许经营允许私人垄断。第二，市场需求量很小，只有一家厂商即可满足市场需求。第三，一个厂商排他地具有生产某种产品所必需的技术或专利或资源。第四，形成规模经济，自然地把其他厂商排除在外[②]。在我国现阶段，在工程建设项目招投标领域，能够垄断市场的投标人，可能只有第三种情形才存在，即可能因为专有技术、专利等原因，导致只有一家投标人能满足要求，其他投标人均不能满足要求，但此种情况不多。大多数时候，我国现阶段的工程建设项目招投标领域，也不是一个完全垄断的市场，投标人数量众多。

寡头垄断市场，是指由少数几家厂商所垄断的市场。在我国现阶段的工程建设招投标领域，还没有出现仅由少数几家施工单位或设计、勘察单位所垄断的情况。我国现阶段的工程建设招投标领域，属于垄断竞争市场状况。

垄断竞争的市场条件为：第一，厂商众多。市场上厂商数目众多，每个厂商

---

① 李强：《市场类型演变规律探析》，河套大学学报（哲学社会科学版），2005 年第 3 期，第 66 页。

② 李强：《市场类型演变规律探析》，河套大学学报（哲学社会科学版），2005 年第 3 期，第 66 页。

都要在一定程度上接受市场价格，但每个厂商又都可以对市场施加一定程度的影响，不完全接受市场价格。另外，厂商之间无法相互勾结来控制市场。第二，互不依存。市场上的每个经济人都自以为可以彼此相互独立行动，互不依存。一个人的决策对其他人的影响不大，不易被察觉，可以不考虑其他人的对抗行动。第三，产品差别。同行业中不同厂商的产品互有差别，要么是质量差别，要么是功用差别，要么是非实质性差别（如包装、商标、广告等引起的印象差别），要么是销售条件差别。第四，进出容易。厂商进、出一个行业比较容易。这一点同完全竞争类似，厂商的规模不算很大，所需资本不是太多，进入和退出一个行业障碍不大，比较容易。第五，可以形成产品集团。行业内部可以形成多个产品集团，即行业内生产类似商品的厂商可以形成团体，这些团体之间的产品差别程度较大，团体内部的产品之间差别程度较小①。

因此，综上所述，对于我国现阶段的工程建设招投标领域来说，其本身就不是一个完全竞争的市场，而是一个垄断竞争的市场。那么，是否因为设置了最低投标限价，就会阻碍一个垄断竞争市场的充分竞争？在我国现阶段的工程建设招投标领域，投标人之间的竞争，是否仅指投标报价的竞争，其他的竞争就不算竞争？如果仅仅将报价竞争归结为工程建设招投标领域的竞争，未免有点以偏概全。其实更多的时候，招标人希望找到的是性价比最好的投标人，而不是最廉价的投标人。

三、最低投标限价是否一定阻碍技术管理进步？

技术管理进步的前提，是投标人还没有破产，有足够的利润推动投标人实施技术管理的研发与进步。如果投标人收不抵支、做一个项目亏一个项目，能促进技术管理进步吗？

同时，在前文所述的《低价中标的游戏：饿死同行、累死自己、坑死业主》一文中，对于现实中的低价中标，然后试图通过合同履行过程中与业主的多种合法与不合法、合理与不合理的方式协商，试图谋取高于中标价的价格结算从而获利的行为，给予了形象化的表述。如果允许设置最低投标限价，至少能保证绝大

① 垄断竞争市场，百度百科［EB/OL］，http://baike.baidu.com/link?url=j823_70BNyoLlHz-PFate1KRQ9o5c9_9GNBAHyIqm5TAPnlb0heoUXp_oiwIjYGiZmYfP3u2ngl_J-BUHI7BDq，2015-11-22。

多数投标人有钱可赚（当然，这需要排除投标人的其他不良因素导致的亏损），在没有破产，没有做一个项目亏一个项目的情形下，即在投标人还在生存的情形下，才有可能去实施技术管理的进步。而如果不允许设置最低投标限价，那么，如何来防范低价中标、高价结算等带来的恶果呢？

支持禁止设置最低投标限价的可能会说，以否决低于成本报价投标的方式，让中标的投标人均有钱可赚，让低于成本报价的投标人不可能中标。《中华人民共和国招标投标法》第三十三条明确规定："投标人不得以低于成本的报价竞标，也不得以他人名义投标或者以其他方式弄虚作假，骗取中标。"《中华人民共和国招标投标法实施条例》第五十一条也规定："有下列情形之一的，评标委员会应当否决其投标：……（五）投标报价低于成本或者高于招标文件设定的最高投标限价；……"

但是，现实是，某总投资上亿元的工程建设项目，在招标选咨询机构提供项目决策阶段、准备阶段、实施阶段、竣工验收阶段的各项服务时，某投标单位报出了人民币 1 元的投标报价，并且被评标委员会推荐为第一中标候选人，后经其他投标人投诉后才被依法处理[①]。在行政主管机关、招标人、招标代理机构中，也经常接收到的质疑或投诉是："我公司的报价是最低的，为什么不是第一中标候选人或中标人？"当然，行政主管机关、招标人、招标代理机构会以《中华人民共和国招标投标法》第四十一条的规定来解释："中标人的投标应当符合下列条件之一：（一）能够最大限度地满足招标文件中规定的各项综合评价标准；（二）能够满足招标文件的实质性要求，并且经评审的投标价格最低；但是投标价格低于成本的除外。"但是，对于何为以及如何评判"投标价格低于成本"也是众说纷纭。

第一，成本很难确定，虽然《中华人民共和国招标投标法实施条例释义》第 130 页中予以释义"这里的'成本'是指投标人的个别成本，而不是社会平均成本，也不是行业平均成本"。但是，投标人的个别成本，只有投标人最清楚，其他人无从知晓。即使启动了让投标人提供证明材料的程序，接着第二个问题又来了。第二，评标专家不专，这是一个很大的问题，因为在判断投标人的报价是否低于成本，以及启动要求投标人提供证明材料的程序，包括对投标人提交的证明

---

① 李金升：《1 元报价相煎何急》，招标与投标，2014 年第 9 期，第 29—31 页。

材料是否能证明其投标报价不低于其个别成本，决定权全部在评标委员会，那么，对于寄希望于以“投标价格低于成本”否决其投标，不让其中标的全部希望，都在评标委员会之手，都由评标委员会一手掌握，而评标委员会作出正确判断的前提，是评标委员会的成本评判专家确实是专家而不是“砖家”，但评标委员会评标专家的现状如何，在尚未全面建成远程评标的情况下，尤其是在县域的评标专家[①]，值得堪忧。

四、最低投标限价是否一定阻碍节省成本？

价格是由供给与需求共同决定的，供大于求，价格就下落；求大于供，价格就上升，供求关系是最基本的市场规律。但是，在我们的《中华人民共和国招标投标法》《中华人民共和国招标投标法实施条例》的立法意图中，却是要用法律的“有形之手”，来干预市场的“无形之手”。而且是“区别对待”，允许设置最高投标限价，超过最高投标限价的投标，将被否决投标，却不允许设置最低投标限价，这基本上是单纯从招标人的利益角度出发，保护招标人的利益。如果按照供求关系的市场规律，对于招标人与投标人之间合同价格的达成，不应该对其市场规律予以干涉，即应该既不允许设置最高投标限价，也不应该允许设置最低投标限价。但是，现实是，允许设置最高投标限价，不允许设置最低投标限价（除非像前文所述1元投标报价的这种极端报价，但可笑的是，此种极端的不正当竞争的报价，居然还被评标委员会推荐为第一中标候选人，如果没有其他投标人投诉，后果将如何），不允许投标人依据市场规律涨价？岂不怪哉！

另外，对于是否节省了成本，个人意见认为不应该是以中标价来作为评判的依据，也不应该是以工程结算价作为评判的依据，而应该是以类似于政府与社会资本合作模式项目中的“物有所值”评价作为评判的依据，即以整个工程建设项目全生命周期内的所有成本是否节省作为评判的依据。很多工程建设项目，中标价很低，但结算价很高，能以低价中标作为评判节省招标人成本的依据吗？即使结算价也不高，但在工程建设项目验收通过后的运营过程之中，维护成本居高不下，随时东边拆西边补，随时需要停工修缮，这些成本，招标人

---

① 王金贵：《关于县域评标专家问题的一些思考》，招标与投标，2015年第11期，第55—57页。

是节省了，还是没有节省呢？

对于投标人来说，《中华人民共和国招标投标法》第二十五条明文规定："投标人是响应招标、参加投标竞争的法人或者其他组织。"投标人是需要报价的，投标人是经营性的组织，不是慈善机构，谋求利润，是其天性，也是其必然的追求。其在低价中标的时候，已然在想着如何谋求非中标价结算的结果。低价中标，看似节省了招标人的成本，实则未必。

五、结语：是否应该允许设置最低投标限价？

从供求关系的市场规律来说，既不应该设置最高投标限价，也不应该设置最低投标限价。从"市场失灵"需要伸出"有形之手"予以干涉的经济学理论的角度说，可以干涉并要求设置最高投标限价或者最低投标限价，但是不能拉偏架啊，只允许设置最高投标限价，而不允许设置最低投标限价，这是典型的"单边保护主义"。从评标委员会评判难易的角度来说，以"投标价格低于成本"否决其投标，不让其中标的全部希望，寄托于评标委员会能有效正确评判其"投标价格不低于成本"，但如何有效正确评判其"投标价格不低于成本"？一个字，难。两个字，太难。但是，如果允许设置最低投标限价，评标委员会的评判就太简单了，与评判投标人的投标报价是否超过最高投标限价一样简单。从两害相权取其轻的角度来说，或者从两利相权取其重的角度来说，我们是否应该允许设置最低投标限价呢？

重点十九：设计单位可否参加自己设计项目的监理投标

一、案例介绍

2014年10月27日，招标人TD开发建设有限公司在CS公共资源交易监管网上发布了《LS路道路工程设计招标公告》（以下简称《设计招标公告》），公开招标选择设计单位。《设计招标公告》公布的建设规模为道路长约3300米，路幅宽度 24 米；资金来源为政府投资；设计周期为设计方案确认后 45 天内完成可行性研究报告、初步设计，可行性研究报告获得批复、初步设计评审通过后 50 天内完成施工图设计；投资估算约人民币 14950 万元；招标范围为 LS 路道路工程可行性研究报告并获取批复、方案设计、初步设计、施工图设计及方案设计阶段估算、初步设计阶段概算的编制以及施工期间的后续服务（含各阶段的报批、报建、施工招标和施工现场等配合工作）；对投标人的资质要求为具有住房和城乡建设行政主管部门颁发的工程设计综合甲级资质或具备住房和城乡建设行政主管部门颁发的市政公用行业（道路工程）设计甲级资质，同时具备工程咨询（专业包括市政公用工程，服务范围包括编制项目可行性研究报告）甲级资质，近三年（以提交投标文件截止时间前 36 个月内为准）承担过一个及以上长度不小于 2000 米的市政道路类似设计业绩（提供合同和经建设行政主管部门备案的中标通知书原件，类似业绩的有效时间以合同中甲方签字时间或备案的中标通知书上甲方签字时间为准）。后经投标、开标、评标、公布中标候选人，确定 SQ 交通设计研究院有限公司为中标人，并于 2015 年 1 月 20 日发出了中标通知书。

2014 年 11 月 24 日，招标人 TD 开发建设有限公司又在 CS 公共资源交易监管网上发布了《LS 路道路工程监理招标公告》（以下简称《监理招标公告》），公开招标选择监理单位。招标范围为 LS 路道路工程施工阶段的监理；对投标人的资质要求为具有建设行政主管部门颁发的市政公用工程专业监理乙级及以上资质，近三年企业类似业绩 1 个，并在人员、设备、资金等方面具备相应的能力；对项目负责人资格及业绩要求为项目负责人须具备市政公用工程专业国家注册监理工程师，近三年项目负责人完成类似业绩 1 个。后经投标、开标、评标，并于 2015 年 1 月 21 日公布中标候选人，公示显示第一中标候选人为 SQ 交通设计研究院有限公司。

对此，LS 路道路工程监理招标的第二中标候选人在公示期内，向招标人 TD 开发建设有限公司提出异议，认为第一中标候选人为 SQ 交通设计研究院有限公司已经在 LS 路道路工程设计招标中被确定为中标人，在 LS 路道路工程监理招标时就不能参与投标，其投标应无效，不能确定其为第一中标候选人，更不能将其确定为中标人。那么，作为 LS 路道路工程设计单位的 SQ 交通设计研究院有限公司可否参加该道路工程的监理投标呢？

二、案例分析

（一）认为不能参加投标或投标无效的理由

一是认为违反了招标投标的“三公”原则，其投标应无效。

法律依据为《中华人民共和国招标投标法》第五条的规定：“招标投标活动应当遵循公开、公平、公正和诚实信用的原则。”以及《中华人民共和国招标投标法实施条例》第八十一条的规定：“依法必须进行招标的项目的招标投标活动违反招标投标法和本条例的规定，对中标结果造成实质性影响，且不能采取补救措施予以纠正的，招标、投标、中标无效，应当依法重新招标或者评标。”

事实依据为SQ交通设计研究院有限公司在2014年10月的时候，就已经介入了LS路道路工程，了解并获知了该工程的信息，且在2015年1月20日由招标人TD开发建设有限公司发出中标通知书确定为设计单位中标人。SQ交通设计研究院有限公司再参加2014年11月的监理招标，对于其他监理投标单位而言，SQ交通设计研究院有限公司具有信息上的优势，对其他监理投标单位就构成了不公平、不公正的事实。同时，LS路道路工程建设项目属于依法必须进行招标的项目，SQ交通设计研究院有限公司参与该道路的监理投标，对中标结果已经造成了实质性影响且不能采取补救措施予以纠正，因此，其投标应无效。

二是认为设计为监理的前期准备工作，其不能参加投标。

法律依据为《CS省招标投标条例》第二十五条的规定：“为招标项目的前期准备工作提供咨询服务的法人，不得参加该项目的投标。”以及第五十五条的规定：“违反本条例第二十五条规定的，由有关行政监督部门责令限期改正，可以并处2万元以上5万元以下的罚款，并对单位直接负责的主管人员和其他直接责任人员处2000元以上5000元以下的罚款；对全部或者部分使用国有资金的项目，可以暂停项目执行或者暂停资金拨付；情节严重的，可以宣布中标无效；对单位直接负责的主管人员和其他直接责任人员依法给予行政处分。”因LS路道路工程建设项目属于CS省行政区域内，受《CS省招标投标条例》的约束。

设计为LS路道路工程建设项目的前期准备工作，既然SQ交通设计研究院有限公司已经被确定为设计单位中标人，SQ交通设计研究院有限公司就不能参与LS路道路工程监理招标的投标。

（二）认为可以参加投标的理由

一是认为从业务的角度讲，设计单位从事监理工作，最容易进入角色，同时可以省去很多沟通上的麻烦和困难，因为其最清楚设计意图，也比较容易发现问题所在，在发生设计图纸的“缺、漏、错、碰”等问题时，也容易提出科学合理的解决方案。因此，设计单位从事监理工作，并非一无是处[①]。如果 SQ 交通设计研究院有限公司参与设计 LS 路道路工程，其监理 LS 路道路工程时，最明显的效益，是大大节约了沟通、协调成本。

二是认为从法律法规的角度讲，法无禁止即可为。如：

1.《中华人民共和国招标投标法》《中华人民共和国招标投标法实施条例》均没有明确规定禁止设计单位参与其设计项目的监理投标。

2.《建设工程质量管理条例》第三十五条规定：“工程监理单位与被监理工程的施工承包单位以及建筑材料、建筑构配件和设备供应单位有隶属关系或者其他利害关系的，不得承担该项建设工程的监理业务。”在 LS 路道路工程建设项目中，作为设计单位的 SQ 交通设计研究院有限公司与施工承包单位以及建筑材料、建筑构配件和设备供应单位没有任何隶属关系或者其他利害关系。

3.《中华人民共和国注册建筑师条例》第二十条规定：“注册建筑师的执业范围：（一）建筑设计；（二）建筑设计技术咨询；（三）建筑物调查与鉴定；（四）对本人主持设计的项目进行施工指导和监督；（五）国务院建设行政主管部门规定的其他业务。”既然注册建筑师都可以“对本人主持设计的项目进行施工指导和监督”，那么设计单位也可以对本单位设计的项目进行监理。

（三）笔者认为在满足特定条件下可以依法参加投标

一是设计单位须同时具有相应的工程监理资质等级。因《中华人民共和国建筑法》第十三条明确规定：“从事建筑活动的建筑施工企业、勘察单位、设计单位和工程监理单位，按照其拥有的注册资本、专业技术人员、技术装备和已完成的建筑工程业绩等资质条件，划分为不同的资质等级，经资质审查合格，取得相应等级的资质证书后，方可在其资质等级许可的范围内从事建筑活动。”在本案例中，SQ 交通设计研究院有限公司不仅具有《设计招标公告》要求的设计资质等级，

---

① 张志军，设计单位能参加自己设计的项目的监理投标吗？［EB/OL］.http://blog.sina.com.cn/s/blog_40e1af560100oq9c.html.2011-02-23/2015-07-23。

还同时具备了《监理招标公告》要求的监理资质等级。

二是设计单位须与被监理工程的承包单位以及建筑材料、建筑构配件和设备供应单位没有隶属关系或者其他利害关系。因《中华人民共和国建筑法》第三十四条第三款明确规定："工程监理单位与被监理工程的承包单位以及建筑材料、建筑构配件和设备供应单位不得有隶属关系或者其他利害关系。"在本案例中，SQ交通设计研究院有限公司与LS路道路工程建设项目中的承包单位以及建筑材料、建筑构配件和设备供应单位没有隶属关系或者其他利害关系。

因此，在SQ交通设计研究院有限公司同时满足上述两个条件的前提下，同时根据《建设工程质量管理条例》第十二条第一款的规定："实行监理的建设工程，建设单位应当委托具有相应资质等级的工程监理单位进行监理，也可以委托具有工程监理相应资质等级并与被监理工程的施工承包单位没有隶属关系或者其他利害关系的该工程的设计单位进行监理。"笔者认为，虽然《CS省招标投标条例》第二十五条规定，为招标项目的前期准备工作提供咨询服务的法人，不得参加该项目的投标。但是《CS省招标投标条例》作为地方性法规，根据《中华人民共和国立法法》第八十八条的规定："法律的效力高于行政法规、地方性法规、规章。行政法规的效力高于地方性法规、规章。"其法律效力低于作为行政法规的《建设工程质量管理条例》，应按照作为行政法规的《建设工程质量管理条例》的规定执行，在本案例中，SQ交通设计研究院有限公司作为LS路道路工程建设项目的设计单位，是可以依法参与LS路道路工程建设项目的监理投标的。

重点二十：约定部分投标人中标构成串通投标罪

2012年6月23日，被告人陈某甲因涉嫌犯非法制造、出售非法制造的发票罪被福建省福鼎市公安局刑事拘留，2013年2月4日被福鼎市人民法院判处有期徒刑两年零两个月，并处罚金人民币15万元。被告人陈某甲在刑罚执行过程中发现漏罪，涉嫌串通投标罪。于是，2014年2月24日，浙江省苍南县人民检察院（以下简称苍南县检察院）以苍检公诉刑诉（2014）1028号起诉书，指控被告人陈某甲犯串通投标一案，向浙江省苍南县人民法院（以下简称苍南县法院）提起诉讼[①]。

一、苍南县检察院的指控

2010年1月，苍南县龙港镇新美洲扶贫小区二期、三期工程面向新美洲村民邀请投标。至报名截止，共有缪某甲（共挂靠2家建筑公司）、傅某甲、颜某某、章某某等11人为代表的13家建筑公司符合报名条件，其中，被告人陈某甲和方某某、陈某乙、傅某乙、傅某两、林某甲系傅某甲工程队的合伙人。

2010年1月25日，经缪某甲召集，被告人陈某甲伙同傅某甲、陈某丙等十余人在龙港镇L宾馆517号房间内商量串通投标，并商定工程让傅某甲和章某某为代表的两个工程队中标，由中标的建筑公司支付13家参加投标的建筑公司各18万元好处费，参加投标的13家公司放弃投标，协助以上两家公司中标。

2010年1月27日，新美洲扶贫小区基建办在苍南县龙港镇福华大酒店里开标，由傅某甲和章某某代表的工程队顺利中标。后傅某甲和章某某的两个工程队按照自己承接的工程面积比例分别拿出172万和62万，合计234万元给13家参加投标的建筑公司好处费各18万。其中，被告人陈某甲获得好处费两万余元。

案发后，被告人陈某甲已退出非法所得。为证明上述事实，苍南县检察院提交并当庭出示了相关证据，并据此认为，被告人陈某甲结伙串通投标报价，情节严重，其行为已构成串通投标罪。被告人陈某甲在刑罚执行过程中发现漏罪，应予数罪并罚。建议苍南县法院判处被告人陈某甲有期徒刑一年至二年。

二、被告人辩称

被告人陈某甲辩称，其有参与投标报名，但后来要求缴纳300万元保证金，便放弃投标，故并无参与串通投标。对串通投标一事予以否认。

三、苍南县法院审理查明的事实

经苍南县法院审理查明，2010年1月，苍南县龙港镇新美洲扶贫小区二期、

---

① 陈某甲串通投标罪一审刑事判决书［EB/OL］，http://www.court.gov.cn/zgcpwsw/zj/zjswzszjrmfy/cnxrmfy/xs/201404/t20140402_687419.htm，2014-04-02/2014-12-13。

三期工程开始招标，经相关部门同意，由苍南县龙港镇新美洲扶贫小区基建工作小组面向新美洲村民邀请投标。至报名截止，共有缪某甲（挂靠3家建筑公司）、傅某甲、颜某某、傅某丁、吴某某、陈某丙、陈某丁、陈某戊、林某乙（借用缪某乙名字报名）、缪某丙、章某某等11人为代表的13家建筑公司符合报名条件，其中被告人陈某甲和方某某、陈某乙、傅某乙、傅某丙、林某甲（另案处理）系傅某甲工程队的合伙人。

2010年1月25日上午，经缪某甲召集，被告人陈某甲伙同傅某甲、陈某乙、陈某戊、傅某丁、陈某丙、吴某某、颜某某、陈某丙、陈某己、缪某丙、章某某等十余人在龙港镇L宾馆517号房间内商量串通投标，并商定工程交由傅某甲和章某某为代表的两个工程队中标，由中标的建筑公司支付13家参加投标的建筑公司各18万元好处费，其余11家建筑公司均放弃竞标，协助以上2家公司中标。

2010年1月27日上午，新美洲扶贫小区基建办在龙港镇F大酒店里开标，由被告人陈某甲所在的傅某甲的工程队和章某某代表的工程队顺利中标，工程造价分别为30583417元和11219485元。后傅某甲工程队和章某某工程队按照自己承接的工程面积比例分别拿出172万元和62万元，合计234万元，给13家参加投标的建筑公司好处费各18万元。其中，被告人陈某甲获得好处费2万多元。案发后，被告人陈某甲已退回非法所得。

四、证实苍南县法院审理查明事实的证据

（一）证人证言

1. 证人黄某、杨某甲、方某、杨某乙、吕某的证言，证明2010年1月27日龙港镇新美洲扶贫小区工程开标，温州市HC建设公司中标三期（一）工程、温州市WT建筑公司和温州市JT建筑工程有限公司分别中标二期、三期（二）工程，并签订了合同；2010年9月，为办理工程施工许可证，在县扶贫办的主持下，由温州WT建筑公司和浙江TJ建筑工程有限公司、温州BF建设有限公司参加投标，最后由傅某乙代表的温州BF建设有限公司和叶某某代表的浙江TJ建筑工程公司中标的事实。

2. 证人章某、温某、曾某、郑某、林某、张某、鲍某、徐某、叶某等的证言，证明本案被告人陈某甲及其同案犯所挂靠的相关建筑工程有限公司参加龙港新美洲扶贫小区二期、三期建筑工程投标的事实。

3. 证人缪某的证言，证实其丈夫傅某甲被抓获后，傅某甲所在工程队成员均出资金凑齐 18 万元，退清了赃款，其中陈某甲出资 2.5 万元，是以现金方式支付的事实。

（二）同案犯的供述

1. 同案犯傅某甲、傅某乙、傅某丙、方某某、陈某乙的供述，供认陈某甲向他们说起新美洲扶贫小区二期和三期工程要开始投标（须由新美洲村本地人参与），傅某丙、陈某甲、陈某乙、傅某甲、傅某乙、方某某、林某甲等 7 人经协商决定合伙参与投标，投标保证金是傅某甲向担保公司借得 250 万元，另 50 万元由各人筹集。后在缪某甲召集下，傅某甲、陈某乙、陈某甲等人在 L 宾馆参与商量串标事宜，决定工程交给他们工程队和另一个工程队做，但两个工程队要出钱给另外报名的每家 18 万元，大家表示同意。中标后，他们和章某某工程队按照承建面积，分别拿出 172 万元和 62 万元共 234 万元分给 13 家，而每家工程队应得的 18 万元也由 7 个合伙人分得，陈某甲分得两万多元；但在工程要开工时，陈某甲声称其资金不够而退出工程队；在傅某甲被抓获后，陈某甲也将 2.5 万元交给傅某甲之妻并一起上交公安局的事实。

2. 同案犯缪某甲、叶某某、缪某丙、章某某、陈某丙、吴某某、傅某丁、颜某某、陈某丁、陈某戊、陈某己、林某乙、余某甲、余某乙的供述，供认 2010 年 1 月 20 日左右，龙港新美洲扶贫小区基建工作小组向龙港镇新美洲村有资质的建筑公司公开邀请招标，入围一共有 13 家建筑公司；2010 年 1 月 25 日上午 8 时许，由缪某甲召集陈某甲、傅某甲、陈某乙、陈某戊、傅某丁、陈某丁、吴某某、颜某某、陈某丙、陈某己、缪某丙、章某某等十余人在 L 宾馆 517 房间内商量，最后决定工程中标者拿出 234 万元给 13 家工程队平分，其他 11 家工程队串通协助傅某甲和章某某为代表的两家工程队中标的事实。

（三）部分书证

1. 县扶贫办账户对账单、押金收据、新美洲移民小区基建工程招投标活动详情情况说明、新美洲扶贫小区办公室会议记录、苍南县龙港镇新美洲扶贫小区三期（一）地块安置点工程 1#—5# 邀请函、邀请公告、苍扶办〔2010〕23 号、苍发改投〔2008〕159.160 号文件，证明苍南县龙港镇新美洲扶贫小区二期、三期工程是面向新美洲村民邀标扶贫项目，经过扶贫办审核后共有缪某丙、章某某、陈某甲、颜某某、傅某甲、傅某丁、吴某某、陈某丙、陈某丁、陈某庚、陈某戊、缪某乙等 11 人为代表的 13 家建筑公司符合报名条件，且 13 家均缴纳 300 万元投标押金的事实。

2. 评标报告、投标报价记录、工程承包合同及工程说明、中标通知书、工程预算书、开标书及开标会签到表、投标书、中标通知书，证明 2010 年 1 月 27 日经过投标后，由傅某甲代表的浙江 HX 建设有限公司、章某某代表的温州 JT 建筑工程有限公司、陈某己代表的温州 HC 建设有限公司三家公司中标，以及工程 1.2.3 标段的造价的事实。

3. 县公共资源交易管理委员会出具的情况说明，证明第二次投标后，工程由浙江 TJ 建筑工程有限公司、温州 BF 建设有限公司中标的事实。

4. 新美洲基建小组出具的情况说明，证明 BF 公司、TJ 公司多次提出修改合同造价，大幅度提高工程造价，但基建小组无法满足要求；2011 年 4 月，TJ 公司（叶某某、章某某等人）借口水泥、钢材、人工费用上涨过快，工程合同造价过低，停止施工；5 月，承建单位 BF 公司（傅某甲、傅某乙等人）浇筑 15#、16# 楼发现严重质量问题，被监理单位责令停工整改的事实。

5. 财物暂扣呈批表及浙江省政府非税收入汇总缴款书，证实被告人陈某甲及同案犯的非法所得均已缴纳的事实。

6.（2012）温苍刑初字第 101 号、629 号及（2012）浙温刑终字第 642 号刑事判决书，证实同案犯缪某甲等人均已被判刑的事实；（2013）鼎刑初字第 11 刑事判决书，证实被告人陈某甲因犯非法制造、出售非法制造的发票罪被福建省福鼎市人民法院判处有期徒刑两年零两个月，并处罚金人民币 15 万元。

7. 归案经过情况说明，证实被告人陈某甲原因犯非法制造、出售非法制造的发票罪被福建省福鼎市人民法院判处有期徒刑，现因本案被押回重审的事实。

8. 户籍证明，证实被告人陈某甲的身份情况。

五、苍南县法院审理意见及判决

尽管被告人陈某甲归案后一直否认其参与串通投标犯罪，但其辩解与各同案犯的供述、证人证言及相关书证均不相符，苍南县法院并未予以采信。

苍南县法院认为，被告人陈某甲结伙串通投标报价，情节严重，其行为已构成串通投标罪。苍南县检察院指控成立，予以支持。被告人陈某甲在刑罚执行过程中，被发现在判决宣告以前尚有漏罪，应予以数罪并罚。考虑到其在共同犯罪中作用稍小，在量刑时与缪某甲、傅某甲等同案犯应有所区分。苍南县检察院的量刑建议，符合法律规定及本案案情，予以采纳。依据《中华人民共和国刑法》第二百二十三条第一款、第二十五条第一款、第七十条、第六十九条第一款、第六十四条之规定，判决如下：

一、被告人陈某甲犯串通投标罪，判处有期徒刑一年零两个月，并处罚金人民币10万元，与原犯非法制造、出售非法制造的发票罪判处有期徒刑两年零两个月，并处罚金人民币15万元并罚；决定执行有期徒刑两年零十个月，并处罚金人民币25万元。

刑期从判决执行之日起计算。判决执行以前先行羁押的，羁押一日折抵刑期一日，即自2012年6月23日起至2015年4月22日止；罚金限于本判决生效之日起十日内缴纳。

二、扣于苍南县公安局原由陈某甲等合伙成员退出的违法所得共计人民币18万元，均予以没收，上缴国库（其中11万元在本院（2012）温苍刑初字第387号刑事判决书中已决定没收，剩余7万元现扣押于苍南县公安局）。

如不服本判决，可在接到判决书的第二日起十日内，通过苍南县法院或者直接向浙江省温州市中级人民法院提出上诉。书面上诉的，应当提交上诉状正本一份，副本两份。

六、本案属于典型的约定部分投标人中标的串通投标违法行为

对于串通投标行为，《中华人民共和国招标投标法》第三十二条、《中华人民共和国招标投标法实施条例》第三十九条、第四十条、第四十一条等做出了相应的规定。

而在本案中，被告人陈某甲参与同案犯缪某甲、傅某甲、陈某丙等十余人在龙港镇L宾馆517号房间内商量工程由傅某甲和章某某为代表的两个工程队中标，由中标的建筑公司支付13家参加投标的建筑公司各18万元好处费，参加投标的13家公司放弃投标，协助以上两家公司中标。其行为属于典型的《中华人民共和国招标投标法实施条例》第三十九条规定的串通投标行为，其具体规定为："禁止投标人相互串通投标。有下列情形之一的，属于投标人相互串通投标：……；（三）投标人之间约定部分投标人放弃投标或者中标；" 投标人在投标时，对于其他投标人要求作出的此种行为，须高度谨慎。

重点二十一：投标人之间协商投标报价下浮比例构成串通投标罪

2013 年 12 月 19 日，被告人刘某某、张某某被传唤；2013 年 12 月 20 日，两人以涉嫌犯串通投标罪被湖南省浏阳市公安局刑事拘留；2014 年 1 月 16 日两人被逮捕；2014 年 1 月 29 日由浏阳市公安局决定对两人取保候审；2014 年 6 月 24 日，两人被湖南省浏阳市人民检察院（以下简称浏阳市检察院）浏检公诉刑诉（2014）500 号起诉书指控向湖南省浏阳市人民法院（以下简称浏阳市法院）提起诉讼[①]。

一、浏阳市检察院的指控

浏阳市检察院指控，2013 年 10 月，被告人刘某某得知浏阳市荷花至文家市公路新建工程招标，便安排被告人刘某乙通过被告人何某某联系了江西某某集团有限公司（以下简称江西某某公司）的员工被告人刘某丙和山东某某工程有限公司（以下简称山东某某公司）的员工被告人何某甲，挂靠在上述两公司名下参与投标，并于 2013 年 10 月 19 日到浏阳进行了投标现场报名。

2013 年 10 月，被告人张某某挂靠了核工业某某集团有限公司（以下简称核工业某某集团公司）参与该项目投标，并通过了资格预审。被告人张某某得知江西某某公司、山东某某公司通过了资格预审后，便通过被告人刘某乙与被告人刘某某取得联系，双方约定结伙以挂靠的三家公司参与投标，无论哪家公司中标，都共同经营、共负盈亏，并约定山东某某公司定价下浮 3%，江西某某公司下浮 4%，核工业某某集团公司取中间值下浮 3.5% 左右。最终江西某某公司报价为 339922785 元，山东某某公司报价为 344181526 元，核工业某某集团公司报价为 341768425 元。

2013 年 11 月 30 日，江西某某公司顺利中标。中标后，被告人刘某某、张某某分别筹资开始共同经营。

案发后，被告人刘某某、张某某被公安机关抓获归案。浏阳市检察院就上述

---

① 被告人刘某某等人串通投标案刑事判决书［EB/OL］.http://www.court.gov.cn/zgcpwsw/hun/hnszsszjrmfy/lysrmfy/xs/201410/t20141025_3625459.htm，2014-10-25/2014-11-30。

指控提交了被告人供述、证人证言、相关书证、鉴定意见及搜查笔录等证据，认为被告人刘某某、张某某的行为构成串通投标罪，提请浏阳市法院依法予以判处。

二、被告人的辩护意见

被告人张某某对浏阳市检察院指控的事实无异议，但其辩解仅向刘某某透露了自己的标底大概下浮 3%，其没有串通投标的故意。

被告人张某某的辩护人辩称，被告人张某某没有与他人串通降低标底，且被告人张某某最后投标的标底也并不是按 3% 的比例计算的，另外被告人张某某希望不管哪家公司中标后都参点股是不违反法律规定的，故浏阳市检察院指控被告人张某某的行为构成串通投标罪的证据不足，请求宣告其无罪。

三、浏阳市法院经审理查明的事实

经审理查明，被告人刘某某、刘某甲系兄弟。2013 年 10 月 16 日，浏阳市招标投标监督管理办公室发布浏阳市荷花至文家市公路新建工程的招标公告，工程审定造价为 354826275 元。被告人刘某某、刘某甲得知后，安排被告人刘某乙通过被告人何某某联系了江西某某公司的员工被告人刘某丙和山东某某公司的员工被告人何某甲，挂靠在上述两公司名下参与投标。2013 年 10 月 19 日，被告人何某某、何某甲、刘某丙一起到浏阳进行了投标现场报名。

2013 年 10 月，被告人张某某挂靠了核工业某某集团公司参与浏阳市荷花至文家市公路新建工程的投标，并通过了资格预审。被告人张某某得知被告人刘某某、刘某甲两人挂靠了江西某某公司、山东某某公司进行投标，并通过了资格预审后，便通过被告人刘某乙与被告人刘某某取得联系，双方约定结伙以挂靠的三家公司参与投标，无论哪家公司中标，都共同经营。2013 年 11 月 24 日下午，被告人刘某某、张某某在浏阳市浏阳大道某茶楼商量三家公司如何报价一事，双方均提出要以低价中标，并约定山东某某公司定价下浮 3%，江西某某公司定价下浮 4%，核工业某某集团公司定价取中间值下浮 3.5% 左右。最终江西某某公司报价为 339922785 元，山东某某公司报价为 344181526 元，核工业某某集团公司报价为 341768425 元。

2013 年 11 月 30 日，江西某某公司顺利中标。中标后，被告人刘某某、张某某分别筹资开始共同经营。

上述事实，有浏阳市检察院提供的下列主要证据证实：

（一）书证

1. 江西某某公司、山东某某公司、核工业某某集团公司参加投标的公司营业执照及成立分公司的文件、授权委托书等资质证明、资格预审申请文件及投标文件、浏阳荷花至文家市公路新建工程招标文件，分别证实浏阳荷花至文家市公路新建工程招标的具体要求；山东某某公司、江西某某公司、核工业某某集团公司均向该项目递交了资格预审申请文件、投标文件及各自的报价，其中山东某某公司的报价为344181526元、江西某某公司报价为339922785元、核工业某某集团公司报价为341768425元。

2. 资格预审文件、投标文件，证实中交某某工程有限公司、江西某某工程集团有限公司、湖南某某建设总公司均参与了浏阳荷花至文家市公路新建工程项目的投标，递交了资格预审文件及招标文件，其中中交某某工程有限公司报价为353956396元、江西某某工程集团有限公司报价为354820626元、湖南某某建设总公司报价为354544764元。

3. 汤某某中国建设银行交易记录，刘某甲浏阳市农村商业银行交易记录，汤某某、刘某甲中国建设银行、浏阳市农村商业银行账户存、取款凭证，结算业务申请书，转账凭证，山东菏泽市公路工程总公司对公活期存款账户明细表，山东某某公司对公活期存款账户明细表，菏泽市公路工程总公司中国建设银行交易凭证；刘AA中信银行交易记录、核工业企业活期明细信息，证实被告人刘某甲于2013年10月22日分别在建设银行转账80万、农村商业银行取现80万给汤某某，同日汤某某分别向江西某某公司汇款80万、山东菏泽公路工程总公司转账80万元，10月25日山东某某公司收到山东菏泽公路工程总公司转账80万元并于当日转账到浏阳市招商投标管理办公室的事实。刘AA向核工业转账80万元的事实。

（二）被告人供述

1. 被告人刘某某的供述

其供述：某某建筑安装工程有限公司浏阳办事处的主要负责人就是我、刘某甲、刘某乙。我主要负责工程一块，刘某甲主要负责工地及财务工作，刘某乙负责日常管理工作，出纳是汤某某、会计是李AA，主管工程的是邓某某。

2013年10月，我们在招投标网站上获取了浏阳“荷文”公路招投标的信息，因为省直建公司没有一级资质，就要刘某乙去联系一家有资质的公司去挂靠参与投标。后来通过刘某乙联系了山东某某公司和江西某某公司，并通过了资格预审。刘某甲分别向山东某某公司及江西某某公司支付了 80 万元作为缴纳保证金的钱。

入围后没过多久，其中一家入围单位核工业华东建设工程有限公司的联系人张某某就到了我们省直建公司，刘某乙介绍的。张某某就同我讲：他从刘某乙处晓得我们也投了标入了围，并讲他挂靠的核工业华东建设工程有限公司也入了围。这次我和张某某见面没有谈具体的事情，只互相留了电话。后来张某某打了几次电话给我介绍其他家入围公司的情况。后来就慢慢坐到一起聊天，主要就是聊假设如果中了标，这笔 1.4 亿元钱从什么地方来，因为都不是一个人能够凑齐的，在接触过程中我就告诉了张某某我挂靠入围的单位实际上有两家还有一家是山东某某公司。到了要开标之前三四天的样子，张某某就打电话给我约我到浏阳大道的某茶楼的二楼喝茶，我就一个人去了，我们两个人商量这个工程该怎么报价。张某某讲：就要开标了，我们各自心里都要有点底。我就讲：这也没有很多搞法，如果报价太低就会没有钱赚，报价太高又中不到标，还有几家单位又不晓得他们的报价，心里也没有底，因为招标是合理低价，那么我认为合理低价的范围就在下浮 3%—4% 间。张某某听了后讲：那也只能这样去操作了。因为合理低价招标的话确实不好操作。这次也没有定哪家公司报价下浮的百分比。但是我们双方还讲了如果我们挂靠的三家公司其中一家中标的话，那么大家都来点股份，就按照出资的比例来算股份。也没有讲谁具体出多少钱。当时张某某还讲了如果他们公司中了标的话，他们公司还是拿得出几千万元的，当时我并没有底我能拿出来多少钱。我也打电话给刘某甲同他讲了张某某找我商量投标报价的事情怎么搞，还有就是如果中了标有办法组织资金不。刘某甲同我讲：报价的事情你们去搞，我也不是很清楚，组织资金现在也没有底。到了开标前的头一天下午，张某某又约了我到某茶楼谈报价的事情。主要还是聊如何报价，我当时讲总的一点我觉得报价在裁评出来的清单报价的基础上下浮 3%—4% 比较合理的。这个比例的话利润也会有，中标的可能性比较大。并且我和张某某当场以裁评出来的清单报价的基础按照下浮 3%、3.5%、4% 的比例计算了一下，然后各自的差价是一千零几十万，一千三百几十万，一千五百几十万。张某某就对我讲那你两家公司一个公司报最低价，一个公司报最高价，我的公司就报中间的价格。我讲要得。基本上报价的事情就这样确定了，但没有确定具体的数字，反正我在商定的几个下浮点的基础上去定。到了晚上 8 点钟的样子我就要邓某某在电脑上调投标的报价，以裁评出来的清单报价 354826275 元为基础，一个按照下浮 3% 调的，一个按照下浮 4.2% 调的，调了报价价格后，我还要邓某某打印了一份具体的价格数字出来，两个数字分别为 344181526 元、339922785 元，然后同邓某某讲下浮 3% 的价格 344181526 元就填到山东某某公司的标书内去，下浮 4.2% 的价格 339922785 就填到江西某某公司的标书内去。11 月 30 日，江西某某公司中了标。履约保证金要 3400 万元，我们商量先打 1200 万元到江西某某公司的账户上去，剩下的钱由江西某某公司筹集，江西某某公司也答应了。然后我们这边的 1200 万元，我、刘某甲和张某某商量的结果就是各出一半，我们出 600 万元，张某某出 600 万元。

2. 被告人张某某的供述

其供述：2013 年 10 月我挂靠核工业某某集团有限公司到浏阳市招投标管理办公室报名。2013 年 11 月 1 日我遇到了刘某乙，刘某乙告诉我他有一家公司也准备投标，是山东某某公司。11 月 4 日左右入围名单出来了，共 6 家公司，核工业某某集团公司、山东某某公司都入围了，剩下的 4 家入围公司是江西某某公司、湖南某某公司、北京某某公司、江西某某公司。我在入围名单出来后打了刘某乙的电话，约他一起商量，刘某乙告诉我他那里有两家公司，分别是江西某某公司和山东某某公司，刘某乙把刘某某的电话告诉了我，我和刘某某电话联系沟通了几次这次投标的情况，我对他说如果是他们中了标我也入股来一成，刘某某同意了，并且讲我中了标他也入股来一成，我也同意了。

在开标的前二天，刘某某打了我的电话，约我谈投标的事，我和刘某某见了面，我问他："就快开标了，你准备报什么价？"刘某某讲："我的意思是一个公司的报价下浮 270 万元，另一个公司报价下浮 360 万元，剩下的公司报价下浮 480 万元。"我讲："报高价肯定中不到，我就不参与了，你们报你们的，我报自己的。"刘某某问我准备怎么报价，我就对他说："高价是中标不到，其他人想中标会出合理的低价，只能低价中标，我的报价会下浮 3 个点左右，你们的你们自己安排，如果是依我的话就一个公司报价下浮 3 点、另一个公司的报价下浮 3 个多点、剩下的公司报价下浮 4 个多点才会有希望。"之后，我和刘某某就没有讲报价的事情了，在我走的时候，我又和刘某某讲："我的报价是会下浮 3 个点左右，如果是你中了标，我会入股来一成，如果是我中了标你也入股来一成。”刘某某同意了。

在开标的头一天晚上，我告诉核工业某某集团公司按照下浮 3 个点左右报价，具体数字由他们自己算，后来核工业某某集团有限公司的标因为有一个报价没有加盖红章被废了。在当天的下午 5 点左右，现场开标确认江西某某公司中标了，后来我、刘某某等人商量我入股做这个项目的事情，当时只是谈好了同意我入股，入股的比例没有详细商量，2013 年 12 月 2 日我们商量确定我和杨 AA 缴纳 1800 万元，占 50% 的股份，刘某某缴纳 1600 元，占 50% 的股份。在这两三天后我就缴纳了 566 万元履约保证金给江西某某公司，杨 AA 突然不参与了，刘某某缴纳了 634 万元履约保证金给江西某某公司。

四、浏阳市法院审理意见及判决

浏阳市法院认为，被告人刘某某、张某某相互串通投标报价，损害招标人及其他投标人的利益，情节严重，其行为均已构成串通投标罪；关于被告人张某某及其辩护人提出的被告人张某某的行为不构成串通投标罪的意见，浏阳市法院认为，根据被告人刘某某、张某某的供述，2 被告人在通过资格预审之后即商量不管哪家公司中标都共同经营该项工程，且针对招标人公布的工程审定造价约定了 3 家公司下浮的比例，2 被告人有串标的故意及行为，已构成了串通投标罪，故对被告人张某某及辩护人的该点意见，浏阳市法院不予采纳。

被告人刘某某、张某某系共同犯罪，在共同犯罪中，2 被告人均起主要作用，均系主犯。据此，对被告人刘某某、张某某适用《中华人民共和国刑法》第二百二十三条第一款，第二十五条第一款，第二十六条第一、四款，第六十七条第三款，第七十二条第一、三款，第七十三条第二、三款之规定，分别判决如下：

被告人刘某某犯串通投标罪，判处有期徒刑一年，宣告缓刑一年，并处罚金人民币二万元（已缴纳一万元，余款限本判决生效后十日内缴纳）。（缓刑考验期限，从判决确定之日起计算）

被告人张某某犯串通投标罪，判处有期徒刑一年，宣告缓刑一年，并处罚金人民币二万元（已缴纳一万元，余款限本判决生效后十日内缴纳）。（缓刑考验期限，从判决确定之日起计算）

如不服本判决，可在接到判决书的第二日起十日内，通过浏阳市法院或者直接向湖南省长沙市中级人民法院提出上诉。书面上诉的，应当提交上诉状正本一份，副本二份。

五、本案属于典型的协商投标报价的串通投标违法行为

对于串通投标行为，《中华人民共和国招标投标法》第三十二条、《中华人民共和国招标投标法实施条例》第三十九条、第四十条、第四十一条等作出了相应的规定。

而在本案中，被告人刘某某、张某某分别挂靠山东某某公司、江西某某公司、核工业某某集团公司，并在浏阳市浏阳大道某茶楼商量三家公司如何报价一事，两人均提出要以低价中标，并约定山东某某公司定价下浮3%，江西某某公司定价下浮4%，核工业某某集团公司定价取中间值下浮3.5%左右。最终江西某某公司报价为339922785元，山东某某公司报价为344181526元，核工业某某集团公司报价为341768425元。后江西某某公司中标。

对于此种投标人之间协商投标报价，或者协商投标报价的下浮比例，属于《中华人民共和国招标投标法实施条例》第三十九条规定的投标人相互串通投标的行为，具具体规定为："禁止投标人相互串通投标。有下列情形之一的，属于投标人相互串通投标：（一）投标人之间协商投标报价等投标文件的实质性内容；……"

因此，对于不同投标人之间协商投标报价，或者投标报价的下浮比例等，属于典型的串通投标的行为，按照《中华人民共和国刑法》第二百二十三条第一款，将构成串通投标罪，参与投标的投标人，对此须谨慎。

重点二十二：一人制定8份商务标书交给出借资质的8家单位投标构成串通投标罪

2014年4月29日，被告人高某以涉嫌犯串通投标罪被安徽省铜陵市公安局刑事拘留。同年9月15日，其被安徽省铜陵市铜官山区人民检察院（以下简称铜官山区检察院）以铜官检刑诉（2014）122号起诉书向安徽省铜陵市铜官山区

人民法院（以下简称铜官山区法院）提起诉讼[①]。

一、铜官山区检察院的指控

铜官山区检察院指控，2013 年 10 月，被告人高某为获得承揽“铜陵市铁路专用线城市绿道景观工程”，通过高某（另案处理）与被告人杨某商议，借用有园林资质的多家公司共同参与帮助其投标。高某、杨某与多家公司以及江西洪洲园林工程有限公司（以下简称洪洲园林公司）项目经理被告人彭某商议，由高某、杨某提供投标保证金、相关费用和商务标书，相关公司提供有关资质、标书等，以各公司自己名义参与投标，然后由高某挂靠中标的公司进行施工。2013 年 10 月 22 日，被告人彭某代理的洪洲园林公司持高某提供的商务标书进行投标，并以 506 万余元的最低价格中标。中标后，洪洲园林公司将中标的工程交给高某施工。铜官山区检察院就起诉指控的上述事实向铜官山区法院出示了书证、证人证言、被告人供述等，铜官山区检察院认为，被告人杨某、高某、彭某相互串通投标报价，损害招标人和其他投标人的利益，情节严重，其行为触犯了《中华人民共和国刑法》第二百二十三条、第二十五条，犯罪事实清楚，证据确实充分，应当以串通投标罪追究其刑事责任，提请铜官山区法院依法惩处。

二、被告人的辩护意见

被告人高某及其辩护人对起诉书指控高某的犯罪事实及罪名亦无异议。高某当庭表示认罪，对起诉书指控的其他事实，其供称，投标价系自己定的，并未与 8 家公司商议，被告人彭某自始至终未参与。

被告人高某的辩护人还提出以下辩护意见：

1. 被告人高某属于从犯，应当给予从轻、减轻处罚。在本案串通投标的过程中，高某仅提起犯意，告知了杨某，而并未参与实施诸如寻找具有资质的企业参与围标、投标手续的报备、开标当天作为投标人参与竞标等事情，其在整个犯罪过程中参与程度很低，起次要作用。

2. 投标的单位共有二十多家，被告人杨某联系的单位实际参加投标的只有 7

---

① 杨某、高某等串通投标罪一审刑事判决书［EB/OL］.http://www.court.gov.cn/zgcpwsw/ah/ahstlszjrmfy/tlstgsqrmfy/xs/201411/t20141114_4112758.htm，2014-11-14/2014-11-26。

家，中标概率并不高；涉案工程已竣工并验收合格，被告人高某的中标价格比招标公告拟定的工程造价低了近 100 万元，为国家和集体争取了巨大的利益。

3. 被告人高某是偶犯、初犯，认罪悔罪态度较好，案发后能如实供述自己罪行，积极配合调查，有坦白表现，可以从轻处罚。综上，高某犯罪情节显著轻微，可以免于刑事处罚。

三、铜官山区法院经审理查明的事实

经审理查明，2013 年 10 月，被告人高某为能获取承揽“铜陵市铁路专用线城市绿道景观工程”，意图借用有相关资质的公司的名义，采用多家公司以其确定的标价共同参与投标，再挂靠中标的公司承揽工程建设。高某将其意图告诉其子高小某（因还涉嫌其他犯罪，另案处理），高小某遂找到被告人杨某要其帮忙。在杨某的联系下，江西丰和园林建设有限公司、江西一洲市政园林建设有限公司（原一洲建设发展有限公司）、江西省斐然天成景观工程有限公司（原斐然天成城建工程有限公司）、江西省新绿地园林实业公司、江西省欣达市政园林有限公司、江西景态园林艺术有限公司、江西绿佳市政园林有限公司以及洪洲园林公司等八家公司同意以 6000 元“包干费”的条件出借资质、帮助投标。随后，高某向杨某提供了投标保证金中的 360000 元，按 4% 的月利率给予杨某垫付的保证金 602400 元的利息 24000 元。并向杨某支付各公司借资质的费用合计 80000 元（每家 10000 元），扣除支付给每家公司的“包干费”6000 元后，杨某获利 32000 元。杨某将 962400 元保证金按每家公司 120300 元的份额汇入 8 家公司指定的账户，上述公司收款后随即将投标保证金向铜陵市公共资源交易中心缴纳，并于开标日前派员持相应资质文件来到铜陵。高某将自己制作的商务标书（价格标书）分别交给包括彭某在内的 8 家公司投标代表，由其各自加盖公司印章后自行向铜陵市公共资源交易中心提交。高某安排好来铜投标代表的住宿，并召集他们一起在饭店吃饭。2013 年 10 月 22 日，在 22 家参与竞标的公司的见证下（江西绿佳市政园林有限公司因提供的资料不全未能参与开标），经过现场开标，被告人彭某代理的洪洲园林公司以 5061583.14 元的价格中标（该标价在参与竞标公司中位列最低价中的第三位）。高某以缴纳 2% 的挂靠费的条件，承揽了该工程。涉案工程经高某自行施工已竣工，并于 2014 年 4 月 11 日被验收合格。所涉工程款已支付 210 万元，洪洲园林公司按 2% 收取工程“管理费”42000 元。

案发后，被告人杨某向公安机关退赃56000元，洪洲园林公司退赃48000元，其他7家公司各退赃6000元。

另查明：除洪洲园林公司外，上述涉案的其他7家公司于2014年7月10日因本案被铜陵市公共资源交易监督管理局进行行政处罚。

上述事实，各被告人在庭审中亦无异议，且有经庭审举证质证的受案立案材料、被告人人口基本信息、扣押清单及银行凭证、公安机关出具的到案情况与抓获经过等说明、涉案公司相关资料、铜陵市铁路专用线城市绿道景观工程招标公告、投标保证金缴纳情况表、涉案公司的投标文件（商务标）、开标记录表与相关表格、资格审查文件、中标公示、中标通知书、建设工程施工合同、标后回访情况资料、签到表、财政直接支付凭证与银行业务通知单、工程竣工验收报告、涉案人员与公司账户银行明细表、行政处罚建议函与决定书、调取证据清单、证人证言、各被告人供述等。

关于被告人高某的辩护人辩称高某系从犯，为国家和集体争取了巨大的利益，犯罪情节显著轻微、可以免于刑事处罚的辩护意见。经查，高某在本案中为自身利益提起犯意和犯罪方法，指使高小某找人联系多家公司参与投标，提供中介费用和“包干费”，并为涉案的公司统一制作商务标书、决定各公司的报价，使得8家公司明为竞标，实系在其统一的意志下进行，中标后的工程由其管理施工，工程款也绝大部分由其占有支配，不宜认定为从犯；涉案工程评标采用综合评价法，并非仅以投标价作为评价依据，中标的洪洲园林公司也非最低标价，其辩护人相关的辩护意见，与查明的事实不符，铜官山区法院不予采纳。

四、铜官山区法院审理意见及判决

铜官山区法院认为，被告人高某为了达到能参与投标并提高中标率的目的，串通多家有资质公司，并借用涉案公司名义在其统一意志下一起投标，损害了招标人和其他投标人利益，情节严重，其行为已构成串通投标罪，应当追究其刑事责任。被告人杨某积极联系多家公司帮助高某投标，被告人彭某明知高某有串通投标的意图，继续参与后续的招投标活动，使得高某的犯罪意图得逞，杨某、彭某的行为均已构成串通投标罪。铜官山区检察院指控高某、杨某、彭某犯串通投标罪的事实清楚，证据确实充分，指控罪名成立。高某归案后能如实供述犯罪事实，系坦白，当庭认罪，可从轻处罚；对其适用缓刑不致有社会危险性，可依法宣告缓刑。彭某犯罪情节较为一般，可酌情从轻处罚。本院综合上述被告人犯罪的事实、性质、情节和对于社会的危害程度，依据《中华人民共和国刑法》第二百二十三条第一款、第二十五条第一款、第六十七条第三款、第六十一条、第七十二条第三款、第七十三条第二款、第六十四条、第五十二条、第五十三条之规定，判决主要内容如下：

一、被告人高某犯串通投标罪，判处有期徒刑一年，宣告缓刑一年零六个月，并处罚金人民币五万元；

二、被告人杨某犯串通投标罪，判处有期徒刑六个月，并处罚金人民币二万四千元；

三、被告人彭某犯串通投标罪，单处罚金一万元；

四、对被告人高某的犯罪所得继续予以追缴；

五、扣押在案的被告人杨某犯罪所得三万二千元依法予以没收；

六、扣押在案的江西洪洲园林工程有限公司非法所得四万八千元，以及江西丰和园林建设有限公司、江西一洲市政园林建设有限公司、江西省斐然天成景观工程有限公司、江西省新绿地园林实业公司、江西省欣达市政园林有限公司、江西景态园林艺术有限公司、江西绿佳市政园林有限公司各自的非法所得六千元依法均予以没收。

上述罚金限本判决生效后十日内缴纳至铜官山区法院。

如不服本判决，可在接到判决书的第二日起十日内，通过铜官山区法院或者直接向安徽省铜陵市中级人民法院提出上诉。

五、本案属于典型的串通投标违法行为

《中华人民共和国招标投标法》第三十二条第一款规定："投标人不得相互串通投标报价，不得排挤其他投标人的公平竞争，损害招标人或者其他投标人的合法权益。"而对于何为串通投标报价，《中华人民共和国招标投标法实施条例》第三十九条、第四十条和第四十一条等作出了细化的规定。

而在本案中，被告人高某借用江西丰和园林建设有限公司、江西一洲市政园林建设有限公司、江西省斐然天成景观工程有限公司、江西省新绿地园林实业公司、江西省欣达市政园林有限公司、江西景态园林艺术有限公司、江西绿佳市政园林有限公司以及洪洲园林公司等 8 家公司的资质，并由被告人高某一人制定 8

份商务标书（价格标书）分别交给包括彭某在内的8家公司投标代表，由其各自加盖公司印章后自行向铜陵市公共资源交易中心提交。高某还安排好来铜陵市投标代表的住宿，并召集他们一起在饭店吃饭。其行为属于《中华人民共和国招标投标法实施条例》第四十条规定的视为投标人相互串通投标的行为，其具体规定为："有下列情形之一的，视为投标人相互串通投标：（一）不同投标人的投标文件由同一单位或者个人编制；……"因为投标文件中的核心部分包含了标书。

因此，对于不同投标人的投标文件由同一单位或者个人编制，即使分别由不同单位自行盖章投标，仍构成串通投标罪，参与投标的投标人，对此不可不察。

第三编　开标评标中标类重点法律实务

重点二十三：评标复核论
——以某电梯采购及安装项目评标复核为例

一、引言：从一个案例说起

2015 年 6 月 22 日，招标人甲公司委托乙招标代理机构在某市公共资源交易中心网站和该省指定的招标公告发布网站上发布了《某工业园标准厂房一期电梯采购及安装招标公告》（以下简称《招标公告》），招标范围为：电梯采购共 44 台。其中，客梯 12 台，速度 1.75 米 / 秒；担架电梯 5 台，速度 1.75 米 / 秒；消防电梯 2 台，速度 1.75 米 / 秒；消防电梯兼无障碍电梯 6 台，速度 1.75 米 / 秒；客梯兼消防兼无障碍电梯 17 台，速度 1.75 米 / 秒；餐梯 2 台，速度 0.4 米 / 秒，包括采购及安装。投标人资格要求为：1. 项目要求申请人具备独立法人资格，具有履行合同所必需的能力，且营业执照中的经营范围有相关内容，近 3 年企业类似业绩 5 个，并在人员、设备、资金等方面具备相应的能力。2. 项目负责人资格及业绩要求：项目负责人须具备机电工程专业二级及以上注册建造师资格，近 3 年项目负责人完成类似业绩 3 个。3. 本次招标不接受联合体投标。4. 本项目实施资格后审。

《招标公告》发布后，按照《招标公告》规定的时间，乙招标代理机构接收了丙公司等投标人的投标文件，在《招标公告》规定的开标时间开标后，经依法随机抽取的评标专家组成的评标委员会评标且评标委员会出具了评标报告和推荐中标候选人，招标人甲公司确认了评标报告及中标候选人，中标候选人经公示期满无异议后，招标代理机构向第一中标候选人丙公司发出了中标通知书，在甲公司与中标人丙公司准备签订合同的时候，甲公司发现丙公司成立时间仅 1 年，类似项目仅有 1 个，于是甲公司向招投标行政监督管理机关提出申请，要求由评标委员会对中标人丙公司的投标予以复核，以期取消丙公司中标人资格，重新招标。争议由此而起，即发出中标通知书后招标人可否申请评标委员会对中标人复核？有无法律依据，以及有无合理性？

二、无法可依：法律并未对评标复核予以规定

（一）复核在法律中无明确规定

不管是针对工程建设项目的《中华人民共和国招标投标法》《中华人民共和国招标投标法实施条例》，还是针对使用财政性资金的政府采购项目的《中华人民共和国政府采购法》《中华人民共和国政府采购法实施条例》，均未对评标复核予以规定，即“无法可依”。

（二）“重新评审”或“重新评标”并非“复核”

虽然如下法律法规规定了“重新评审”或“重新评标”，但“重新评审”或“重新评标”并不等同于“复核”：

一是对“重新评标”的规定有：1.《中华人民共和国招标投标法实施条例》第八十一条规定：“依法必须进行招标的项目的招标投标活动违反招标投标法和本条例的规定，对中标结果造成实质性影响，且不能采取补救措施予以纠正的，招标、投标、中标无效，应当依法重新招标或者评标。”2.《机电产品国际招标投标实施办法（试行）》（中华人民共和国商务部令 2014 年第 1 号，自 2014 年 4 月 1 日起施行）第六十七条第四款规定：“使用国外贷款、援助资金的项目，招标人或招标机构应当自收到评标委员会提交的书面评标报告之日起 3 日内向资金提供方报送评标报告，并自获其出具不反对意见之日起 3 日内在招标网上进行评标结果公示。资金提供方对评标报告有反对意见的，招标人或招标机构应当及时将资金提供方的意见报相应的主管部门，并依照本办法重新招标或者重新评标。”3.《机电产品国际招标投标实施办法（试行）》第一百零八条第二款中明确规定：“重新评标应当由招标人依照本办法组建新的评标委员会负责。前一次参与评标的专家不得参与重新招标或者重新评标。依法必须进行招标的项目，重新评标的结果应当依照本办法进行公示。”

二是对“重新评审”的规定有：1.《中华人民共和国招标投标法实施条例》第七十条规定：“依法必须进行招标的项目的招标人不按照规定组建评标委员会，或

者确定、更换评标委员会成员违反招标投标法和本条例规定的，由有关行政监督部门责令改正，可以处10万元以下的罚款，对单位直接负责的主管人员和其他直接责任人员依法给予处分；违法确定或者更换的评标委员会成员作出的评审结论无效，依法重新进行评审。国家工作人员以任何方式非法干涉选取评标委员会成员的，依照本条例第八十条的规定追究法律责任。”2.《中华人民共和国招标投标法实施条例》第四十八条第三款规定：“评标过程中，评标委员会成员有回避事由、擅离职守或者因健康等原因不能继续评标的，应当及时更换。被更换的评标委员会成员作出的评审结论无效，由更换后的评标委员会成员重新进行评审。”

根据前述规定，可以清晰看出，“重新评审”或“重新评标”，均非也不等同于“复核”。

三、有理可循：评标复核的合理性与必要性

既然评标复核无法可依，那么，从合理性或者必要性上，是否可以说得通呢？

（一）评标复核的合理性

评标专家虽然是专家，但也是人，也具有人所具有的局限性，对其评标的结果予以复核，有其合理性。如下部分政策文件的规定可以佐证：

一是自2003年5月1日起施行的《公路工程施工招标评标委员会工作细则》第十八条规定：“对算术性修正结果，评标委员会应通过招标人向投标人进行书面澄清。投标人对修正结果进行书面确认的，其投标文件可参加详细评审。投标人对修正结果存有不同意见或未做书面确认的，评标委员会应重新复核算术性修正结果。如果确认算术性修正无误，应对该投标文件作废标处理；如果发现算术性修正存在差错，应作出及时调整并重新进行书面澄清。”

二是于2012年6月11日发布的财政部《关于进一步规范政府采购评审工作有关问题的通知》（财库〔2012〕69号）规定：“采购人、采购代理机构要依法细化评审工作程序，组建评审委员会，并按规定程序组织评审。要核实评审委员会成员身份，告知回避要求，宣布评审工作纪律和程序，介绍政府采购相关政策法规；要根据评审委员会的要求解释采购文件，组织供应商澄清；要对评审数据进行校对、核对，对畸高、畸低的重大差异评分可以提示评审委员会复核或书面说明理由；要对评审专家的专业技术水平、职业道德素质和评审工作等情况进行评价，并向财政部门反馈……评审委员会如需要供应商对投标或响应文件有关事项

作出澄清的，应当给予供应商必要的反馈时间，但澄清事项不得超出投标或响应文件的范围，不得实质性改变投标或响应文件的内容，不得通过澄清等方式对供应商实行差别对待。评审委员会要对评分汇总情况进行复核，特别是对排名第一的、报价最低的、投标或相应文件被认定为无效的情形进行重点复核，并根据评审结果推荐中标或成交候选供应商，或者根据采购人委托协议规定直接确定中标或成交供应商，起草并签署评审报告。评审委员会要在采购项目招标失败时，出具招标文件是否存在不合理条款的论证意见，要协助采购人、采购代理机构、财政部门答复质疑或处理投诉事项。”

（二）评标复核的必要性

一是评标专家的责任心导致有复核的必要。恰如《政府采购信息报》记者万玉涛在《解读招标文件复核评标结果——江苏省政府采购中心对症下药，创新“自选动作”，有效避免供应商投诉》一文中报道[①]：“‘评标过程中，我们把话语权和决定权都交给了评委，评审工作的质量决定政府采购的质量。如果评委的错误得不到及时纠正，政府采购的质量势必会受到影响。’顾岳良透露，在评标过程中，一些专家在资格审查，包括技术参数的评定，甚至在具体的打分环节都很马虎。这直接导致了一些原本并不复杂的项目在评审环节出现问题并导致质疑。针对专家评审过程中不时出现失误的情况，江苏省政府采购中心采取了‘由项目经办人对评标委员会的评审结果进行现场复核’的措施。‘有些专家打了几十项分，打到最后都糊涂了，经常会出现专家汇总分数时加减错误的情况，还有就是打分明显不符合招标文件规定的情况，当然有些专家不是故意要这样做。’顾岳良如是说。顾岳良表示，现场复审不是为了推翻评标委员会的评审结果，而是实事求是地还原本来的评审结果。‘一旦出现重大失误，我们就会提醒专家重新进行评审。比如说自主创新可以加分，供应商有自主创新的内容却没得到加分，而无自主创新内容的供应商却得到了加分，那我们一旦在复核时发现类似情况，就会提醒评委重新评审。’‘专家评审就应当是专家说了算，但是当他说了错话、做了错事的时候，我们就应当在第一时间纠正，这是对供应商负责，也是对采购人负责。’顾岳良如是说。”

二是评标专家的权限太大导致有复核的必要。恰如《政府采购信息报》刊登

---

① 万玉涛:《解读招标文件复核评标结果——江苏省政府采购中心对症下药，创新“自选动作”，有效避免供应商投诉》，政府采购信息报，2009 年 10 月 12 日第 3 版。

的《青海省政府采购服务中心代理金保工程设备采购成立复核小组避免评标失误》一文中所说[①]："青海省政府采购服务中心的一个独特的做法——成立复核小组，复核专家的评标结果。'你看这项，最高分值是2分，怎么这位专家打到了4分呢？'在复核现场，复核小组的工作人员果然发现了专家评分过程中的失误。史生德告诉记者，在以前评标的过程中，他们曾经发现过一些专家打分时出现了错误或者失误，为了使政府采购评标工作能够进行得公开、公平、公正，防止专家的权限过大，他们在大项目中都设立复核组，对专家的打分情况进行复核。复核小组的成员由青海省政府采购管理办公室、青海省纪律检查委员会和青海省政府采购服务中心三方代表组成，他们在专家打分评审以后对打分情况进行复核。这种做法实行的时间虽然不长，但避免了评标工程中的不少失误：在大型项目中，复核组已经发现了4次错误，而在小项目中发现的错误更多。'这种做法我很赞同，我们也很乐于有复核小组对评标专家的结果进行复核，这样能给我们一个更加公正的结果。'在问及对此做法的看法时，一供应商坦言。"

三是财政部以在其官网刊登了评标复核案例的方式表达了对此种方式的态度。财政部以《评标结果复核更正公示发布登记表》[②]为题在其官网报道："鹤庆县发改局于2014年10月19日组织评标委员会对原评审结果进行复核，依据招标文件P48—49评标办法需要补充的其他内容：本次评标采用合理低价法。投标人按得分（保留两位小数）由高到低顺序排列，综合评分相等的，以投标报价低的优先，经评标委员会对原评标结果进行复核，原排序有误，现予以更正：推荐中标候选人为云南坤源建设工程有限公司，备选第一中标候选人曲靖市四海公路工程有限责任公司，备选第二中标候选人云南翌程道路桥梁工程有限公司。"

四、乱象丛生：亟须规范评标复核各项程序

（一）谁有权提出对评标予以复核

从前文所述可以看出，五花八门，在实践中，也有各种现象，恰如本文开篇

---

① 聂蕊：《青海省政府采购服务中心代理金保工程设备采购成立复核小组避免评标失误》，政府采购信息报，2007年9月7日第3版。

② 评标结果复核更正公示发布登记表［EB/OL］. http://www.mot.gov.cn/pub/mot/xinxi/difangbiaoxun/difanggengzhenggonggao/201410/t20141020_1152905.html，2014-10-20/2016-01-19。

的案例，是由招标人提出对评标予以复核。那么，究竟是由招标人提出对评标予以复核好呢，还是由投标人、投诉人、行政监督机关或者评标委员会自身提出对评标予以复核好呢？如下两部地方性法规、政策有不同的规定：

一是自2009年1月1日起施行的《重庆市招标投标条例》第三十六条第三款规定由“招标人或有关行政部门”提出复核。

二是自2012年11月起施行的《成都市发改委关于印发〈成都市政府投资项目评标复核暂行办法〉的通知》（成发改项目〔2012〕1197号）第五条规定由“投诉申请人”提出复核。具体规定为：“投诉申请人提出复核申请时，申请报告应当包含以下内容：（一）申请人的名称、地址及有效联系方式；（二）申请复核项目（标段）的基本情况；（三）申请进行复核的事实依据；（四）相关请求及主张；（五）其他需要提供的材料。申请报告必须由申请人加盖公章并由其法定代表人或者授权委托人签字或盖章。”

笔者认为，因我国实行“评定分离”的招投标制度，招标人没有评标的权利，评标的权利只能由评标委员会行使，招标人只有定标的权利，为了防范临时组建的评标委员会的评标对招标人构成重大不利，招标人应可以提出对评标予以复核。另，因投标人属于招投标活动中的重大利害关系人，尤其是未中标人或被否决投标的投标人，其对评标委员会的评标关注度更高，投标人也应该可以作为申请人，提出对评标予以复核。但是，作为行政主管机关，在招标人或投标人均未申请提出复核的情形下，笔者建议不应该由行政主管机关主动提出复核申请，但行政主管机关可以作为决定是否允许复核的“裁判员”而非提出申请复核的“运动员”。

（二）在什么情况下有权提出复核

在时间、精力、效力、成本、诚信等面前，不允许随意启动复核程序，否则是对严肃的招投标程序的一种“不严肃”。但是，对于因何事可以提出复核，也不一致，如：

一是《重庆市招标投标条例》第三十六条第三款规定“招标人或有关行政部门对异议或投诉事项查实需要复核的，应当由原评标委员会复核”。仅原则性的规定对异议或投诉事项查实后认为需要复核的，才复核。

二是《成都市发改委关于印发〈成都市政府投资项目评标复核暂行办法〉的通知》第四条规定：“行政主管部门依法受理投诉后，有下列情形之一的，经发改部门同意可以申请开展评标复核工作：（一）评标结果中出现一般性计算错误、文字错误；（二）评标结果出现客观标准判断错误；（三）行政主管部门认为有必要复核的；（四）招标人认为中标候选人的经营、财务状况发生较大变化或者存在违法行为，可能影响其履约能力的，在发出中标通知书前要求由原评标委员会按照招标文件规定的标准和方法进行审查确认的；（五）需要复核的其他情形。”

笔者认为，针对评标的复核，只要认为并提出证据表明评标委员会没有依法严格按照招标文件载明的评标标准和评标方法对所有投标人的投标文件予以客观、公正的评标，或者评标委员会成员在该项目中有违法行为时，即可申请复核。比如本文开篇的案例，是因为评标委员会没有按照招标公告（招标文件的组成部分）中规定的资格条件对丙公司进行严格评审，才导致本不应该通过资格审查的丙公司居然成为中标候选人。

（三）在什么时间之前有权提出复核

本文开篇的案例，是在中标通知书都已经发出之后，签订合同之前，招标人甲公司才提出复核。那么，在此种时间节点上，是否可以提出复核呢？

笔者认为，在发出中标通知书后，作为承诺性质的中标通知书已经形成了招标人与中标人之间的合同的成立，此合同已为预约性质的合同，在中标通知书发出后，不应该再对原评标予以复核。同时，《中华人民共和国招标投标法实施条例》第五十六条也规定：“中标候选人的经营、财务状况发生较大变化或者存在违法行为，招标人认为可能影响其履约能力的，应当在发出中标通知书前由原评标委员会按照招标文件规定的标准和方法审查确认。”

因此，如果要对评标予以复核，应该是在中标候选人公示期间（政府采购例外，因政府采购并无法定的中标候选人公示环节）。在此期间，不管是对于招标人来说，还是对于投标人来说，均知道评标的结果，也可以及时提出，而不应该待中标通知书发出后再提出。

五、结语：寄希望于评标复核有法可依

除了前文所述的谁有权提出对评标予以复核、在什么原因下有权提出复核、在什么时间之前有权提出复核等亟须规范之外，还需对复核与“重新评标”“重新评审”“重新确定中标人”等已有的法律概念予以厘清，以及还需要对复核的时间、复核后的结果是否还可以要求再复核、复核结果由谁确定等予以规范。在复核具有合理性与必要性的前提下，我们寄希望于未来评标复核有法可依。

重点二十四：明显缺乏竞争否决全部投标论

近日，在给某市公共资源交易中心作招标投标法律实务讲座时，听众提出一个很好的问题："在某工程项目招标活动中，投标报名和开标时递交投标文件的投标单位有5家，且开标环节一切正常转入评标阶段。在评标过程中，评标专家一致认为有3家投标单位投标文件不符合招标文件要求，予以废标，在剩下2家投标单位的情况下，评标委员会是否可以继续评审并推荐中标候选人？以及如何判断本次招标投标是否具备'竞争性'的问题，以及在什么情况下具备'竞争性'，什么情况下不具备'竞争性'？"

一、梳理：明显缺乏竞争否决全部投标的法规规定

一是《评标委员会和评标方法暂行规定》第二十七条第一款规定："评标委员会根据本规定第二十条、第二十一条、第二十二条、第二十三条、第二十五条的规定否决不合格投标后，因有效投标不足三个使得投标明显缺乏竞争的，评标委员会可以否决全部投标。"

二是《工程建设项目勘察设计招标投标办法》第四十八条规定："在下列情况下，招标人应当依照本办法重新招标：……；（四）评标委员会否决不合格投标或者界定为废标后，因有效投标不足三个使得投标明显缺乏竞争，评标委员会决定否决全部投标的；……"

三是《工程建设项目货物招标投标办法》第四十一条第三款规定："依法必须招标的项目评标委员会否决所有投标的，或者评标委员会否决一部分投标后其他有效投标不足三个使得投标明显缺乏竞争，决定否决全部投标的，招标人在分析招标失败的原因并采取相应措施后，应当重新招标。"

四是《水运工程建设项目招标投标管理办法》第五十条规定："评标委员会经评审，认为所有投标都不符合招标文件要求的，或者否决不合格投标后，因有效投标不足3个使得投标明显缺乏竞争的，可以否决全部投标。所有投标被否决的，

招标人应当依法重新招标。”

五是《通信工程建设项目招标投标管理办法》第三十四条第二款规定：“部分投标人在开标后撤销投标文件或者部分投标人被否决投标后，有效投标不足3个且明显缺乏竞争的，评标委员会应当否决全部投标。有效投标不足3个，评标委员会未否决全部投标的，应当在评标报告中说明理由。”

六是《建筑工程方案设计招标投标管理办法》第三十二条规定：“有下列情形之一的，招标人应当依法重新招标：……；（二）评标委员会界定为不合格标或废标后，因有效投标人不足3个使得投标明显缺乏竞争，评标委员会决定否决全部投标的；……”

值得注意的是，作为招标投标法律体系里享有至高地位的《中华人民共和国招标投标法》和《中华人民共和国招标投标法实施条例》并未对此予以明确的规定。

另外，前述规章和规范性文件均规定为“否决投标”，而不是“废标”。自2013年5月1日起《关于废止和修改部分招标投标规章和规范性文件的决定》施行后，在招标投标领域里，不再存在“废标”一词。但“废标”一词在政府采购领域里仍然适用，并具有与“否决投标”并不完全一致的含义，但限于本文主题和篇幅，关于“否决投标”与“废标”的区分，暂且不表，各位可看相关法规规定和文献讨论。

二、时间：是开标后有效投标不足3个

对此特别需要注意，开标前投标人少于3个和开标后有效投标少于3个，其法律后果有重大的区别。开标前投标人少于3个的，不得开标，且须重新招标，具体法律规定包括但不限于如下：

一是《中华人民共和国招标投标法》第二十八条规定：“投标人应当在招标文件要求提交投标文件的截止时间前，将投标文件送达投标地点。招标人收到投标文件后，应当签收保存，不得开启。投标人少于三个的，招标人应当依照本法重新招标。”

二是《中华人民共和国招标投标法实施条例》第四十四条第二款明确规定：“投标人少于3个的，不得开标；招标人应当重新招标。”

三是《通信工程建设项目招标投标管理办法》第二十七条第一款规定：“通信

工程建设项目投标人少于3个的，不得开标，招标人在分析招标失败的原因并采取相应措施后，应当依法重新招标。划分标段的通信工程建设项目某一标段的投标人少于3个的，该标段不得开标，招标人在分析招标失败的原因并采取相应措施后，应当依法对该标段重新招标。”

四是《机电产品国际招标投标实施办法（试行）》第二十七条规定：“招标公告规定未领购招标文件不得参加投标的，招标文件发售期截止后，购买招标文件的潜在投标人少于3个的，招标人可以依照本办法重新招标。重新招标后潜在投标人或投标人仍少于3个的，可以依照本办法第四十六条第二款有关规定执行。”

五是《工程建设项目勘察设计招标投标办法》第四十八条规定：“在下列情况下，招标人应当依照本办法重新招标：……；（二）在投标截止时间前提交投标文件的投标人少于三个的；……”

因此，对于明显缺乏竞争否决全部投标，不是指开标前投标人少于3个，而是指开标后有效投标少于3个。

三、审慎：不能简单认为有效投标少于3个就一定明显缺乏竞争

一是不能唯数量论只关注“有效投标少于3个”。在评标委员会评标的过程中，有时候确实出现部分评标专家简单、粗暴地以有效投标少于3个直接否决所有投标。有效投标少于3个是评标委员会否决所有投标的一个必要条件，但却不是一个充分条件。对此，前文梳理的相关法规均规定为有效投标不足3个使得投标明显缺乏竞争。有效投标不足3个仅仅只是一个必要条件，而不是一个充分条件。评标委员会在评标时，不能仅仅唯数量论，只要看到有效投标少于3个的，就直接否决所有投标，这是对投标人和招标人的不负责任的态度和行为。

二是不能“选择性失明”，只关注“缺乏竞争”而不关注“明显”两字。对于竞争，在极端具有竞争性和没有竞争性之间，还存在有一定的竞争性和缺乏竞争性（没有一定的竞争性）、明确缺乏竞争性（明显没有一定的竞争性）等中间地带。评标委员会也不能简单地认为不足3家有效投标的投标人之间“缺乏竞争”而否决所有投标，除非此种“缺乏竞争”是“明显”的。那么，何为“明显”，以及如何判断是否“明显”？下文将予以分析。

另外，笔者认为，“有效投标不足3个使得投标明显缺乏竞争”的规定，并不完善。导致投标明显缺乏竞争的原因，并不完全是有效投标不足3个，有时候

即使有效投标只有 1 个，但该有效投标仍然具有竞争性；有时候即使有效投标超过或等于 3 个，但这些投标之间并不一定就具有竞争性。

因此，不能简单认为有效投标少于 3 个就一定明显缺乏竞争，也不能简单认为有效投标超过或等于 3 个就一定具有竞争！

四、参照：内外多方多种因素综合对比判定竞争性

一是对内。看少于 3 个有效投标的投标人之间是否具有竞争性。即将投标人与投标人进行对比，看相互之间是否具有竞争性。根据有效投标是 2 个还是 1 个，对比的方式有一定的区别。如果有效投标是 2 个的，有两种比较方式：第一种比较方式是将有效投标人之间的投标进行比较，第二种比较方式是与其他无效投标人的投标（为比较方便而假设其有效投标）进行比较。如果有效投标是 1 个的，对于对内的方式来说，即只有一种比较方式，即与其他无效投标人的投标进行比较。

二是对外。看少于 3 个有效投标的投标人与未参加投标的其他公司以往类似项目的比较，或者与社会平均水平的比较。此种比较方式，是将参照物设定为有效投标人之外，眼界更宽阔，也更能全面地体现出即使在只有 1 个有效投标的情况下，该投标仍然是具有竞争性的，或者即使在超过或等于 3 个有效投标的情况下，该等投标仍然是不具有竞争性的。

三是价格。看价格有两种方式：第一种方式是看标底，当然，虽然《中华人民共和国招标投标法实施条例》第五十条规定："招标项目设有标底的，招标人应当在开标时公布。标底只能作为评标的参考，不得以投标报价是否接近标底作为中标条件，也不得以投标报价超过标底上下浮动范围作为否决投标的条件。"但是，同时根据《中华人民共和国招标投标法》第四十条第一款规定："评标委员会应当按照招标文件确定的评标标准和方法，对投标文件进行评审和比较；设有标底的，应当参考标底。评标委员会完成评标后，应当向招标人提出书面评标报告，并推荐合格的中标候选人。"标底对于判断投标价格的竞争性，具有重大的参考作用。第二种方式是看最高投标限价（拦标价），当然，对于高于最高投标限价的投标价，肯定不具有竞争性，根据《中华人民共和国招标投标法实施条例》第五十一条的规定："有下列情形之一的，评标委员会应当否决其投标：……；（五）投标报价低于成本或者高于招标文件设定的最高投标限价；……"虽然没有高于

最高投标限价但低于成本的报价，仍不具有竞争性，而是具有恶意竞争性（不正当竞争性）。

四是商务条件。主要指针对投标人的资质、注册资本、净资产、近3年财务状况、业绩等。如《中华人民共和国标准施工招标文件（2007年版）》第二章“投标人须知”投标人须知前附表第1.4.1条规定：“投标人资质条件、能力和信誉，资质条件:________；财务要求:________；业绩要求:_______；信誉要求:________；项目经理（建造师，下同）资格:________；其他要求:________。”以及第3.5.2条的规定：“近年财务状况的年份要求_______年。”第3.5.3条规定：“近年完成的类似项目的年份要求_______年。”第3.5.5条规定：“近年发生的诉讼及仲裁情况的年份要求_______年。”此类商务条件，也是评判一家投标人是否具有竞争性以及竞争性强弱的标准。试想，如果两家投标人的投标报价之间的竞争性不是很明显，但两家投标人之间的商务条件在业绩、财务状况、信誉等方面有较大区别，两家投标人之间的竞争性即体现出来了。

五是技术条件。主要针对投标人对招标项目实施的方案编制、应对措施、管理体系、人员搭配等。如《中华人民共和国标准施工招标文件（2007年版）》第三章“评标办法（综合评估法）”评标办法前附表第2.2.4（1）条规定:“施工组织设计评分标准:内容完整性和编制水平________；施工方案与技术措施________；质量管理体系与措施________；安全管理体系与措施________；环境保护管理体系与措施________；工程进度计划与措施________；资源配备计划________；……”以及第2.2.4（2）条规定:“项目管理机构评分标准:项目经理任职资格与业绩________；技术负责人任职资格与业绩________；其他主要人员________；……”如果两家投标人之间的价格和商务条件竞争性不明显，但是在技术条件上，不怕不识货，就怕货比货，也能综合评判两家投标单位之间是否具有竞争性以及竞争性的强弱。

六是其他。如看采取的评标办法是《中华人民共和国招标投标法》第四十一条第（一）项还是第（二）项的规定，即“中标人的投标应当符合下列条件之一:（一）能够最大限度地满足招标文件中规定的各项综合评价标准；（二）能够满足招标文件的实质性要求，并且经评审的投标价格最低；但是投标价格低于成本的除外”。如果是第（二）项，则评判竞争性有无以及强弱的标准，主要看投标报价；如果是第（一）项，则不仅需要看投标报价，还需要综合评判。另外，可以根据招标项目的具体特点来评判，如果招标项目为特大或大型的工程建设项目，因其技术复杂、难度大、专业项目多，起关键性和主导型的因素，可能是技术保障而非价格，对于此类项目，就需要考虑技术条件和商务条件的比较。如果仅仅只是一般的中小型工程建设项目或通用、常见的工程建设项目，技术难度较低，可能更多考虑的就是投标报价了。

五、结语

因法律法规未对何为“明显缺乏竞争”进行界定，在实务工作中难免让人们“无所适从”，但主要无所适从的，还是评标委员会，因为判断是否“明显缺乏竞争”的有权主体，是评标委员会，招标人、投标人、行政监督管理机关均无权以投标“明显缺乏竞争”而否决其投标，评标和否决投标的法定权利在评标委员会。只不过，评标委员会在适用“有效投标不足 3 个使得投标明显缺乏竞争”时，须审慎注意，不是指开标前投标少于 3 个，也不是指只要开标后有效投标少于 3 个就可以以“明显缺乏竞争”否决所有投标，而应该从多方面、多角度，根据招标项目的具体特点、招标文件和投标文件的内容，综合评判其投标是否“明显缺乏竞争”以及是否属于恶意竞争或不正当竞争。总之，恰当判断是否“明显缺乏竞争”，需要评标委员会的专业智慧、丰富经验和知识，否则，难以名副其实为“评标专家”。当然，本文的探讨和分析，也只是一个很初步、很浅显，且不一定正确的个人意见，还请各位方家指正为感。

重点二十五：中标后招标人清标或复核的合法性分析

——以某施工招标项目为例

一、引言：一个实例

2015 年 7 月 31 日，某依法必须进行招标的施工招标项目采取工程量清单招标方式在 G 省公共资源交易中心开标，由招标人 XY 依法组建的评标委员会评标后，推荐了 3 名中标候选人，并于 2015 年 8 月 3 日对中标候选人进行了公示，中标候选人公示期间无质疑、异议、投诉等，招标人 XY 于 2015 年 8 月 17 日向第一中标候选人 GL 工程有限公司发出了《中标通知书》,《中标通知书》同时由招标代理机构和招投标行政监督管理部门签字、盖章,《中标通知书》显示中标价为7322.725028万元，该中标价即第一中标候选人GL工程有限公司的投标报价。

2015 年 8 月 21 日，中标人 GL 工程有限公司按照招标人 XY 发布的《某施工招标项目招标文件》的规定，向招标人 XY 缴纳了中标价 10% 的履约保证金，即现金人民币 732.272503 万元。中标人 GL 工程有限公司向招标人 XY 缴纳了履约保证金后，在签订《某施工招标项目建设工程施工合同》时，招标人 XY 提出要对中标人 GL 工程有限公司的中标价进行复核或清标，认为中标人 GL 工程有限公司存在不平衡报价，须调低中标人 GL 工程有限公司的签约合同价，否则不予签订施工合同。

招标人 XY 提出复核或清标的依据为其自行委托招标代理机构编制的《某施工招标项目招标文件》第二章“投标人须知前附表”第 10.13.9 项第一段的规定：“不平衡报价：中标单位确定后，在签订施工合同之前，招标人将对中标单位工程量清单的综合单价进行复核，当出现某分项工程中某项目的综合单价高于拦标价对应子项综合单价 10% 以上（含 10%）的，按拦标价对应子项综合单价执行。当出现某分项工程中某项目的综合单价低于拦标价对应子项综合单价 10% 以上（含 10%）的，按中标单位的投标价格对应子项综合单价执行。”

中标人 GL 工程有限公司对于招标人 XY 提出复核或清标的要求，不予认同。争议或分歧由此产生。那么，招标人 XY 提出复核或清标的要求是否合法呢?

二、签订施工合同所依据的招标文件必须由招标人依法编制

（一）招标文件是中标后签订施工合同的依据之一而非全部

招标人 XY 提出依据其自行委托招标代理机构编制的《某施工招标项目招标文件》第二章“投标人须知前附表”第 10.13.9 项第一段的规定进行复核或清标，并根据复核或清标的结果与中标人 GL 工程有限公司签订《某施工招标项目建设工程施工合同》。根据《中华人民共和国招标投标法》第四十六条的规定：“招标人和中标人应当自中标通知书发出之日起三十日内，按照招标文件和中标人的投标文件订立书面合同。招标人和中标人不得再行订立背离合同实质性内容的其他协议。招标文件要求中标人提交履约保证金的，中标人应当提交。”招标人 XY 提出根据

其《某施工招标项目招标文件》的规定签订合同，属于其法定权利，不应予以剥夺。

但是，我们须同时看到，招标文件的规定仅为签订施工合同的依据之一，中标人的投标文件也是签订施工合同的依据。另外，下文将详细分析，只有依法编制的招标文件才是签订施工合同的依据。如果招标文件非法编制，依据一个非法编制的招标文件签订的施工合同，施工合同的法律效力将是一个非常重大的问题。

（二）招标文件应由招标人依法编制而非非法编制

一是招标人如果自身具备编制招标文件的能力，可以自行编制；如果不具备编制招标文件的能力，将专业的事情交由专业的人员实施，可委托招标代理机构编制。在本案例中，招标人 XY 即委托了招标代理机构代为其编制《某施工招标项目招标文件》。当然，因招标人与招标代理机构之间的民事委托代理关系，招标代理机构编制的招标文件对外的法律后果和责任由招标人承担，至于招标人和招标代理机构之间因代理招标项目所实施的相应行为的后果，由招标人和招标代理机构之间自行协商处理。

二是依法必须进行招标的项目，其招标文件的编制必须使用国务院发展改革部门会同有关行政监督部门制定的标准文本。具体法律依据详见《中华人民共和国招标投标法实施条例》第十五条的规定："公开招标的项目，应当依照招标投标法和本条例的规定发布招标公告、编制招标文件……编制依法必须进行招标的项目的资格预审文件和招标文件，应当使用国务院发展改革部门会同有关行政监督部门制定的标准文本。"但是，招标人 XY 委托的招标代理机构代为其编制《某施工招标项目招标文件》，并未采用国务院发展改革部门会同有关行政监督部门制定的标准文本，如《中华人民共和国标准施工招标文件》（2007 年版）、《中华人民共和国标准施工招标资格预审文件》（2007 年版）、《中华人民共和国简明标准施工招标文件》（2012 年版）、《中华人民共和国标准设计施工总承包招标文件》（2012 年版）等，也未采用住房和城乡建设部发布的《房屋建筑和市政工程标准施工招标资格预审文件》（2010 年版）、《房屋建筑和市政工程标准施工招标文件》（2010 年版），也未采用工程所在地地方性的《G 省房屋建筑和市政工程施工项目标准施工招标资格预审文件》（2013 年版）、《G 省房屋建筑和市政工程施工项目标准施工招标文件》（2013 年版）、《G 省房屋建筑和市政工程施工项目简明标准施工招标文件》（2013 年版）等，而是由招标代理机构自行随意编制。

因此，招标人 XY 委托的招标代理机构代为其编制的《某施工招标项目招标文件》，因非法编制，如将非法编制的招标文件作为签订施工合同的依据，签订后的施工合同，其合法性也会存在非常重大的问题。

三、中标后由招标人清标或复核均无法律依据

（一）“清标”在法律、行政法规和工程所在地地方性法规中均无依据

招标人 XY 提出清标，但清标无法律依据。

一是作为法律的《中华人民共和国招标投标法》，全文并未规定清标，清标于法无据。

二是作为行政法规的《中华人民共和国招标投标法实施条例》，全文并未规定清标，清标于法无据。

三是作为国务院部委规章的《工程建设项目施工招标投标办法》，全文并未规定清标，清标于法无据。

四是作为工程所在地的地方性法规的《G 省招标投标条例》，全文并未规定清标，清标于法无据。

（二）中标后由招标人“复核”在法律、行政法规和工程所在地地方性法规中均无依据

不管是招标人 XY 提出清标还是如其委托的招标代理机构代为其编制《某施工招标项目招标文件》中的复核，均无法律依据。

一是作为法律的《中华人民共和国招标投标法》，全文并未规定中标后由招标人“复核”，复核于法无据。

二是作为行政法规的《中华人民共和国招标投标法实施条例》，全文并未规定中标后由招标人“复核”，复核于法无据。

三是作为国务院部委规章的《工程建设项目施工招标投标办法》，全文并未规定中标后由招标人“复核”，复核于法无据。

四是作为工程所在地的地方性法规的《G 省招标投标条例》，全文并未规定中标后由招标人“复核”，复核于法无据。

四、按国家政策的规定清标不应由招标人在中标后清标

第一，有权“清标”的主体，是评标委员会，或者评标委员会委托的由招标人专门成立的清标工作小组，招标人无权实施“清标”。

第二，“清标”必须在合理的时间内实施，即清标必须在评标的同时进行或者由清标工作小组在评标前进行，“清标”不可能在评标结束且中标通知书已经发出后进行。相应的具体规定详见《关于印发〈房屋建筑和市政工程标准施工招标资格预审文件〉和〈房屋建筑和市政工程标准施工招标文件〉的通知》（建市〔2010〕88号，中华人民共和国住房和城乡建设部于2010年发布）中《房屋建筑和市政工程标准施工招标文件》第三章“评标办法（综合评估法）”附件A：评标详细程序第A2.5款：对投标文件进行基础性数据分析和整理工作（清标）的规定如下：

在不改变投标人投标文件实质性内容的前提下，评标委员会应当对投标文件进行基础性数据分析和整理（本章中简称为清标），从而发现并提取其中可能存在的对招标范围理解的偏差、投标报价的算术性错误、错漏项、投标报价构成不合理、不平衡报价等存在明显异常的问题，并就这些问题整理形成清标成果。评标委员会对清标成果审议后，决定需要投标人进行书面澄清、说明或补正的问题，形成质疑问卷，向投标人发出问题澄清通知（包括质疑问卷）。

在不影响评标委员会成员的法定权利的前提下，评标委员会可委托由招标人专门成立的清标工作小组完成清标工作。在这种情况下，清标工作可以在评标工作开始之前完成，也可以与评标工作平行进行。清标工作小组成员应为具备相应执业资格的专业人员，且应当符合有关法律法规对评标专家的回避规定和要求，不得与任何投标人有利益、上下级等关系，不得代行依法应当由评标委员会及其成员行使的权利。清标成果应当经过评标委员会的审核确认，经过评标委员会审核确认的清标成果视同评标委员会的工作成果，并由评标委员会以书面方式追加对清标工作小组的授权，书面授权委托书必须由评标委员会全体成员签名。

投标人接到评标委员会发出的问题澄清通知后，应按评标委员会的要求提供书面澄清资料并按要求进行密封，在规定的时间递交到指定地点。投标人递交的书面澄清资料由评标委员会开启。

据此，招标人XY无权“清标”，且也无权在中标单位已经确定并向中标人GL工程有限公司发出中标通知书后“清标”。

五、拦标价（最高投标限价）及其对应子项综合单价拦标价均应在法定时间公开给所有投标人

第一，拦标价（含子项拦标价），法律术语为最高投标限价，必须公开给所

有投标人。

第二，拦标价（含子项拦标价）必须在招标文件中明确规定并随招标文件发售给所有的投标人。

第三，如果拦标价（含子项拦标价）没有包含在招标文件中，招标人必须在投标截止时间至少15日前公开发送给所有投标人。

第四，如果招标人需要修改、澄清拦标价（含子项拦标价）的，招标人必须在投标截止时间至少15日前公开发送给所有投标人。

第五，如果招标人采取总价拦标价和总价拦标价对应的子项综合单价拦标价的，总价拦标价和总价拦标价对应的子项综合单价拦标价均应最迟不晚于投标截止时间前15日公开发送给所有投标人。

具体法律依据如下：

一是《中华人民共和国招标投标法实施条例》第二十七条规定："招标人可以自行决定是否编制标底。一个招标项目只能有一个标底。标底必须保密。接受委托编制标底的中介机构不得参加受托编制标底项目的投标，也不得为该项目的投标人编制投标文件或者提供咨询。招标人设有最高投标限价的，应当在招标文件中明确最高投标限价或者最高投标限价的计算方法。招标人不得规定最低投标限价。"

二是《中华人民共和国招标投标法实施条例》第二十一条规定："招标人可以对已发出的资格预审文件或者招标文件进行必要的澄清或者修改。澄清或者修改的内容可能影响资格预审申请文件或者投标文件编制的，招标人应当在提交资格预审申请文件截止时间至少3日前，或者投标截止时间至少15日前，以书面形式通知所有获取资格预审文件或者招标文件的潜在投标人；不足3日或者15日的，招标人应当顺延提交资格预审申请文件或者投标文件的截止时间。"

但是，在本案例中，招标人XY仅公布了拦标价的总价为9727万元，并未公布拦标价总价的对应子项综合单价，现招标人XY根据一个并未依法公布的拦标价总价的对应子项综合单价，对中标人GL工程有限公司的投标报价进行所谓的复核，不合法，也不合理。

六、中标通知书发出后，招标人无权以"复核"或"清标"的方式改变中标结果

第一，招标投标不等于竞争性谈判或竞争性磋商，不允许招标人要求投标人

二次报价（备选方案除外），投标人也只能一次报价，报价唯一。但本案例中，招标人 XY 在《某施工招标项目招标文件》并未规定要求提交备选方案报价。

第二，中标人的中标价即投标报价，招标人无权以“复核”或“清标”的方式改变中标结果。

第三，招标人擅自改变中标结果的，将承担包括责令改正、罚款、赔偿损失、处分招标人相关人员等法律责任。

对此，具体法律依据详见《中华人民共和国招标投标法实施条例》第七十三条的规定：“依法必须进行招标的项目的招标人有下列情形之一的，由有关行政监督部门责令改正，可以处中标项目金额 10‰以下的罚款；给他人造成损失的，依法承担赔偿责任；对单位直接负责的主管人员和其他直接责任人员依法给予处分：（一）无正当理由不发出中标通知书；（二）不按照规定确定中标人；（三）中标通知书发出后无正当理由改变中标结果；（四）无正当理由不与中标人订立合同；（五）在订立合同时向中标人提出附加条件。”

因此，在招标人 XY 于 2015 年 8 月 17 日发出中标通知书后，若采取以“复核”或“清标”的方式，改变了中标结果，将违法，并承担相应的法律责任。如给中标人 GL 工程有限公司造成损失的，中标人 GL 工程有限公司可以依法要求招标人 XY 赔偿损失。

七、施工合同的价款必须与招标文件和中标人的投标文件的内容保持一致

如果招标人 XY 根据并未依法编制的《某施工招标项目招标文件》第二章“投标人须知前附表”第 10.13.9 项第一段的规定对中标人 GL 工程有限公司的中标价即投标报价进行复核或清标，改变了中标人 GL 工程有限公司的中标价并要求中标人 GL 工程有限公司按照改变的价格签订《某施工招标项目建设工程施工合同》的，将严重违反《中华人民共和国招标投标法实施条例》第五十七条的规定：“招标人和中标人应当依照招标投标法和本条例的规定签订书面合同，合同的标的、价款、质量、履行期限等主要条款应当与招标文件和中标人的投标文件的内容一致。招标人和中标人不得再行订立背离合同实质性内容的其他协议。招标人最迟应当在书面合同签订后 5 日内向中标人和未中标的投标人退还投标保证金及银行同期存款利息。”

因此，一旦招标人 XY 根据并未依法编制的《某施工招标项目招标文件》第二章“投标人须知前附表”第 10.13.9 项第一段的规定对中标人 GL 工程有限公司的中标价即投标报价进行“复核”或“清标”，即违法。

八、结语

此项争议案例的由来，在于招标人 XY 委托的招标代理机构并未依法编制招标文件，如果招标人委托的招标代理机构依法编制招标文件，而不是在招标文件中写上诸如“中标单位确定后，在签订施工合同之前，招标人将对中标单位工程量清单的综合单价进行复核”且又未依法公布复核的单价，此项争议在很大程度上，将避免发生。即使招标人要在招标文件中规定清标程序，也须按照住房和城乡建设部发布《关于印发〈房屋建筑和市政工程标准施工招标资格预审文件〉和〈房屋建筑和市政工程标准施工招标文件〉的通知》中的标准施工招标文件规定并执行。否则，争议将难免。

重点二十六：中标社会资本的子公司可否直接承包PPP 项目的建筑工程

一、引言

根据《中华人民共和国建筑法》第十九条的规定，建筑工程的发包，有且仅有两类，即招标发包与直接发包，其具体规定为：“建筑工程依法实行招标发包，对不适于招标发包的可以直接发包。”在 PPP 项目中，根据财政部《关于印发政府和社会资本合作模式操作指南（试行）的通知》（财金〔2014〕113 号）的规定，可以将 PPP 项目分为三大类，即新建类 PPP 项目、改扩建类 PPP 项目、存量类 PPP 项目，在前两类 PPP 项目中，均涉及建筑工程。而对于 PPP 项目中的建筑工程，可否由中标的社会资本直接承包呢？实践中有不同的做法。那么，这些做法妥当吗？

二、如果子公司不具备承包 PPP 项目建筑工程的相应法定资质，则不可

根据《中华人民共和国建筑法》第十三条的规定："从事建筑活动的建筑施工企业、勘察单位、设计单位和工程监理单位，按照其拥有的注册资本、专业技术人员、技术装备和已完成的建筑工程业绩等资质条件，划分为不同的资质等级，经资质审查合格，取得相应等级的资质证书后，方可在其资质等级许可的范围内从事建筑活动。"比如，建筑业企业资质分为施工总承包、专业承包和施工劳务三个序列。其中施工总承包序列设有 12 个类别，一般分为 4 个等级（特级、一级、二级、三级）；专业承包序列设有 36 个类别，一般分为 3 个等级（一级、二级、三级）；施工劳务序列不分类别和等级。

因此，如果中标社会资本的子公司，直接承包 PPP 项目的建筑工程，但并不具备承包该建筑工程的相应法定资质，则不妥，且违法，并将承担相应的违法后果，违法后果可见《中华人民共和国建筑法》第六十五条第二款和第三款的规定："超越本单位资质等级承揽工程的，责令停止违法行为，处以罚款，可以责令停业整顿，降低资质等级；情节严重的，吊销资质证书；有违法所得的，予以没收。未取得资质证书承揽工程的，予以取缔，并处罚款；有违法所得的，予以没收。"

三、如果该 PPP 项目的建筑工程依法不用招标发包的，则可以

如果该 PPP 项目的建筑工程，依法可以不用招标发包的，中标社会资本的子公司，在具备相应法定有效的资质的前提下，可以直接承包该 PPP 项目的建筑工程。哪些情况下的 PPP 项目的建筑工程，属于依法可以不用招标发包的呢？具体如下：

1.《中华人民共和国招标投标法》第六十六条规定："涉及国家安全、国家秘密、抢险救灾或者属于利用扶贫资金实行以工代赈、需要使用农民工等特殊情况，不适宜进行招标的项目，按照国家有关规定可以不进行招标。"至于何为国家秘密？《中华人民共和国保守国家秘密法》第九条规定："下列涉及国家安全和利益的事项，泄露后可能损害国家在政治、经济、国防、外交等领域的安全和利益的，应当确定为国家秘密：（一）国家事务重大决策中的秘密事项；（二）国防建设和武装力量活动中的秘密事项；（三）外交和外事活动中的秘密事项以及对外承担保

密义务的秘密事项；（四）国民经济和社会发展中的秘密事项；（五）科学技术中的秘密事项；（六）维护国家安全活动和追查刑事犯罪中的秘密事项；（七）经国家保密行政管理部门确定的其他秘密事项。政党的秘密事项中符合前款规定的，属于国家秘密。”至于何为扶贫资金？《国家扶贫资金管理办法》第二条规定：“国家扶贫资金是指中央为解决农村贫困人口温饱问题、支持贫困地区社会经济发展而专项安排的资金，包括：支援经济不发达地区发展资金、‘三西’农业建设专项补助资金、新增财政扶贫资金、以工代赈资金和扶贫专项贷款。”

2.《中华人民共和国招标投标法实施条例》第九条规定：“除招标投标法第六十六条规定的可以不进行招标的特殊情况外，有下列情形之一的，可以不进行招标：（一）需要采用不可替代的专利或者专有技术；（二）采购人依法能够自行建设、生产或者提供；（三）已通过招标方式选定的特许经营项目投资人依法能够自行建设、生产或者提供；（四）需要向原中标人采购工程、货物或者服务，否则将影响施工或者功能配套要求；（五）国家规定的其他特殊情形。招标人为适用前款规定弄虚作假的，属于招标投标法第四条规定的规避招标。”

3.《工程建设项目施工招标投标办法》第十二条第一款规定：“需要审批的工程建设项目，有下列情形之一的，由本办法第十一条规定的审批部门批准，可以不进行施工招标：（一）涉及国家安全、国家秘密或者抢险救灾而不适宜招标的；（二）属于利用扶贫资金实行以工代赈需要使用农民工的；（三）施工主要技术采用特定的专利或者专有技术的；（四）施工企业自建自用的工程，且该施工企业资质等级符合工程要求的；（五）在建工程追加的附属小型工程或者主体加层工程，原中标人仍具备承包能力的；（六）法律、行政法规规定的其他情形。”

四、如果中标社会资本转包或违法分包 PPP 项目的建筑工程，则不可

对此，很多人不理解，说子公司是我的全资子公司，子公司的财务报表都并入我母公司，子公司属于我母公司绝对管控，凭什么不能将自己依法承接的 PPP 项目的建筑工程直接发包给自己的子公司呢？从法律的角度说，中标社会资本转包或非法分包 PPP 项目的建筑工程给其子公司，不妥当，也违法。违反哪些法律规定呢？具体如下：

1.《中华人民共和国建筑法》第二十八条规定：“禁止承包单位将其承包的全部建筑工程转包给他人，禁止承包单位将其承包的全部建筑工程肢解以后以分包

的名义分别转包给他人。”

2.《中华人民共和国建筑法》第二十九条规定：“建筑工程总承包单位可以将承包工程中的部分工程发包给具有相应资质条件的分包单位；但是，除总承包合同中约定的分包外，必须经建设单位认可。施工总承包的，建筑工程主体结构的施工必须由总承包单位自行完成……禁止总承包单位将工程分包给不具备相应资质条件的单位。禁止分包单位将其承包的工程再分包。”

3.《中华人民共和国建筑法》第六十七条规定：“承包单位将承包的工程转包的，或者违反本法规定进行分包的，责令改正，没收违法所得，并处罚款，可以责令停业整顿，降低资质等级；情节严重的，吊销资质证书。”

另外，根据《中华人民共和国公司法》第十四条第二款的规定：“公司可以设立子公司，子公司具有法人资格，依法独立承担民事责任。”子公司虽然可以与母公司并表进行财务核算，但是，母公司与子公司之间，属于相互之间具有独立法人资格的单位，各自依法独立承担各自的民事责任。子公司具有相应的施工资质，并不意味着母公司也具备相应的施工资质，反之亦然。

因此，如果中标社会资本转包或违法分包 PPP 项目的建筑工程，则不妥。

五、如果中标社会资本依法分包该 PPP 项目的建筑工程，则可以

建筑工程，在满足特定的前提条件下，是可以依法分包由中标社会资本的子公司直接承包的。这些特定的前提条件，具体如下：

1. 子公司须具备相应有效的法定资质。

2. 取得施工总承包资质的企业可以对所承接的施工总承包工程内各专业工程全部自行施工，也可以将专业工程依法进行分包。

3. 取得专业承包资质的企业应对所承接的专业工程全部自行组织施工，劳务作业可以分包，但应分包给具有施工劳务资质的企业。

4. 工程总承包企业可以在其资质证书许可的工程项目范围内自行实施设计和施工，也可以根据合同约定或者经建设单位同意，直接将工程项目的设计或者施工业务择优分包给具有相应资质的企业。仅具有设计资质的企业承接工程总承包项目时，应当将工程总承包项目中的施工业务依法分包给具有相应施工资质的企业。仅具有施工资质的企业承接工程总承包项目时，应当将工程总承包项目中的设计业务依法分包给具有相应设计资质的企业。

六、如果作为特许经营类 PPP 项目的中标社会资本联合体之一，则可以

根据国家发改委《关于开展政府和社会资本合作的指导意见》的规定，PPP项目可以分为三大类项目：1. 经营性项目。即具有明确的收费基础，并且经营收费能够完全覆盖投资成本的项目。2. 准经营性项目。即经营收费不足以覆盖投资成本，需政府补贴部分资金或资源的项目。3. 非经营性项目。即缺乏“使用者付费”基础，主要依靠“政府付费”回收投资成本的项目。

同时，根据《中华人民共和国招标投标法实施条例》第九条规定：“除招标投标法第六十六条规定的可以不进行招标的特殊情况外，有下列情形之一的，可以不进行招标：……；（三）已通过招标方式选定的特许经营项目投资人依法能够自行建设、生产或者提供；……”

因此，如果中标社会资本的子公司，与中标社会资本共同作为特许经营类PPP项目的社会资本联合体，则可以由子公司直接承包该PPP项目的建筑工程。当然，前提是子公司具备合法有效的相应法定资质。

七、如果作为非特许经营类 PPP 项目的中标社会资本联合体之一，则不可

根据《传统基础设施领域实施政府和社会资本合作项目工作导则》第三条的规定：“政府和社会资本合作模式主要包括特许经营和政府购买服务两类……”因此，如果该PPP项目为非特许经营类PPP项目，即该项目为政府购买服务类PPP项目，则不适用《中华人民共和国招标投标法实施条例》第九条第一款第（三）项的规定，即使子公司作为社会资本联合体之一，也不可。

八、如果子公司与成交社会资本作为联合体以非招标方式成交该PPP 项目，则不可

根据《传统基础设施领域实施政府和社会资本合作项目工作导则》第十三条的规定：“依法通过公开招标、邀请招标、两阶段招标、竞争性谈判等方式，公平择优选择具有相应投资能力、管理经验、专业水平、融资实力以及信用状况良好的社会资本方作为合作伙伴……”以及根据财政部《关于印发政府和社会资本合作模式

操作指南（试行）的通知》的规定："（七）采购方式选择。项目采购应根据《中华人民共和国政府采购法》及相关规章制度执行，采购方式包括公开招标、竞争性谈判、邀请招标、竞争性磋商和单一来源采购。项目实施机构应根据项目采购需求特点，依法选择适当采购方式。公开招标主要适用于核心边界条件和技术经济参数明确、完整、符合国家法律法规和政府采购政策，且采购中不作更改的项目。"因此，PPP 项目采购社会资本，可以有"公开招标、竞争性谈判、邀请招标、竞争性磋商和单一来源采购"5 种采购方式。但如果以非招标的另外 3 种方式，即"竞争性谈判、竞争性磋商和单一来源采购"方式采购社会资本，即使该 PPP 项目为特许经营项目，即使该项目由子公司与母公司组成联合体共同参与，也不符合《中华人民共和国招标投标法实施条例》第九条第一款第（三）项的规定，也不可由子公司直接承包该 PPP 项目的建筑工程。当然，本文前述依法不用招标发包、依法分包的例外。

九、结语

综上，在对于中标社会资本是否可以直接承包 PPP 项目的建筑工程这一事件上，我们需要结合项目的具体情况，根据《中华人民共和国建筑法》《中华人民共和国公司法》《中华人民共和国招标投标法》《中华人民共和国招标投标法实施条例》等法律、法规和规范性文件的规定，详细区分、识别依法可以直接承包该 PPP 项目的建筑工程的情况，对不适宜直接发包的情形，须及时改正，依法、合规进行。

重点二十七：对存在违法行为的第一中标候选人的处理探讨

——以某招标项目第一中标候选人被投诉案为例

一、前言：某招标项目第一中标候选人被投诉案

2017 年 4 月 21 日，某代理机构受项目业主某局的委托，发布了《某县某小学建设项目施工招标公告》，该小学的建设规模为新建教学综合楼 3981 平方米。总投资约 1200 万元。对投标人的资格要求为：1. 本次招标要求投标人须具备建设

行政主管部门核发的建筑工程施工总承包三级及以上资质，近3年企业类似业绩1个，近3年项目经理完成类似业绩1个，并在人员、设备、资金等方面具有相应的施工能力，其中，投标人拟派项目经理须具备建筑工程专业一级注册建造师执业资格，具备有效的安全生产考核合格证书，且未担任其他在建建设工程项目的项目经理。2. 本次招标不接受联合体投标。

2017年5月31日，经开标、评标，根据评标委员会出具的评标报告，代理机构发布了《某县某小学建设项目施工招标中标候选人公示》，公示期为2017年5月31日至2017年6月2日。中标候选人为3家，分别为第一中标候选人A建筑工程有限公司、第二中标候选人B建筑工程有限公司和第三中标候选人C建筑工程有限公司。在公示期间，代理机构和业主收到了某投标人对第一中标候选人A建筑工程有限公司业绩造假的异议。

代理机构和项目业主收到异议后，复核了第一中标候选人的投标文件，回复称未发现第一中标候选人业绩造假的情形。提起异议的该投标人收到回复后，随即向某县住房和城乡建设局提出投诉。某县住房和城乡建设局受理后，依法调查核实，第一中标候选人A建筑工程有限公司投标文件中的某项业绩确实造假，须依法处理。据此，该如何处理，在招标人、代理机构和行业主管部门之间产生了不同的看法。

二、方式之一：以“废标”方式处理的探讨

以“废标”的方式处理存在违法行为的第一中标候选人，在实践中广泛存在，但该存在是否合理呢？笔者认为不合理，理由如下：

1. 2013年5月1日，这对工程招投标行业的人士来说，是一个非常关键的日期。因为从2013年5月1日起，《关于废止和修改部分招标投标规章和规范性文件的决定》（国家发改委等9部委令第23号）正式开始施行。《关于废止和修改部分招标投标规章和规范性文件的决定》对《评标委员会和评标方法暂行规定》《工程建设项目勘察设计招标投标办法》《工程建设项目施工招标投标办法》《工程建设项目招标投标活动投诉处理办法》《工程建设项目货物招标投标办法》等予以修改。修改的一项重要内容，就是把“废标”一词全部予以删除，代之以“否决投标”等。因此，自2013年5月1日后，“废标”一说，在工程建设项目招投标领域中，已经成为历史。

2. 本项目为工程建设项目招投标，不属于政府采购货物或服务招投标。不适

用《中华人民共和国政府采购法》《中华人民共和国政府采购法实施条例》《政府采购货物和服务招标投标管理办法》等规定的“废标”的规定。因为我国的招投标法律体系，分属于工程建设项目招投标法律体系，以及政府采购招投标法律体系。不同的法律体系，有不同的适用条件。在某县某小学建设项目施工招标中，虽然业主为国家机关，使用的也是财政资金，但根据《中华人民共和国政府采购法》第四条的规定：“政府采购工程进行招标投标的，适用招标投标法。”

因此，综合上述两点意见，笔者认为以“废标”的方式处理存在违法行为的第一中标候选人A建筑工程有限公司，没有法律依据，缺乏合法性。

三、方式之二：以“否决投标”方式处理的探讨

对于此种方式，认为第一中标候选人作为投标人，投标文件造假，应该被否决投标，认为其法律依据为《中华人民共和国招标投标法实施条例》第五十一条的规定：“有下列情形之一的，评标委员会应当否决其投标：（一）投标文件未经投标单位盖章和单位负责人签字；（二）投标联合体没有提交共同投标协议；（三）投标人不符合国家或者招标文件规定的资格条件；（四）同一投标人提交两个以上不同的投标文件或者投标报价，但招标文件要求提交备选投标的除外；（五）投标报价低于成本或者高于招标文件设定的最高投标限价；（六）投标文件没有对招标文件的实质性要求和条件作出响应；（七）投标人有串通投标、弄虚作假、行贿等违法行为。”

而对于“弄虚作假”的界定，《中华人民共和国招标投标法实施条例》第四十二条第二款明确规定：“投标人有下列情形之一的，属于招标投标法第三十三条规定的以其他方式弄虚作假的行为：（一）使用伪造、变造的许可证件；（二）提供虚假的财务状况或者业绩；（三）提供虚假的项目负责人或者主要技术人员简历、劳动关系证明；（四）提供虚假的信用状况；（五）其他弄虚作假的行为。”因此，在某县某小学建设项目施工招标中，第一中标候选人A建筑工程有限公司提供的业绩造假，符合前述第四十二条第二款、第五十一条的规定，应当以“否决投标”方式处理业绩造假的第一中标候选人A建筑工程有限公司。

但是，笔者不认同以“否决投标”方式处理业绩造假的第一中标候选人A建筑工程有限公司，理由如下：

1.“否决投标”的行使时间为评标阶段，某县某小学建设项目施工招标中，已经经过了评标阶段，到了中标候选人阶段，时间不满足“否决投标”的时间阶

段。在中标候选人公示后，也就不可能再“开历史的倒车”来再评标。

2.“否决投标”的决定权在评标委员会，有且仅有评标委员会可以行使，该权力不属于招标人、招标代理机构，也不属于行业监督部门。同时，评标委员会行使“否决投标”的权力时，也必须在评标阶段行使，而不能在其他阶段行使。

因此，综合上述两点意见，笔者认为以“否决投标”的方式处理存在违法行为的第一中标候选人A建筑工程有限公司，仍然没有法律依据，也缺乏合法性。

四、方式之三：以“投标无效”方式处理的探讨

对于此种方式，认为业绩造假的第一中标候选人，其投标不应该被评标委员会“否决投标”，而应该是自始“投标无效”。对于以“投标无效”方式的处理，笔者也不认同，理由为业绩造假的第一中标候选人，其不符合“投标无效”的情形，对于“投标无效”，《中华人民共和国招标投标法实施条例》仅在其第三十四条、第三十七条、第三十八条予以规定，在《中华人民共和国招标投标法》中并未对“投标无效”予以规定。具体如下：

1. 不符合《中华人民共和国招标投标法实施条例》第三十四条的规定。该条的具体规定为：“与招标人存在利害关系可能影响招标公正性的法人、其他组织或者个人，不得参加投标。单位负责人为同一人或者存在控股、管理关系的不同单位，不得参加同一标段投标或者未划分标段的同一招标项目投标。违反前两款规定的，相关投标均无效。”

2. 也不符合《中华人民共和国招标投标法实施条例》第三十七条的规定。该条的具体规定为：“招标人应当在资格预审公告、招标公告或者投标邀请书中载明是否接受联合体投标。招标人接受联合体投标并进行资格预审的，联合体应当在提交资格预审申请文件前组成。资格预审后联合体增减、更换成员的，其投标无效。联合体各方在同一招标项目中以自己名义单独投标或者参加其他联合体投标的，相关投标均无效。”

3. 同样也不符合《中华人民共和国招标投标法实施条例》第三十八条的规定。该条的具体规定为：“投标人发生合并、分立、破产等重大变化的，应当及时书面告知招标人。投标人不再具备资格预审文件、招标文件规定的资格条件或者其投标影响招标公正性的，其投标无效。”

因此，对于业绩造假的第一中标候选人A建筑工程有限公司，也不能以“投

标无效”的方式予以处理。

五、方式之四：以“取消中标”方式处理的探讨

此种处理方式，在招标人、招标代理机构和行政监督管理部门中占了绝大部分的比重，认为在某县某小学建设项目施工招标中，第一中标候选人A建筑工程有限公司被投诉业绩造假，后经某县住房和城乡建设局调查核实，业绩确实造假。根据《中华人民共和国招标投标法》第三十三条的规定：“投标人不得以低于成本的报价竞标，也不得以他人名义投标或者以其他方式弄虚作假，骗取中标。”第一中标候选人A建筑工程有限公司业绩造假，属于《中华人民共和国招标投标法实施条例》第四十二条第二款明确规定的“弄虚作假”情形。而按照《中华人民共和国招标投标法》第五十四条第一款的规定：“投标人以他人名义投标或者以其他方式弄虚作假，骗取中标的，中标无效，给招标人造成损失的，依法承担赔偿责任；构成犯罪的，依法追究刑事责任。”同时，《中华人民共和国招标投标法实施条例》第六十八条第一款也重申了“中标无效”的规定，具体为：“投标人以他人名义投标或者以其他方式弄虚作假骗取中标的，中标无效；构成犯罪的，依法追究刑事责任；尚不构成犯罪的，依照招标投标法第五十四条的规定处罚。依法必须进行招标的项目的投标人未中标的，对单位的罚款金额按照招标项目合同金额依照招标投标法规定的比例计算。”

对此，笔者也不认同以“取消中标”的方式处理业绩造假的第一中标候选人A建筑工程有限公司，理由为：“取消中标”的前提是投标人“已中标”。但是在某县某小学建设项目施工招标中，招标人并未向A建筑工程有限公司发出《中标通知书》，仅是由招标代理机构发布了《某县某小学建设项目施工招标中标候选人公示》，在公示期间被异议和投诉，A建筑工程有限公司仅是“中标候选人”，而不是“中标人”。既然没有“中标”，也就不存在“取消中标”的基础。

六、方式之五：以“取消中标资格”方式处理的探讨

笔者认为在某县某小学建设项目施工招标中，第一中标候选人A建筑工程有限公司业绩造假，应以“取消中标资格”的方式予以处理。但是，部分招标人、代理机构、行政监督部门却提出不同的意见，认为根据如下法律法规规定，第一中标候选人A建筑工程有限公司业绩造假，以“取消中标资格”的方式予以处理

不符合相关规定。该规定具体如下：

1.《中华人民共和国招标投标法实施条例》第七十四条："中标人无正当理由不与招标人订立合同，在签订合同时向招标人提出附加条件，或者不按照招标文件要求提交履约保证金的，取消其中标资格，投标保证金不予退还。对依法必须进行招标的项目的中标人，由有关行政监督部门责令改正，可以处中标项目金额10‰以下的罚款。"

2.《工程建设项目施工招标投标办法》第八十一条："中标通知书发出后，中标人放弃中标项目的，无正当理由不与招标人签订合同的，在签订合同时向招标人提出附加条件或者更改合同实质性内容的，或者拒不提交所要求的履约保证金的，招标人可取消其中标资格，并没收其投标保证金；给招标人的损失超过投标保证金数额的，中标人应当对超过部分予以赔偿；没有提交投标保证金的，应当对招标人的损失承担赔偿责任。"

3.《评标委员会和评标方法暂行规定》第五十七条："中标人无正当理由不与招标人订立合同，在签订合同时向招标人提出附加条件，或者不按照招标文件要求提交履约保证金的，取消其中标资格，投标保证金不予退还。对依法必须进行招标的项目的中标人，由有关行政监督部门责令改正，可以处中标项目金额10‰以下的罚款。"

从上述三部法规的规定中，只有在中标人无正当理由不与招标人订立合同，在签订合同时向招标人提出附加条件，或者不按照招标文件要求提交履约保证金的情形下，才"取消中标资格"，但业绩造假不属于前述法定情形。

但是，笔者认为，前述三部法规不应该规定为"取消中标资格"，应规定为"取消中标"，理由如下：

1. 在《中标通知书》发出前，第一中标候选人、第二中标候选人、第三中标候选人都处于"候选阶段"，都具有"中标资格"。在中标通知书发出前，不存在中标人，也就不存在"取消中标"。

2. 在《中标通知书》发出后，中标人已经产生，第一中标候选人、第二中标候选人、第三中标候选人的"称号"都已经成为"历史"。在中标通知书发出后，也就不存在中标资格，也就不存在"取消中标资格"。

因此，对于前述三部法规规定的在中标通知书发出后，中标人放弃中标项目的，无正当理由不与招标人签订合同的，在签订合同时向招标人提出附加条件或者更改合同实质性内容的，或者拒不提交所要求的履约保证金的，应当属于“取消中标”，而不是“取消中标资格”。

在某县某小学建设项目施工招标中，第一中标候选人A建筑工程有限公司业绩造假，因该阶段属于《中标通知书》发出前的中标候选人公示阶段，尚未产生中标候选人，理应取消第一中标候选人A建筑工程有限公司的“中标资格”。

七、结语：依据法律规定和客观事实具体分析处理

法律具有“滞后性”，所以在我们国家的立法工作中，除了制定新的法律法规外，还对以前颁布的法律法规予以修改，前文提及的《关于废止和修改部分招标投标规章和规范性文件的决定》（国家发改委等9部委令第23号）就是例证之一。在某县某小学建设项目施工招标中，第一中标候选人A建筑工程有限公司业绩造假的违法行为，不属于“废标”“取消中标”“否决投标”或“投标无效”的情形，笔者认为，应属于“取消中标资格”的情形，虽然《中华人民共和国招标投标法实施条例》第七十四条、《工程建设项目施工招标投标办法》第八十一条等的规定，没有包含“业绩造假的违法行为”的情形，但是从客观事实、招投标客观流程、合理性以及法律法规的“滞后性”等情况分析，某县某小学建设项目施工招标中，第一中标候选人A建筑工程有限公司业绩造假的违法行为，应“取消中标资格”，对于《中华人民共和国招标投标法实施条例》第七十四条、《工程建设项目施工招标投标办法》第八十一条等的规定，建议予以修改完善。如上仅为个人之见，不妥之处，欢迎方家指正。

重点二十八：中标人未提交履约保证金，其中标资格一定会被取消吗

一、案例介绍

2014年5月27日，招标代理机构ZC建设工程咨询有限公司受招标人EE置业有限公司的委托，对“JY房地产建设项目”进行国内公开招标，并同步在相应

媒介上发布了《JY 房地产建设施工招标公告》(以下简称《招标公告》),选定施工承包人。

《招标公告》公布的招标内容为:建设资金来自企业自筹,已落实,项目出资比例为 100%。招标范围为施工图纸全部范围(土建及水电安装);投资金额约 4000 万元;建设规模总建筑面积 32000 平方米,新建 2 栋 28F 商住楼,1 栋 6F 商住楼,配套地下停车场工程;计划工期:500 日历天;标段划分:本项目划分为一个标段。

《招标公告》公布的对投标人的资格要求为:具有独立企业法人资格,具有法人营业执照;具备建设行政主管部门核发的房屋建筑工程施工总承包贰级及以上资质,取得有效的安全生产许可证,近 3 年已完成至少 1 个单项工程投资规模不小于 1000 万元或建筑面积在 8000 平方米及以上规模的类似房屋建筑工程业绩(投标截止之日前,以中标通知书或施工合同或工程竣工验收证书为准),并在人员、设备、资金等方面具有相应的施工能力,其中,拟派的项目经理须具备建设行政主管部门核发的房屋建筑专业壹级及以上注册建造师资格,具备有效的安全生产考核合格证书,且未担任其他在建工程的项目经理;无违法、违规的不良记录;本次招标不接受联合体投标。

《招标公告》公布的招标文件获取方式为:凡有意参加投标者,请登录 DY 市公共资源交易中心网下载招标文件(含图纸)。

《招标公告》公布的投标文件递交规定为:1. 递交投标文件的截止时间(递交投标文件含纸质投标文件递交和电子投标文件上传)为 2014 年 6 月 17 日 14 时 30 分,纸质投标文件现场递交地点为 DY 市公共资源交易中心三楼 331 室。电子版投标文件(加密版)必须登录 DY 市公共资源网上交易系统上传至指定位置。2. 逾期送达的或者未送达指定地点的,或者未按招标文件要求密封的纸质投标文件,招标人予以拒收。投标截止时间前未完成电子版投标文件上传的,视为撤回投标文件。3. 签署与递交投标文件以及参加开标会的投标人代表,由投标人法定代表人或拟任本项目的项目经理担任,须携带身份证,拟任本项目的项目经理另须携带授权委托书。法定代表人或拟任本项目的项目经理不能参加开标会的,可以委托本单位交易员递交投标文件和参加开标会,须携带身份证、交易员证以及授权委托书。4. 投标人参加开标会时,必须携带企业 CA 证书及密码,否则视为撤销其投标文件。投标文件通过 CA 证书及密码解密失败时,投标人可现场提交由投标制作工具生成的非加密版电子投标文件。

该项目在2014年6月17日14时30分开标，后经评标委员会评标并出具评标报告后，招标人EE置业有限公司公布了评标委员会推荐的前3名中标候选人，其中第一中标候选人为HT工程有限公司。在中标候选人公示期间，未发生异议、质疑、投诉等事宜。中标公示期满，招标人EE置业有限公司随即向第一中标候选人HT工程有限公司发出中标通知书，HT工程有限公司在尚未与招标人签订施工合同的情况下随即进场施工。

2014年8月23日，在仍未签订施工合同的情形下，招标人EE置业有限公司认为HT工程有限公司存在施工安全隐患，且没有按照EE置业有限公司的要求予以完善，EE置业有限公司遂以HT工程有限公司没有提交履约保证金为由，发函HT工程有限公司，取消其中标资格。HT工程有限公司不服，认为其中标资格不应被取消，纠纷由此而起。

那么，中标人没有提交履约保证金，其中标资格一定会被取消吗？

二、案例分析

（一）要求中标人提交履约保证金是招标人的一项法定权利

不管是作为法律的《中华人民共和国招标投标法》、作为行政法规的《中华人民共和国招标投标法实施条例》还是作为部委规章的《工程建设项目施工招标投标办法》，均将要求中标人提交履约保证金明确规定为招标人的一项法定权利。具体规定如下：

1.《中华人民共和国招标投标法》第四十六条规定：“招标文件要求中标人提交履约保证金的，中标人应当提交。”

2.《中华人民共和国招标投标法实施条例》第五十八条规定：“招标文件要求中标人提交履约保证金的，中标人应当按照招标文件的要求提交……”

3.《工程建设项目施工招标投标办法》第六十二条规定：“……招标人要求中标人提供履约保证金或其他形式履约担保的……”

但是，招标人在行使此项权利时，须遵守一定的限制条件。

（二）招标人要求中标人提交履约保证金的，应当同时向中标人提供工程款支付担保

此为工程施工类招标人行使要求中标人提交履约保证金权利的限制条件之一，对此，《工程建设项目施工招标投标办法》作出了明确的规定，具体见其第

六十二条的规定："……招标人要求中标人提供履约保证金或其他形式履约担保的，招标人应当同时向中标人提供工程款支付担保。招标人不得擅自提高履约保证金，不得强制要求中标人垫付中标项目建设资金。"

同时，2013版《建设工程施工合同（示范文本）》也将招标人要求中标人提交履约保证金与招标人须同步提供工程款支付担保作为其体现"公平、平等、对等"原则的体现。

而在本案中，招标人EE置业有限公司未向中标人HT工程有限公司提供工程款支付担保，HT工程有限公司也未向招标人EE置业有限公司提交履约保证金。

（三）招标人要求中标人提交履约保证金的，不得要求超过中标合同金额10%的比例

此为工程施工类招标人行使要求中标人提交履约保证金权利的限制条件之二，对此，《中华人民共和国招标投标法实施条例》作出了明确的规定，具体见其第五十八条："招标文件要求中标人提交履约保证金的，中标人应当按照招标文件的要求提交。履约保证金不得超过中标合同金额的10%。"

在本案中，没有发现要求中标人HT工程有限公司提交超过中标合同金额10%的履约保证金情形。

（四）招标人要求中标人提交履约保证金的，必须在招标文件中注明

此为工程施工类招标人行使要求中标人提交履约保证金权利的限制条件之三，对此，《中华人民共和国招标投标法》和《中华人民共和国招标投标法实施条例》均作出了明确的规定，具体如下：

1.《中华人民共和国招标投标法》第四十六条第二款规定："招标文件要求中标人提交履约保证金的，中标人应当提交。"

2.《中华人民共和国招标投标法实施条例》第五十八条规定："招标文件要求中标人提交履约保证金的，中标人应当按照招标文件的要求提交。履约保证金不得超过中标合同金额的10%。"

因此，如果招标人EE置业有限公司要求中标人提交履约保证金的，必须在招标文件中注明。

（五）只有在中标人不按照招标文件的要求提交履约保证金的情形下，其中标资格才可能被取消

对此，《中华人民共和国招标投标法实施条例》和《工程建设项目施工招标

投标办法》均作了基本相同的规定，具体规定如下：

1.《中华人民共和国招标投标法实施条例》第七十四条规定："中标人无正当理由不与招标人订立合同，在签订合同时向招标人提出附加条件，或者不按照招标文件要求提交履约保证金的，取消其中标资格，投标保证金不予退还。对依法必须进行招标的项目的中标人，由有关行政监督部门责令改正，可以处中标项目金额10‰以下的罚款。"

2.《工程建设项目施工招标投标办法》第八十一条规定："中标通知书发出后，中标人放弃中标项目的，无正当理由不与招标人签订合同的，在签订合同时向招标人提出附加条件或者更改合同实质性内容的，或者拒不提交所要求的履约保证金的，招标人可取消其中标资格，并没收其投标保证金；给招标人的损失超过投标保证金数额的，中标人应当对超过部分予以赔偿；没有提交投标保证金的，应当对招标人的损失承担赔偿责任。"

（六）招标文件对提交履约保证金没有约定或约定不明确的，不能以中标人未提交履约保证金为由取消其中标资格

在本案中，招标文件对中标人提交履约保证的规定如下：

1. 在《JY 房地产建设施工招标文件》第二章"投标人须知"——投标人须知前附表 7.4.1 项"履约担保"栏中，对履约担保的形式规定如下："______银行支票、汇票；______银行保函。履约担保的金额：一般为合同金额的 /%，即 / 万元；对低于投标成本警戒线中标的，按中标价与最高投标限价之差的双倍计。履约担保将在本工程竣工验收后 28 天内予以退还。"

2. 在《JY 房地产建设施工招标文件》第二章"投标人须知"——投标人须知正文部分 7.4 项"履约担保"中，对履约担保的形式规定如下："7.4.1 在签订合同前，中标人应按投标人须知前附表规定的担保行使和招标文件第四章'合同条款及格式'规定的或者实现经过招标人书面认可的履约担保格式向招标人提交履约担保。除投标人须知前附表另有规定外，履约担保金额未中标合同金额的 10%。联合体中标的，其履约担保由牵头人递交，并应符合投标人须知前附表规定的金额、担保形式和招标文件第四章'合同条款及格式'规定的履约担保格式要求。7.4.2 中标人不能按照本章第 7.4.1 项要求提交履约担保的，视为放弃中标，其投标保证金不予退还，给招标人造成的损失超过投标保证金数额的，中标人还应当对超过部分予以赔偿。"

3. 在《JY 房地产建设施工招标文件》第四章“合同条款及格式”——通用合同条款第 4.2.1 项“履约担保的格式和金额”中规定：“承包人应在签订合同前，按照发包人在招标文件中规定的格式或者其他经过发包人认可的格式向发包人递交一份履约担保。经过发包人事先书面认可的其他格式的履约担保，其担保条款的实质性内容应当与发包人在招标文件中规定的格式内容保持一致。履约担保的金额为______（不大于合同金额的 10%）。履约担保是本合同的附件。”

经查，本案中招标人并未在《JY 房地产建设施工招标文件》之外，对履约担保的格式、金额等有过任何要求。

我们可以看到，在本案中，《JY 房地产建设施工招标文件》仅对提交履约担保的形式作出了规定，但是对于履约担保的金额——这个核心中的核心，关键中的关键——却并未规定。在《JY 房地产建设施工招标文件》“使用说明”第二条中如此规定：“……；以空格或括号标示的由招标人填写的内容，招标人应根据招标项目具体特点和实际需要具体化，确实没有需要填写的，在空格中使用‘/’标示。”

因此，在本案中，因招标人 EE 置业有限公司在招标文件中未对提交履约保证金的金额有要求，招标人 EE 置业有限公司也就不能以中标人 HT 工程有限公司未提交履约保证金为由取消其中标资格。

三、对招投标当事人的相应建议

出现此类事宜，不管对于招标人、投标人还是招标代理机构来说，影响均很大。有必要予以警示如下：

1. 对于招标人来说，招标人在委托招标代理机构编制招标文件时，需要选择能够保证服务质量的招标代理机构行使，因为招标代理机构与招标人之间，属于委托代理关系，招标代理机构在委托的范围内，作出的行为后果，由招标人承担。在本案中，暂且不说招标代理机构服务质量和编制招标文件能力的优劣或高低，至少，招标人在发售招标文件之前，需要再三审核招标文件，尤其是招标文件的核心或关键点，招标人没有能力或时间审核的，可以委托第三方审核。

2. 对于投标人来说，在看到招标人发出的招标文件有遗漏或者规定模糊不明时，可以按照《中华人民共和国招标投标法实施条例》第二十二条的规定，向招标人提出异议，其具体规定为：“潜在投标人或者其他利害关系人对资格预审文件有异议的，应当在提交资格预审申请文件截止时间 2 日前提出；对招标文件有异议的，应当在投标截止时间 10 日前提出。招标人应当自收到异议之日起 3 日内作出答复；作出答复前，应当暂停招标投标活动。”以提醒招标人予以澄清或说明，避免后期的争端。

3. 对于招标代理机构来说，练好自身的基本功，提升服务质量，取信于招标人，才能在招标代理业务的激烈市场竞争中胜出。如果因招标代理机构自身的过错，导致招标人损失的，招标代理机构将向招标人承担相应的法律责任。

第四编　综合类重点法律实务

重点二十九：采购人在政府招标采购货物和服务中不可触碰的10条“高压线”

——以财政部《政府采购货物和服务招标投标管理办法》为视角

2017年7月11日，财政部发布了新修订的《政府采购货物和服务招标投标管理办法》（财政部令第87号，以下简称《管理办法》），该新修订的《管理办法》自2017年10月1日起施行。与原《政府采购货物和服务招标投标管理办法》（财政部令第18号）相比，增加或再次强调了一些采购人不可触碰的“高压线”，为便于采购人依法合规招标采购，对此予以整理、分析如下，不一定全面、正确，仅供参考。

“高压线”1：赠品回扣事宜

对于该事宜，采购人须注意如下两点：

1. 不得主动索要。

2. 不得被动接受。

对于被动接受事宜，采购人尤其应该注意，特别是投标人在投标文件中承诺，如果中标，将给予其他相关赠品、赠送的增值服务等，对此，采购人应予以拒绝。

对此，新修订的《管理办法》第六条第二款规定：“采购人不得向供应商索要或者接受其给予的赠品、回扣或者与采购无关的其他商品、服务。”

“高压线”2：最低限价事宜

在招投标领域，经常受人们诟病的是投标人之间的恶性竞争，低价或超低价投标，比如0元中标、1分钱中标、1元中标等。因此，采购人在招标采购货物或服务时，为避免投标人之间的恶性低价竞争，有一种“按捺不住”设置最低投标限价的“冲动”，认为可以有效解决投标人恶意竞争问题，但最低投标限价恰恰是采购人的一条“高压线”。

对此，新修订的《管理办法》第十二条规定：“采购人根据价格测算情况，可以在采购预算额度内合理设定最高限价，但不得设定最低限价。”

“高压线”3：邀请书面推荐的供应商投标事宜

邀请招标，其公开性等逊于公开招标，为保障邀请招标的公开、公平、公正性，对邀请招标，尤其是采取采购人书面推荐的方式邀请供应商投标时，设置了如下限制：

1. 采购人依法从符合相应资格条件的供应商中随机抽取3家以上供应商，即至少邀请3家供应商。

2. 书面推荐备选的符合资格条件供应商总数不得少于拟随机抽取供应商总数的两倍，即至少书面推荐6家供应商。

3. 采购人还应当将所有被推荐供应商名单和推荐理由随中标结果同时公告，即要公告为什么推荐该供应商。

对此，新修订的《管理办法》第六十九条第四款、第三条第三款、第十四条第三款等均有规定。

“高压线”4：资格要求或者评审因素事宜

对于该事宜，采购人须予以慎重。该等事宜大量存在于实践中，但新修订的《管理办法》施行以后，则不得为之了。采购人不得以以往的经验应对未来的招标采购。具体如下：

1. 不得设置的资格要求。具体为投标人的注册资本、资产总额、营业收入、从业人员、利润、纳税额等规模条件。这可能是为了体现、贯彻、执行“促进中小企业发展的政府采购政策”。否则，中小企业难以与大规模的企业竞争。

2. 不得设置的评审因素。同前，不赘述。

3. 不得实行的差别待遇或歧视待遇。比如，以生产厂家授权、承诺、证明、背书等作为资格要求。

因此，采购人或采购人委托的代理机构在编制《资格预审文件》《招标文件》时，切记不得把如上以往通行的资格条件或评分条件再放在《资格预审文件》和《招标文件》里了。

对此，新修订的《管理办法》第十七条规定："采购人、采购代理机构不得将投标人的注册资本、资产总额、营业收入、从业人员、利润、纳税额等规模条件作为资格要求或者评审因素，也不得通过将除进口货物以外的生产厂家授权、承诺、证明、背书等作为资格要求，对投标人实行差别待遇或者歧视待遇。"

"高压线"5：文件免费收费事宜

在招标采购货物或服务中，有两份文件对投标人（供应商）至关重要，即《资格预审文件》《招标文件》。因此，对于投标人以什么"对价"获得该等文件，实践中各有不同，有些是免费提供，有些是"天价"提供，至于依法依规该如何提供，这一次新修订的《管理办法》有了明确的规定：

1. 免费提供的文件：资格预审文件。采购人不得再收取该文件的费用了，采购人也需要提醒、监督代理机构不得收取。

2. 合理价提供的文件：招标文件。如何界定合理价？应当按照弥补制作、邮寄成本的原则确定，不得以营利为目的，不得以招标采购金额作为确定招标文件售价的依据。

因此，"天价"招标文件成为历史，也成为非法。收费资格预审文件也成为历史，也同样成为非法。

对此，新修订的《管理办法》第二十四条、第二十一条第二款均有规定。

"高压线"6：透露投标人信息事宜

对于该事宜，采购人须把住"信息关"，不得向与本次采购无关的人员透露投标人的相关信息，一旦透露，将影响招标投标的公正性等。该等不可透露的信息的具体情形为：

1. 名称。即已获取招标文件的潜在投标人的名称。投标人有法人，也有可能是自然人，或者其他组织，均不得予以透露。

2. 数量。即已获取招标文件的潜在投标人的数量。数量的多少，直接决定竞争的强度。

3. 其他。即可能影响公平竞争的有关招标投标的其他情况。

因此，采购人须时刻注意保密，不得予以透露。当然，并非说永远不得透露，而是指在“投标截止时间前”不得透露，一旦开标，前述信息即已公开，也就不存在透露与否的问题。

对此，新修订的《管理办法》第二十八条规定：“投标截止时间前，采购人、采购代理机构和有关人员不得向他人透露已获取招标文件的潜在投标人的名称、数量以及可能影响公平竞争的有关招标投标的其他情况。”

“高压线”7：终止招标事宜

采购人终止招标，有着严格的前提条件，毕竟，招投标是一件非常严肃的事情，采购人不得任意而为之。比如，在如下三种情形下，除非重大变故采购任务取消外，采购人一律不得终止招标：

1. 发布招标公告后。

2. 发布资格预审公告后。

3. 发出投标邀请书后。

如果在前述三种情形任一情形发生后，采购人需要终止招标的，不得“任性”而为，否则将承担相应的法律责任。

对此，新修订的《管理办法》第二十九条第一款规定：“采购人、采购代理机构在发布招标公告、资格预审公告或者发出投标邀请书后，除因重大变故采购任务取消情况外，不得擅自终止招标活动。”

“高压线”8：报价评分权重事宜

对于该事宜，采购人须予以注意，新修订的《管理办法》对此做了修改，原《政府采购货物和服务招标投标管理办法》（财政部令第 18 号）规定的是“采用综合评分法的，货物项目的价格分值占总分值的比重（即权值）为百分之三十至百分之六十；服务项目的价格分值占总分值的比重（即权值）为百分之十至百分之三十。”

但是，在新修订的《管理办法》中，第五十五条第五款规定为：“货物项目的价格分值占总分值的比重不得低于 30%；服务项目的价格分值占总分值的比重不得低于 10%。”即对于投标人的投标报价的评分权重，只设定了下限，没有设定上限。采购人在编制的《招标文件》中，只要不低于该下限即可。

“高压线”9：超期确定中标人事宜

评标报告由评标委员会作出以后，采购代理机构就将在评标结束后 2 个工作日内将评标报告送采购人。采购人一旦收到评标报告，就必须在规定的时间内确定中标人，发出中标公告以及中标通知书等。采购人不得故意或非故意地超期确定中标人，否则将承担相应的法律后果。

对此，在新修订的《管理办法》第六十八条作了详细的规定：“采购代理机构应当在评标结束后 2 个工作日内将评标报告送采购人。采购人应当自收到评标报告之日起 5 个工作日内，在评标报告确定的中标候选人名单中按顺序确定中标人。中标候选人并列的，由采购人或者采购人委托评标委员会按照招标文件规定的方式确定中标人；招标文件未规定的，采取随机抽取的方式确定。采购人自行组织招标的，应当在评标结束后 5 个工作日内确定中标人。采购人在收到评标报告 5 个工作日内未按评标报告推荐的中标候选人顺序确定中标人，又不能说明合法理由的，视同按评标报告推荐的顺序确定排名第一的中标候选人为中标人。”并在第七十七条中规定了相应的法律责任。

“高压线”10：签订合同提出不合理要求事宜

对于该事宜，采购人有时候可能是无意识作出，因在合同签订的过程之中，有可能发生了某些客观情况，影响了本次招标采购，采购人就向中标人提出来，但中标人认为这是不合理的要求，因为其背离了招标文件确定的事项，或者对中标人的投标文件作出了实质性修改。

对此，采购人应该引以重视，毕竟，新修订的《管理办法》强调，采购人不得向中标人提出任何不合理的要求作为签订合同的条件。具体可见其第七十一条的规定：“采购人应当自中标通知书发出之日起 30 日内，按照招标文件和中标人投标文件的规定，与中标人签订书面合同。所签订的合同不得对招标文件确定的事项和中标人投标文件作实质性修改。采购人不得向中标人提出任何不合理的要求作为签订合同的条件。”

重点三十：竞争性磋商采购的社会资本直接承包 PPP 项目建筑工程的法律思考

根据财政部《关于印发政府和社会资本合作模式操作指南（试行）的通知》的规定："（七）采购方式选择。项目采购应根据《中华人民共和国政府采购法》及相关规章制度执行，采购方式包括公开招标、竞争性谈判、邀请招标、竞争性磋商和单一来源采购。项目实施机构应根据项目采购需求特点，依法选择适当采购方式。公开招标主要适用于核心边界条件和技术经济参数明确、完整、符合国家法律法规和政府采购政策，且采购中不作更改的项目。"因此，PPP 项目采购社会资本，可以有"公开招标、竞争性谈判、邀请招标、竞争性磋商和单一来源采购"5 种采购方式。在这 5 种采购方式中，竞争性磋商被大量采用[①]。同时，根据该操作指南的规定，可以将 PPP 项目分为三大类，即新建类 PPP 项目、改扩建类 PPP 项目和存量类 PPP 项目。前两类 PPP 项目，均涉及建筑工程。为了吸引有投融资和建设运营管理能力的社会资本，政府方在 PPP 项目的实施方案和竞争性磋商文件中规定，如果成交的社会资本具备实施 PPP 项目建筑工程的相应资质，可直接承包 PPP 项目的建筑工程，不用再行招标发包该建筑工程。那么，对于以竞争性磋商方式采购的社会资本，直接承包 PPP 项目的建筑工程，是否合法、合规、合理？本文从法律的角度予以思考、分析如下。

一、合法性思考：是否符合直接发包的法律适用条件

此处的合法性，主要指是否符合法律、行政法规的规定，不包含规章、地方性法规、规定、政策等。

（一）可以直接发包的法定条件

根据《中华人民共和国建筑法》第十九条的规定，建筑工程的发包，有且仅有两类，即招标发包与直接发包，其具体规定为："建筑工程依法实行招标发包，

① 冯思遐：《当 PPP 遇上竞争性磋商——论"竞争性磋商"成为 PPP 主要采购形式的必然性》，中国商论，2016 年第 7 期。

对不适于招标发包的可以直接发包。”对于哪些情况下的PPP项目的建筑工程，属于依法可以不用招标发包而可直接发包的呢？具体如下：

1.《中华人民共和国招标投标法》第六十六条规定：“涉及国家安全、国家秘密、抢险救灾或者属于利用扶贫资金实行以工代赈、需要使用农民工等特殊情况，不适宜进行招标的项目，按照国家有关规定可以不进行招标。”

2.《中华人民共和国招标投标法实施条例》第九条规定：“除招标投标法第六十六条规定的可以不进行招标的特殊情况外，有下列情形之一的，可以不进行招标：（一）需要采用不可替代的专利或者专有技术；（二）采购人依法能够自行建设、生产或者提供；（三）已通过招标方式选定的特许经营项目投资人依法能够自行建设、生产或者提供；（四）需要向原中标人采购工程、货物或者服务，否则将影响施工或者功能配套要求；（五）国家规定的其他特殊情形。招标人为适用前款规定弄虚作假的，属于招标投标法第四条规定的规避招标。”

（二）7种严格法定条件下可直接承包PPP项目的建筑工程

根据前述《中华人民共和国招标投标法》和《中华人民共和国招标投标法实施条例》的规定，仅在7种严格条件下，通过竞争性磋商方式成交的社会资本，可直接承包PPP项目的建筑工程。当然，直接承包建筑工程的7种严格条件，社会资本均必须具备相应的合法有效资质。此7种严格条件如下：

1. 该PPP项目中的建筑工程涉及国家安全，由该PPP项目的项目法人直接发包给竞争性磋商方式成交的社会资本。当然，该社会资本必须同时具备承包涉及国家安全建筑工程的相应条件。

2. 该PPP项目中的建筑工程涉及国家秘密，且竞争件磋商方式成交的社会资本具备承包涉及国家秘密建筑工程的相应条件。

3. 该PPP项目中的建筑工程涉及抢险救灾。

4. 该PPP项目中的建筑工程需要采用不可替代的专利，且该专利属于竞争性磋商方式成交的社会资本所有。

5. 该PPP项目中的建筑工程需要采用不可替代的专有技术，且该专有技术属于竞争性磋商方式成交的社会资本所有。

6. 竞争性磋商方式成交的社会资本，在PPP项目的项目法人招标发包建筑工程时又同时中标，且新增加的建筑工程需要向中标的社会资本采购工程、货物或者服务，否则在影响施工或者功能配套要求的情形下，才可直接发包该新增加的建筑工程给竞争性磋商方式成交的社会资本。

7. 国家规定的其他特殊情形。

（三）前述 7 种法定条件外直接承包 PPP 项目的建筑工程缺乏合法性依据

前述 7 种条件外，竞争性磋商方式成交的社会资本，直接承包 PPP 项目的建筑工程，均缺乏法律依据，也即缺乏合法性。对此，需要特别予以说明的是，《中华人民共和国招标投标法实施条例》第九条第一款第（三）项规定："已通过招标方式选定的特许经营项目投资人依法能够自行建设、生产或者提供；"并不适用于以竞争性磋商方式成交的社会资本。具体理由如下：

1. 竞争性磋商与招标属于并列的关系，而非包含与被包含的关系。很多人错误地理解"竞争性磋商"属于招标的方式之一，甚至以为"议标"也属于招标的方式之一，这是非常错误也非常缺乏常识的理解。根据《中华人民共和国招标投标法》第十条的规定，招标有且仅有两种方式：公开招标和邀请招标，没有第三种。具体规定为："招标分为公开招标和邀请招标。公开招标，是指招标人以招标公告的方式邀请不特定的法人或者其他组织投标。邀请招标，是指招标人以投标邀请书的方式邀请特定的法人或者其他组织投标。"另外，根据《中华人民共和国政府采购法》第二十六条的规定，政府采购方式包含招标等方式，具体规定为："政府采购采用以下方式：（一）公开招标；（二）邀请招标；（三）竞争性谈判；（四）单一来源采购；（五）询价；（六）国务院政府采购监督管理部门认定的其他采购方式。公开招标应作为政府采购的主要采购方式。"而竞争性磋商就属于"国务院政府采购监督管理部门认定的其他采购方式"，其具体规定详见财政部发布的《政府采购竞争性磋商采购方式管理暂行办法》的规定。

2. 特许经营项目并不等于 PPP 项目。对此，在学术界、实务界均有众多的讨论，比如《国外 PPP 和特许经营的关系》[①]《特许经营与 PPP 的比较：国际经验和中国实践研究》[②] 等均有不同的观点。在国家的相关政策中，也并未将特许经营项目与 PPP 项目画等号。比如，《传统基础设施领域实施政府和社会资本合作项目

---

① 景婉博：《国外 PPP 和特许经营的关系》，经济研究参考，2016 年第 15 期。

② 郑传军：《特许经营与 PPP 的比较：国际经验和中国实践研究》，国际经济合作，2017 年第 1 期。

工作导则》第三条的规定："政府和社会资本合作模式主要包括特许经营和政府购买服务两类……"因此，如果该PPP项目为非特许经营类PPP项目，即该项目为政府购买服务类PPP项目，即使采用招标的方式选择社会资本，也不能适用《中华人民共和国招标投标法实施条例》第九条第一款第（三）项的规定。

二、合规性思考：是否符合直接发包的规范性适用条件

此处的合规性，主要指是否符合法律、行政法规之外的所有由国家行政机关发布的具有拘束力的规范性文件，包含规章、规定、政策等。

（一）可以直接承包的合规性条件

根据《中华人民共和国立法法》的规定，法律、行政法规的效力是高于规章等规范性文件的。因此，对于可以直接承包的合规性条件，基本与前述《中华人民共和国招标投标法》《中华人民共和国招标投标法实施条例》的规定保持一致，只是对前述第7种严格法定条件"国家规定的其他特殊情形"进行了细化。比如：

1.《工程建设项目施工招标投标办法》第十二条第（一）、（二）、（三）、（四）、（六）项均与《中华人民共和国招标投标法》《中华人民共和国招标投标法实施条例》的规定保持一致，仅在其第（五）项具体化规定为："（五）在建工程追加的附属小型工程或者主体加层工程，原中标人仍具备承包能力，并且其他人承担将影响施工或者功能配套要求……"

2.《工程建设项目勘察设计招标投标办法》第四条第（一）、（三）、（四）、（六）、（七）项均与《中华人民共和国招标投标法》《中华人民共和国招标投标法实施条例》的规定保持一致，仅在其第（二）、（五）项具体化规定为："（二）主要工艺、技术采用不可替代的专利或者专有技术，或者其建筑艺术造型有特殊要求；……（五）技术复杂或专业性强，能够满足条件的勘察设计单位少于三家，不能形成有效竞争；……"

（二）3种严格合规条件下可直接承包PPP项目的建筑工程

此3种严格合规条件，是属于对前述第7种严格法定条件"国家规定的其他特殊情形"的细化，结合上述《工程建设项目施工招标投标办法》《工程建设项目勘察设计招标投标办法》的规定，主要指如下3种严格合规条件：

1. PPP项目的在建工程追加的附属小型工程或者主体加层工程，竞争性磋商

成交的社会资本在该建筑工程招标时同时中标，且该追加的附属小型工程或者主体加层工程，该社会资本仍具备承包能力，并且其他人承担将影响施工或者功能配套要求的情形。

2. 建筑艺术造型有特殊要求的 PPP 项目的勘察设计任务。

3. 技术复杂或专业性强，能够满足条件的勘察设计单位少于 3 家，不能形成有效竞争的 PPP 项目的勘察设计任务。

（三）前述 3 种合规条件外直接承包 PPP 项目的建筑工程缺乏合规性依据

前述 3 种条件外，竞争性磋商方式成交的社会资本直接承包 PPP 项目的建筑工程，均缺乏合规性依据。国家相关部门制定的 PPP 的众多规范性文件，均一再强调“通过招标方式选定的社会资本”而非通过竞争性磋商方式选定的社会资本。比如,《关于鼓励和引导社会资本参与重大水利工程建设运营的实施意见》规定:“已通过招标方式选定的特许经营项目投资人依法能够自行建设、生产或者提供的，可以不进行招标。”《传统基础设施领域实施政府和社会资本合作项目工作导则》第十三条规定:“拟由社会资本方自行承担工程项目勘察、设计、施工、监理以及与工程建设有关的重要设备、材料等采购的，必须按照《招标投标法》的规定，通过招标方式选择社会资本方。”

三、合理性思考:是否符合直接发包的合理性要求

（一）直接发包的例外性与竞争性磋商的普遍性

根据《中华人民共和国建筑法》的规定，建筑工程招标发包为原则，直接发包为例外。根据《中华人民共和国招标投标法》《中华人民共和国招标投标法实施条例》等法律、行政法规和规范性文件的规定，招标发包为原则，不进行招标发包为例外。

根据财政部发布的《政府采购竞争性磋商采购方式管理暂行办法》第三条的规定，竞争性磋商具有普遍性，其具体规定为:“符合下列情形的项目，可以采用竞争性磋商方式开展采购:（一）政府购买服务项目;（二）技术复杂或者性质特殊，不能确定详细规格或者具体要求的;（三）因艺术品采购、专利、专有技术或者服务的时间、数量事先不能确定等原因不能事先计算出价格总额的;（四）市场竞争不充分的科研项目，以及需要扶持的科技成果转化项目;

（五）按照招标投标法及其实施条例必须进行招标的工程建设项目以外的工程建设项目。”

因此，对于例外适用的直接发包，普遍性适用的竞争性磋商并不能完全符合直接发包所具有的独特的合理性（如国家安全、国家秘密、抢险救灾、专利、专有技术等）。

（二）竞争性磋商的有限竞争性与招标的充分竞争性

根据财政部《关于推广运用政府和社会资本合作模式有关问题的通知》的规定：“政府和社会资本合作模式是在基础设施及公共服务领域建立的一种长期合作关系。”此种公共性决定了需要以最大的竞争性来为大众提供公共服务。但是，竞争性磋商的竞争性低于招标。这也可能是部分 PPP 项目选择竞争性磋商方式的原因之一。至于此种竞争性较低的采购方式，有其特定的政策支撑，典型如财政部《关于政府采购竞争性磋商采购方式管理暂行办法有关问题的补充通知》规定：“采用竞争性磋商采购方式采购的政府购买服务项目（含政府和社会资本合作项目），在采购过程中符合要求的供应商（社会资本）只有 2 家的，竞争性磋商采购活动可以继续进行。”但是在招标中，暂且不说竞争性最充分的公开招标，竞争性稍逊的邀请招标，也必须要有至少 3 家的竞争者。

正因为招标所具有的竞争性，所以《中华人民共和国建筑法》等才规定招标发包为原则，直接发包为例外并严格限制直接发包。而竞争性磋商所引起的竞争性的不充分，如果允许竞争性磋商成交的社会资本直接承包 PPP 项目的建筑工程，将影响 PPP 项目实施的目的和招标发包建筑工程的合理性基础。

四、结语：合法合规地直接发包 PPP 项目的建筑工程

根据前述分析，如果要直接发包 PPP 项目的建筑工程给以竞争性磋商方式采购的社会资本，必须符合《中华人民共和国建筑法》《中华人民共和国招标投标法》《中华人民共和国招标投标法实施条例》《工程建设项目施工招标投标办法》和《工程建设项目勘察设计招标投标办法》等的前述规定。当然，虽然能够直接承包的 PPP 项目建筑工程少之又少，但是，如果不合法合规直接发包，将承担所签订的建筑工程合同违反法律、行政法规的强制性规定而无效的法律后果。

重点三十一：如何确定燃气特许经营权招标的行政监督机关

——以某燃气股份有限公司不服被告某县城市管理局、某县住房和城乡规划建设局能源管理行政许可案为例

特许经营权招标，按照《传统基础设施领域实施政府和社会资本合作项目工作导则》第三条的规定："政府和社会资本合作模式主要包括特许经营和政府购买服务两类……"以及第十三条的规定："依法通过公开招标、邀请招标、两阶段招标、竞争性谈判等方式，公平择优选择具有相应投资能力、管理经验、专业水平、融资实力以及信用状况良好的社会资本方作为合作伙伴。其中，拟由社会资本方自行承担工程项目勘察、设计、施工、监理以及与工程建设有关的重要设备、材料等采购的，必须按照《招标投标法》的规定，通过招标方式选择社会资本方……"因此，特许经营权招标，属于 PPP 项目招标的范畴之内，而燃气特许经营权招标，也属于传统基础设施领域实施 PPP 项目的范畴之内。但是，对于燃气特许经营权招标，由哪一个行政监督机关予以监督管理，以及在相应的行政诉讼中，应当以哪一个机关作为被告，在实际操作中，却出现不同的情形。本文以一个 2016 年发生的实际案例为例，分析如何确定燃气特许经营权招标的行政监督机关！

一、一波几折的某县城市管道天然气特许经营权项目招标

本案例不仅是一波三折，而是一波几折，暂且不说该特许经营权招标第一次招标公告发布后的事情，我们直接从第二次招标公告开始了解。

2016 年 5 月 6 日，招标人某县城市管理局发布了《某县城市管道天然气特许经营权项目招标公告（第二次）》，对某县城市管道天然气特许经营权进行国内公开招标，选择合适的管道天然气特许经营权投资经营主体完成该项目投资、建设、运营维护和管理，资金来源由获得该项目特许经营权的受让方自行筹措。项目总投资约 20000 万元，分两期实施，其中近期（2016—2020 年）投资约 11000 万元，远期投资约 9000 万元。项目建设内容须按照某县燃气规划要求，建设包括综合门站 1 座、LNG 储备站 1 座、CNG 加气站 2 座、高压管 8 公里、

次高压管 30 公里、中低压管 170 公里以及燃气综合管理系统、办公楼等。特许经营期为 30 年（含建设期），自《某县城市管道天然气特许经营协议》签订生效之日起计算。并要求获得该项目特许经营权的受让方需在某县注册项目公司，项目公司按照有关规定和基本建设程序投资建设并经营，以经营城市管道天然气获取的利润作为投资回报。获得该项目特许经营权的受让方在公司注册成立后 3 个月内完成项目可研、环评、立项、初步设计（含审批）、门站气站选址、参与土地招拍挂等前期工作，2016 年 12 月 30 日前开始向某县县城部分居民供气，2020 年前投资需达到 11000 万元，完成省政府下达的年度新增管输天然气用户考核指标，2030 年前完成全部 20000 万元投资。

对于投标人的资格条件，《某县城市管道天然气特许经营权项目招标公告（第二次）》规定须满足以下 6 个方面的要求，其中的两个要求，一是投标人须具有 3 年以上投资、经营、管理管道天然气的从业经验，有与项目投资建设运营相适应的技术力量、管理能力和资金实力。在国内至少拥有成功经营 3 座县级以上规模城市的范例（需提供：特许经营权中标通知书或特许经营权协议书、项目主管部门提供的业绩证明材料），并有与之相对应的近两个年度经审计或会计师事务所认定的年度审计报告；管道天然气用户累计达 5 万户以上，近 3 年内未发生重大安全责任事故，有总公司注册地或该项目所在地人民检察院出具的无行贿、犯罪等不良记录书面证明。二是投标人须具有稳定并符合国家标准的气源保障：有自有气源依据或与上游天然气供应企业（指中石化、中石油、中海油）签有战略合作协议（以与天然气上游企业签订的供气协议为准，采购合同除外）。如以后长输管线开工建设经过某县，长输管线与某县城区管网连接线由中标方负责同步建设，建设资金由中标方全额承担。

2016 年 5 月 30 日，通过公开开标和详细评审，评标委员会根据招标文件中确定的评标办法和定标原则，一致推荐以下 2 名投标单位为中标候选人，其中第一名为某燃气股份有限公司。

2016 年 6 月 1 日，招标人某县城市管理局根据评标委员会的推荐情况，发布了《某县城市管道天然气特许经营权项目中标候选人公示》，规定：“公示时间为 5 天（日历日）。投标人认为中标结果使自己权益受到损害的，或者对结果有异议的，可以在知道或者应知其权益受到损害之日起 5 日内向招标人或相关监督部门提出质疑。接收单位仅受理投标人有单位公章或授权委托人个人署名、反映真实情况的举报。若无异议，公示期满后，招标人将确定以上中标候选人中的第一名为中标人。”

2016 年 8 月 15 日，招标人某县城市管理局发布了《某县城市管道天然气特许经营权项目招标（第二次）复评结果公告》，规定：“根据《中华人民共和国招标投标法》及相关法律法规的规定，招标人某县城市管理局依法受理相关投标人在中标候选人公示期间对某县城市管道天然气特许经营权项目（第二次）评标结果的异议及实名投诉，并报告监管部门按程序调查处理。招标人依法依程序向湖南省公共资源交易中心申请组织原评标委员会成员对投诉事项进行复核评审，湖南省公共资源交易中心接受申请。2016 年 8 月 12 日，湖南省公共资源交易中心通知原评标委员会成员（共 5 人）对两个中标候选人的投标文件进行复核评审，复核评审结论为：两个中标候选人均作废标处理。”一同落款的行政监督部门是“某县招投标监督委员会”。

二、被作废标处理的第一名中标候选人将招标人和某县住房和城乡规划建设局告上了法院，但双方各执一词

（一）第一名中标候选人某燃气股份有限公司的诉请及理由

第一名中标候选人某燃气股份有限公司被复审作废标处理后，委托了律师将招标人和某县住房和城乡规划建设局向某县人民法院提起了行政诉讼。

第一名中标候选人某燃气股份有限公司诉称，2015 年 5 月，某城市管理局作为招标人，发布举行某城市管道天然气特许经营权国内公开招标活动（第二次），本次招标项目监督机构为某县招投标监督委员会。第一名中标候选人某燃气股份有限公司作为投标人参加了该次招标活动，2016 年 6 月 1 日，某县城市管理局在湖南省招标投标监督网上公示评标结果，推荐其为中标候选人第一名。2016 年 6 月 5 日，某县招投标监督委员会函告，因有人向某县招投标监督委员会和某县城市管理局投诉，决定暂停第二次招标投标活动。2016 年 8 月 15 日，某县城市管理局以道城管函〔2016〕2 号《关于某城市管道天然气特许经营权项目招标（第二次）投诉处理结果的函》告知第一名中标候选人某燃气股份有限公司投诉处理结果已经在网上公示，公示投诉处理结果为两个中标候选人均为废标。据此，第一名中标候选人某燃气股份有限公司认为：本次行政决定的主要处理机关某县城市管理局不具有处理投诉的行政主体资格，处理程度和时限

违法、处理结果没有合法事实和依据，请求某县人民法院撤销二被告作出的将其作废标处理的道城管函〔2016〕2号行政决定。

（二）两被告辩称并要求法院驳回第一名中标候选人的起诉

被告某县城市管理局辩称，一、某县城市管理局不是本案中的被告，某县城市管理局是某县城市管道天然气特许经营权项目的招标人，不是该项目招标和投诉的行政监督和行政处理部门，不具有行政诉讼主体资格；二、某县城市管理局作为招标人在本案中的行为是缔约过程中的告知行为，不是行政行为，不属于行政诉讼受案范围。综上所述，恳请某县人民法院裁定驳回第一中标候选人对某县城市管理局的起诉。

被告某县住房和城乡规划建设局辩称，某县住房和城乡规划建设局在某县城市管道天然气特许经营权项目招标活动中，未受理相关投标人的投诉，也未作出任何投诉处理决定。道城管函〔2016〕2号《关于某城市管道天然气特许经营权项目招标（第二次）投诉处理结果的函》不是某县住房和城乡规划建设局作出的。综上所述，恳请法院驳回原告的起诉。

三、法院经审理查明驳回第一中标候选人的起诉

（一）法院经审理查明的情况

2007年12月18日，某县人民政府办公室下发道政办函〔2007〕89号《某县人民政府办公室关于调整某县房屋建筑和市政基础设施工程施工招投标监督委员会的通知》，经某县人民政府同意，调整某县房屋建筑和市政基础设施工程施工招投标监督委员会的有关成员，并下设办公室。经查，某县房屋建筑和市政基础设施工程施工招投标监督委员会系某县人民政府临时组建的机构，该机构并无独立承担法律责任能力。

2016年5月，被告某县城市管理局作为招标人，发布举行某城市管道天然气特许经营权国内公开招标活动（第二次），本次招标项目监督机构为某县房屋建筑和市政基础设施工程施工招投标监督委员会。原告第一名中标候选人某燃气股份有限公司作为投标人参加了本次招标活动，2016年6月1日，被告某县城市管理局在湖南省招标投标监督网上公示评标结果，推荐原告某燃气股份有限公司为中标候选人第一名。

2016年6月5日，某县房屋建筑和市政基础设施工程施工招投标监督委员会

以《关于暂停某县城市管道天然气特许经营权项目第二次招标投标活动的函》告知原告某燃气股份有限公司，因有人投诉，决定暂停第二次招标投标活动。

2016 年 8 月 15 日，被告某县城市管理局和某县房屋建筑和市政基础设施招投标监督委员会以道城管函〔2016〕2 号《关于某城市管道天然气特许经营权项目招标（第二次）投诉处理结果的函》告知原告某燃气股份有限公司投诉处理结果已经在网上公示，结果为：两个中标候选人均作废标处理。原告某燃气股份有限公司于 2016 年 9 月 5 日向法院提起诉讼。

（二）法院裁定驳回起诉的理由

基于法院查明的情况，某县人民法院认为，《最高人民法院关于执行〈中华人民共和国行政诉讼法〉若干问题的解释》[①] 第二十条规定："行政机关组建并赋予行政管理职能但不具有独立承担法律责任能力的机构，以自己的名义作出具体行政行为，当事人不服提起诉讼的，应当以组建该机构的行政机关为被告……"本案中，某县房屋建筑和市政基础设施工程施工招投标监督委员会根据《中华人民共和国招标投标法实施条例》的相关规定有权受理和处理招标投标过程中的投诉，并以自己的名义作出处理决定。但某县房屋建筑和市政基础设施工程施工招投标监督委员会系某县人民政府组建的下设机构，不具有独立承担法律责任的能力，原告某燃气股份有限公司如不服某县房屋建筑和市政基础设施工程施工招投标监督委员会作出的处理决定提起诉讼，应以某县人民政府为被告。因此，某县城市管理局和某县住房和城乡规划建设局不是本案适格的被告，本院通知原告某燃气股份有限公司变更被告，原告某燃气股份有限公司拒绝变更。《中华人民共和国行政诉讼法》第十五条规定，对县级以上地方人政府所做的行政行为提起诉讼的案件应由中级人民法院管辖，本院对本案无管辖权。依照《最高人民法院关于适用〈中华人民共和国行政诉讼法〉若干问题的解释》第三条第一款第（一）项、第（三）项、第二款的规定，裁定驳回原告某燃气股份有限公司的起诉。

---

① 本案判决时，《最高人民法院关于执行〈中华人民共和国行政诉讼法〉若干问题的解释》尚未失效，但现已被《最高人民法院关于适用〈中华人民共和国行政诉讼法〉的解释》（法释〔2018〕1 号）所废止。

四、燃气特许经营权招标的行政监督机关须结合众多法律法规及项目具体情况予以确定

对于燃气特许经营权招标的行政监督机关的确定，之所以会出现不同的认识或理解，主要有以下几点原因：

一是《中华人民共和国招标投标法》并未明确规定。《中华人民共和国招标投标法》仅在其第七条作了原则性和授权性的规定："招标投标活动及其当事人应当接受依法实施的监督。有关行政监督部门依法对招标投标活动实施监督，依法查处招标投标活动中的违法行为。对招标投标活动的行政监督及有关部门的具体职权划分，由国务院规定。"

二是国务院对招投标活动行政监督及有关部门职权划分，没有详细具体规定到燃气的特许经营权招标。具体见《国务院办公厅印发国务院有关部门实施招标投标活动行政监督的职责分工意见的通知》（国办发〔2000〕34号）的规定为："工业（含内贸）、水利、交通、铁道、民航、信息产业等行业和产业项目的招投标活动的监督执法，分别由经贸、水利、交通、铁道、民航、信息产业等行政主管部门负责；各类房屋建筑及其附属设施的建造和与其配套的线路、管道、设备的安装项目和市政工程项目的招投标活动的监督执法，由建设行政主管部门负责；进口机电设备采购项目的招投标活动的监督执法，由外经贸行政主管部门负责。"

三是《市政公用事业特许经营管理办法》（建设部令第126号）对此的规定，也难以具体确定。如其第四条规定："国务院建设主管部门负责全国市政公用事业特许经营活动的指导和监督工作。省、自治区人民政府建设主管部门负责本行政区域内的市政公用事业特许经营活动的指导和监督工作。直辖市、市、县人民政府市政公用事业主管部门依据人民政府的授权（以下简称主管部门），负责本行政区域内的市政公用事业特许经营的具体实施。"第一名中标候选人某燃气股份有限公司将某县住房和城乡规划建设局作为被告起诉到法院，也极有可能是依据此条规定作出。但最终被某县人民法院驳回起诉。

四是燃气特许经营权招标，属于PPP招标的范畴。我国现今对于PPP模式的政策，已经出台了相当之多。与国家各部委出台的PPP相关政策文件，难免有些规定并未保持一致。

但是，对于具体如何确定燃气特许经营权招标的行政监督机关，也是有法可

依的。需要根据项目的具体情况，结合众多法律法规予以确定。

一是某县人民法院提及的《中华人民共和国招标投标法实施条例》第四条规定："国务院发展改革部门指导和协调全国招标投标工作，对国家重大建设项目的工程招标投标活动实施监督检查。国务院工业和信息化、住房城乡建设、交通运输、铁道、水利、商务等部门，按照规定的职责分工对有关招标投标活动实施监督。县级以上地方人民政府发展改革部门指导和协调本行政区域的招标投标工作。县级以上地方人民政府有关部门按照规定的职责分工，对招标投标活动实施监督，依法查处招标投标活动中的违法行为。县级以上地方人民政府对其所属部门有关招标投标活动的监督职责分工另有规定的，从其规定。财政部门依法对实行招标投标的政府采购工程建设项目的预算执行情况和政府采购政策执行情况实施监督。监察机关依法对与招标投标活动有关的监察对象实施监察。"

二是某县人民政府办公室下发道政办函〔2007〕89号《某县人民政府办公室关于调整某县房屋建筑和市政基础设施工程施工招投标监督委员会的通知》，该通知根据《中华人民共和国招标投标法实施条例》第四条的规定来看，属于"县级以上地方人民政府对其所属部门有关招标投标活动的监督职责分工另有规定的，从其规定"。

三是某县人民法院提及的《中华人民共和国行政诉讼法》以及《最高人民法院关于执行〈中华人民共和国行政诉讼法〉若干问题的解释》[①]第二十条的规定："行政机关组建并赋予行政管理职能但不具有独立承担法律责任能力的机构，以自己的名义作出具体行政行为，当事人不服提起诉讼的，应当以组建该机构的行政机关为被告……"

因此，在燃气特许经营权招标中，具体谁为该项目的行政监督部门，须根据项目的具体情况，以及项目所在地地方政府的职责分工，综合我国的众多法律、法规、政策等综合确定，避免向非行政监督部门提出投诉导致不被受理，将非行政监督部门起诉到法院导致败诉等风险。

---

① 本案判决时，《最高人民法院关于执行〈中华人民共和国行政诉讼法〉若干问题的解释》尚未失效，但现已被《最高人民法院关于适用〈中华人民共和国行政诉讼法〉的解释》（法释〔2018〕1号）所废止。

重点三十二：招标代理机构收取投标人递交相关资料的法律风险评析

在开标前，招标代理机构可否收取投标人撤回投标的申请资料？在开标时，招标代理机构可否收取投标人提交的补充资料，或不继续参与投标的资料？在评标时，招标代理机构可否收取投标人提交的澄清资料？在中标候选人公示阶段，招标代理机构可否收取投标人提交的变更资料？中标通知书发出后，招标代理机构可否收取中标人经营状况变化的资料？这些问题，均在招标代理机构代理项目的过程中，经常发生。招标代理机构作为招标人的受托人，在收取各项资料时，将面临众多法律风险，对该等法律风险，须予以清晰认识，并慎重决定，是收还是不收？还是以其他方式处理？对于该等问题，笔者从实际工作出发，根据相关法律、法规的规定，从招标投标的时间节点考虑，分时间段予以分析，以供各位参考、讨论、指正。

一、开标前招标代理机构收取投标人递交相关资料的法律风险评析

（一）不得收取的投标文件

1. 资格预审未通过的单位提交的投标文件，招标代理机构不得收取。法律依据为《中华人民共和国招标投标法实施条例》第三十六条的规定："未通过资格预审的申请人提交的投标文件……招标人应当拒收……"因此，招标代理机构在收取招标文件时，一定要注意核实提交投标文件的单位是否为已通过资格预审的单位。同时，建议做好相关工作记录以备查。

2. 未按照招标文件要求密封的投标文件，招标代理机构不得收取。法律依据为《中华人民共和国招标投标法实施条例》第三十六条的规定："……不按照招标文件要求密封的投标文件，招标人应当拒收。招标人应当如实记载投标文件的……密封情况，并存档备查。"对于此项规定，招标代理机构在拒收时，须慎之又慎，因为此项特别容易引起投诉。招标代理机构在处理时，须做好工作记录，最好拍照留存，加上详细的文字描述以备查。

3. 招标代理机构不得在所代理的招标项目中投标。法律依据为《中华人民共

和国招标投标法实施条例》第十三条的规定："……招标代理机构不得在所代理的招标项目中投标或者代理投标，也不得为所代理的招标项目的投标人提供咨询。"

（二）看似不应收取实质应该收取的资料

1. 投标人撤回投标文件的资料，招标代理机构应当收取。在投标截止时间之前，投标人有权撤回投标文件，招标人或招标代理机构不得拒绝，如已经收取投标保证金的，须及时退还投标保证金。法律依据为《中华人民共和国招标投标法》第二十九条的规定："投标人在招标文件要求提交投标文件的截止时间前，可以……撤回已提交的投标文件，并书面通知招标人……"因此，对于投标人通知撤回投标文件的资料，招标代理机构应当收取。但招标代理机构须注意，此处为撤回投标文件，对于撤销投标，是否可以收取，后文将予以分析。

2. 补充、修改投标文件的资料，招标代理机构应当收取。法律依据为《中华人民共和国招标投标法》第二十九条的规定："投标人在招标文件要求提交投标文件的截止时间前，可以补充、修改……已提交的投标文件，并书面通知招标人。补充、修改的内容为投标文件的组成部分。"因此，在实际工作中，招标代理机构不能以怕麻烦的心态，拒绝投标人在开标前补充、修改投标文件的资料。

3. 特定情形下不得参加投标的投标人提交的资料，招标代理机构应当收取，至于是否属于不得参加投标或投标是否无效，由评标委员会判定，而不是由招标代理机构判定。代理机构对此需要认真对待，不越位，也不应缺位。该等情形如下：

（1）与招标人存在利害关系可能影响招标公正性的法人、其他组织或者个人，不得参加投标。此为《中华人民共和国招标投标法实施条例》第三十四条第一款的规定。对于如何判断是否属于"与招标人存在利害关系可能影响招标公正性的法人、其他组织或者个人"，不属于招标代理机构的职权，应由评标委员会根据该等投标人的投标文件予以判定。因此，招标代理机构不应当拒收，而应当收取后交由评标委员会判定。

（2）单位负责人为同一人或者存在控股、管理关系的不同单位，不得参加同一标段投标或者未划分标段的同一招标项目投标。此为《中华人民共和国招标投标法实施条例》第三十四条第二款的规定。

（3）资格预审后联合体增减、更换成员的情形。此为《中华人民共和国招标投标法实施条例》第三十七条第二款的规定："招标人接受联合体投标并进行资格预审的，联合体应当在提交资格预审申请文件前组成。资格预审后联合体增减、更换成员的，其投标无效。”

（4）联合体各方在同一招标项目中以自己名义单独投标或者参加其他联合体投标的情形。此为《中华人民共和国招标投标法实施条例》第三十七条第三款的规定：“联合体各方在同一招标项目中以自己名义单独投标或者参加其他联合体投标的，相关投标均无效。”

（5）接受委托编制标底的中介机构提交的投标文件。此为《中华人民共和国招标投标法实施条例》第二十七条第二款的规定：“接受委托编制标底的中介机构不得参加受托编制标底项目的投标，也不得为该项目的投标人编制投标文件或者提供咨询。”当然，如果招标代理机构自身为受托编制标底的单位，招标代理机构肯定不得参加投标。

（三）没有购买招标文件的单位提交的投标文件

对于此种情形，是否应该收取投标文件？笔者在《没有购买招标文件可否参加投标？》（公开发表于《中国招标》2014 年第 46 期）一文中有详细分析。主要观点有两个：一是如果招标文件中有明文规定，没有购买招标文件的，不得参加投标，招标代理机构就应当拒绝收取；二是如果招标文件中没有明文规定，建议在投标人提交详细的合法获取招标文件的书面说明前提下，收取投标文件。具体分析，本文不再赘述。

二、开标时招标代理机构收取投标人递交相关资料的法律风险评析

（一）不得收取投标文件及其补充修改资料

1. 投标截止时间即开标时间，一旦开始开标，即不得收取投标文件。法律依据为《中华人民共和国招标投标法实施条例》第三十六条的规定：“……逾期送达……的投标文件，招标人应当拒收……”因此，只要在招标公告公布的投标截止时间后送达的投标文件，招标代理机构一概不得收取。

2. 开标时，招标代理机构也不得收取对投标文件的补充或修改的资料，对投标文件进行补充修改的资料，只能在投标截止时间之前收取。否则违法，也将引起其他投标人的投诉等。

（二）看似不应收取实质应该收取的资料

此类资料，为投标人通知撤销投标的资料。很多招标代理机构误以为，一旦开标，投标人就必须继续参与后期的招投标活动，其实不然，即使开标后，投标

人也可以选择不再参加后续的招标投标活动，只不过，投标人递交的投标保证金将不被退回。法律并未强制要求投标人一旦投标后必须全程参与招投标活动。具体法律依据为《中华人民共和国招标投标法实施条例》第三十五条第二款的规定："投标截止后投标人撤销投标文件的，招标人可以不退还投标保证金。"

（三）开标现场提出的异议资料应收取

对开标的异议，必须由投标人现场提出。因此，对于投标人在开标现场对开标有异议的资料，招标代理机构应当收取，并由招标人现场对投标人的异议予以答复。当然，如果招标人授权招标代理机构现场答复异议的，招标代理机构也可以现场答复异议。

但是，对于开标后，投标人对开标的异议资料，招标代理机构不应当收取。因为对开标的异议，只能在开标现场提出。一旦开标完毕退场后，对开标的异议，就不能再提了。对此，招标代理机构须予以牢记。

三、开标后至中标候选人公示前招标代理机构收取投标人递交相关资料的法律风险评析

（一）不应收取的资料

1. 补充、修改投标文件的资料，招标代理机构不应收取。理由前文已表述。

2. 对开标的异议资料，招标代理机构不应收取。理由前文已表述。

3. 投标人主动对投标文件作出澄清或说明的文件，招标代理机构不应收取。因为根据《中华人民共和国招标投标法》第三十九条的规定："评标委员会可以要求投标人对投标文件中含义不明确的内容作必要的澄清或者说明，但是澄清或者说明不得超出投标文件的范围或者改变投标文件的实质性内容。"如果评标委员会没有要求投标人作出澄清或者说明，投标人自己主动提出，招标代理机构不应收取。

4. 对招标文件或资格预审文件的异议，招标代理机构不应收取。因为根据《中华人民共和国招标投标法实施条例》第二十二条的规定："潜在投标人或者其他利害关系人对资格预审文件有异议的，应当在提交资格预审申请文件截止时间 2 日前提出；对招标文件有异议的，应当在投标截止时间 10 日前提出。招标人应当自收到异议之日起 3 日内作出答复；作出答复前，应当暂停招标投标活动。"对招标文件或资格预审文件的异议，在开标后将不能再提，招标代理机构也不应当收取该等异议资料。

5. 投诉资料，招标代理机构不应收取，但应告知投诉人向相关行政监督部门投诉。法律依据为《中华人民共和国招标投标法实施条例》第六十条第一款的规定："投标人或者其他利害关系人认为招标投标活动不符合法律、行政法规规定的，可以自知道或者应当知道之日起10日内向有关行政监督部门投诉。投诉应当有明确的请求和必要的证明材料。"因招标人或招标代理机构均非行政监督部门，不应受理投诉，也就不应收取投诉的资料。

（二）应收取的资料

1. 撤销投标文件的资料，招标代理机构应收取。理由前文已表述，只不过招标代理机构在收取的时候，须再次告知投标人撤销投标文件的，其投标保证金将不予退还。

2. 应评标委员会的要求，投标人对投标文件中含义不明确的内容作必要的澄清或者说明。理由前文已表述，至于投标人的澄清或者说明是否"超出投标文件的范围或者改变投标文件的实质性内容"，由评标委员会去判定，而不应由招标代理机构判定。

四、中标候选人公示期间招标代理机构收取投标人递交相关资料的法律风险评析

（一）不应收取的资料

1. 补充、修改投标文件的资料，招标代理机构不应收取。理由前文已表述。

2. 对开标的异议资料，招标代理机构不应收取。理由前文已表述。

3. 对招标文件或资格预审文件的异议，招标代理机构不应收取。理由前文已表述。

4. 投诉资料，招标代理机构不应收取。理由前文已表述。

（二）应收取的资料

1. 撤销投标文件的资料，招标代理机构应收取。理由前文已表述。

2. 对评标结果有异议的资料，招标代理机构应当收取。法律依据为《中华人民共和国招标投标法实施条例》第五十四条第二款的规定："投标人或者其他利害关系人对依法必须进行招标的项目的评标结果有异议的，应当在中标候选人公示期间提出。招标人应当自收到异议之日起3日内作出答复；作出答复前，应当暂停招标投标活动。"

3. 认为中标候选人的经营、财务状况发生较大变化或者存在违法行为的资料，

招标代理机构应当收取。法律依据及收取后的处理方式为《中华人民共和国招标投标法实施条例》第五十六条的规定："中标候选人的经营、财务状况发生较大变化或者存在违法行为，招标人认为可能影响其履约能力的，应当在发出中标通知书前由原评标委员会按照招标文件规定的标准和方法审查确认。"当然，此处仅指中标候选人，而非所有投标人的"经营、财务状况发生较大变化或者存在违法行为"的资料。

4. 第一中标候选人放弃中标的资料，招标代理机构应当收取。只不过，第一中标候选人须自行承担放弃中标所造成的法律责任，如投标保证金不予退还等。

五、中标通知书发出后招标代理机构收取投标人递交相关资料的法律风险评析

（一）不应收取的资料

1. 对开标的异议资料，招标代理机构不应收取。理由前文已表述。

2. 对招标文件或资格预审文件的异议，招标代理机构不应收取。理由前文已表述。

3. 对评标结果有异议的资料，招标代理机构不应收取。理由前文已表述。

4. 投诉资料，招标代理机构不应收取。理由前文已表述。

（二）应收取的资料

中标通知书发出后，按照合同缔约理论，中标通知书作为承诺，承诺一旦生效，合同即成立。即中标通知书发出后，中标人负有必须缔约的预约合同义务，如果中标人在签订合同时向招标人提出附加条件，提出附加条件的理由包括经营、财务状况发生了变化等，此时，招标代理机构是否应该收取该等资料呢？

个人认为，招标代理机构应该收取该等资料，并及时转交给招标人，由招标人依法处理，因为根据《中华人民共和国招标投标法实施条例》第七十四条的规定："中标人无正当理由不与招标人订立合同，在签订合同时向招标人提出附加条件，或者不按照招标文件要求提交履约保证金的，取消其中标资格，投标保证金不予退还。对依法必须进行招标的项目的中标人，由有关行政监督部门责令改正，可以处中标项目金额10‰以下的罚款。"因此，如果中标人提出该等内容的资料，招标代理机构应在收取后转交招标人具体处理（看是否属于违约，如违约，是否属于根本违约等）。

六、结语

在招标投标活动过程之中，对于投标人递交的相关资料，招标代理机构须根

据时间节点，根据递交资料的内容，依法审慎处理，对于不应当收取的资料，不予以收取并做好相应记录和说明；对于应当收取的资料，不要拒收，同时及时将收取的资料转交招标人或评标委员会，否则将引起相应的法律纠纷，也将影响招标代理机构的专业形象。谨记。

重点三十三：PPP 项目采购方式选择性偏好的数据实证分析

——以贵州省 2015 年度 PPP 项目采购方式为视角

一、PPP 项目采购方式众多

根据财政部《关于印发政府和社会资本合作模式操作指南（试行）的通知》第十一条的规定："项目实施机构应组织编制项目实施方案，依次对以下内容进行介绍：……（七）采购方式选择。项目采购应根据《中华人民共和国政府采购法》及相关规章制度执行，采购方式包括公开招标、竞争性谈判、邀请招标、竞争性磋商和单一来源采购。项目实施机构应根据项目采购需求特点，依法选择适当采购方式……"因此，PPP 项目的采购方式，包含了公开招标、竞争性谈判、邀请招标、竞争性磋商和单一来源采购 5 种方式，图示如下：

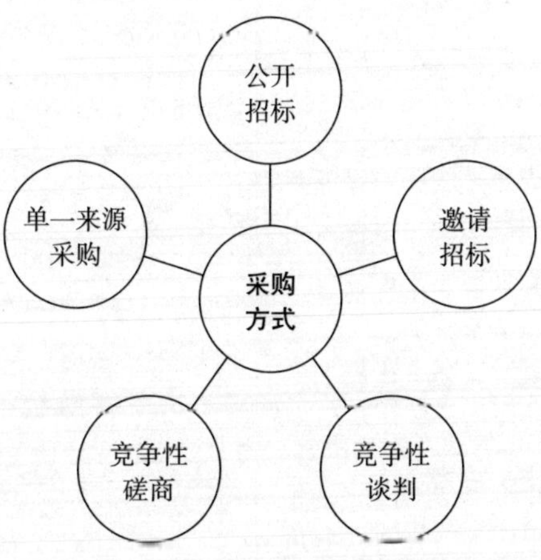

图 6

在如此众多的采购方式中，PPP 项目究竟应该采用哪一种方式比较妥当呢？本文从贵州省的两个法定公告发布网站：贵州省政府采购网（http://www.ccgp-guizhou.gov.cn/home）、贵州省招标投标网（http://www.gzzbw.cn/），以及贵州省公共资源交易中心的官方网站：http://www.gzsggzyjyzx.cn/，通过输入“社会资本”“PPP”关键词予以搜索贵州省 2015 年度全部 PPP 项目的资料（可能有部分 PPP 项目未在前述 3 个网站公布），对 5 种采购方式的选择性偏好，做一数据实证分析如下。

二、PPP 项目采购方式数据采集

根据对贵州省政府采购网、贵州省招标投标网以和贵州省公共资源交易中心网站 2015 年 1 月 1 日至 2015 年 12 月 31 日的相关公告的查询，共有 24 个 PPP 项目（不排除部分 PPP 项目未在前述 3 个网站上公布）按照时间先后顺序，列表如下：

表 2　PPP 项目信息公告表

序号	时间	项目名称	采购式	项目内容	总投资
1	2015 年 5 月 27 日	政府与社会资本合作（PPP）旧州景区旅游配套设施	公开招标	旧州镇及周边文化、旅游景点的修缮修复及游客服务中心、停车场、屯堡古寨及基础设施配套用房的工程采购；旧州镇及周边文化、旅游资源的开发运营，包括且不限于旧州古镇景区、邢江河周边等资源的开发运营等	项目预算为 46910 万元
2	2015 年 8 月 12 日	赫章县 2015 年古达乡城镇公租房配套基础设施建设项目（PPP 模式）	公开招标	新建小区道路 10906 平方米，绿化 7286 平方米，给水管、雨污管道、电力通信管线、路灯等	项目总投资为 1926 万元
3	2015 年 8 月 12 日	赫章县 2015 年朱明乡城镇公租房配套基础设施建设项目（PPP 模式）	公开招标	新建小区道路 14412 平方米，绿化 13366 平方米，给水管、雨污管道、电力通信管线、路灯等	项目总投资为 2154 万元
4	2015 年 9 月 1 日	贵州省新建地方铁路瓮安至马场坪线工程	公开招标	全线建筑总长 72.595 公里，按国铁Ⅱ级单线电气化货运专线建设，设计时速 120 公里	项目估算总投资约为 50.42 亿元

续表

序号	时间	项目名称	采购式	项目内容	总投资
5	2015年9月10日	盘县2015年城关镇片区棚户区改造PPP项目	竞争性磋商	共改造安置房10000套，分三期建设，一期825套，二期3500套，三期5175套，总建筑面积约130万平方米；市政基础设施，包括绿化、亮化、管线、垃圾处理、污水处理设施等，大环线中美女山至粑粑铺市政道路项目（约10公里，以规划设计为准）	项目建安投资约为35亿元
6	2015年9月11日	仁怀市人民医院整体迁建工程机电设备总包（选择合作社会资本项目）	公开招标	总建筑面积约9.1万平方米；二期建为门诊楼，总建筑面积约6.6万平方米，项目总面积约15.7万平方米	项目投资总额为2.5亿元
7	2015年10月12日	贵州省六盘水市地下综合管廊试点城市PPP项目	公开招标	本项目以六盘水市地下综合管廊专项规划为指导，以搭建主城区地下综合管廊主干系统为目标，主要包括老城区的人民路、荷泉南路、红桥路、水西南路、钟山路（西段和东段）、西山路、凉都大道、官厅路、龙井路、凤凰大道和大河经济开发区的育德路、天湖路、天湖西路等14条路的地下综合管廊建设项目的投资、建设、运营及维护	总投资估算为29.939亿元
8	2015年10月12日	政府与社会资本合作（PPP）西秀区智慧城市项目	公开招标	项目建设地址：安顺市西秀区；项目建设性质：新建、改造；项目定位：安顺市西秀区政府运用政府和社会资本合作模式（PPP模式）拟通过综合运用现代科学技术、整合信息资源、统筹业务应用系统，加强城市规划、建设和管理等	采购预算为199948万元
9	2015年10月21日	赤水市大瀑布景区露营基地（PPP模式）	招商谈判	项目占地面积约70亩，包括帐篷酒店、栈道、码头、给排水、供电、绿化等	约为1200万元

续表

序号	时间	项目名称	采购式	项目内容	总投资
10	2015年10月21日	赤水市竹海、桫椤景区提升工程项目（PPP模式）	招商谈判	1. 赤水市风桶岩停车场综合体项目：风桶岩停车场综合体，桫椤景区观光车道白改黑等。2. 竹海景区提升工程：竹海景区入口停车场综合体，山体游步道文化提升建设内容等	约为9600万元
11	2015年10月22日	赤水市竹海景区竹海湖环湖游步道及景观项目（PPP模式）	招商谈判	包括环湖观光车道、栈道、码头、绿化等	约为3000万元
12	2015年10月30日	政府与社会资本合作（PPP）生态修复综合治理项目	公开招标	完成城郊石漠化山体植被恢复13073.92亩；建设1444.33亩的山体公园和179.24亩的小型游园；完成城市通道绿化600亩；完成平田、西屯、大黑、虹龙基础设施提档升级，完善其他配套设施，建立农业合作经济组织等	采购预算为48680万元
13	2015年11月2日	贵州省铜仁至怀化高速公路（铜仁段）PPP项目	公开招标	全长33.203公里。双向四车道高速公路，设计速度80公里/时、路基宽度24.5米	项目估算总投资约为40.22亿元
14	2015年11月3日	织金县汽车南站建设项目（PPP模式）	公开招标	建设面积9191.16平方米	投资额约为13028.37万元
15	2015年11月13日	纳雍县新汽车站建设项目（PPP模式）	公开招标	建设总用地面积49058.96平方米，总建筑面积20027.35平方米	投资额约为5400万元
16	2015年11月16日	贵州金砖PPP省级母基金项目	公开招标	依据贵州金砖PPP省级母基金（贵州省金砖城市一号基金）及贵州省地（州）市（区）县的子基金所投资的PPP项目清单，现组织开展贵州省政府PPP项目社会资本方合作库组建工作	基金规模为200亿元

续表

序号	时间	项目名称	采购式	项目内容	总投资
17	2015年11月19日	贵阳市乌当区柏枝田水库工程PPP项目	公开招标	小（一）型水库，工程等别为Ⅳ等，主要建筑物级别为4级，次要建筑物级别为5级，坝址以上集水面积5.63平方千米，水库正常蓄水位1265.5米，死水位1255米，总库容为124万立方米	总投资估算约为10870.26万元
18	2015年11月19日	贵州省凯里市城镇供排水PPP项目	竞争性磋商	拟采取产权转让方式引进社会资本方，政府方转让凯里市自来水公司现有供水经营性资产70%（暂定）的产权，由社会资本与政府授权主体组建专门从事凯里市城镇供排水业务的项目公司，其中凯里市人民政府授权机构持有项目公司30%（暂定）股权，社会资本方持有项目公司70%（暂定）的股权和凯里市自来水公司债务	采购预算为1.2亿元
19	2015年11月25日	盘县宏财汽车服务中心建设PPP项目	竞争性磋商	项目总投资约2999万元；主要建设内容为：总用地面积20507.47平方米，总建筑面积10586.74平方米，容积率0.49，建筑密度27%，绿地率10%，室外停车位212个、车管所配套设施建设	项目总投资约为2999万元
20	2015年12月4日	黔西县教育园区及纵二线延伸段建设PPP项目	竞争性磋商	在合作期限（合作期限10年，含建设期2年，最终以竞争性磋商文件为准）内负责项目的融资、投资、建设、运营维护管理和移交等	
21	2015年12月8日	贵州省正安至习水高速公路PPP项目	公开招标	建设里程128.253公里。双向四车道高速公路、设计速度80公里/时、路基宽度24.5米	项目投资估算为152.82亿元
22	2015年12月9日	贵州省三都至荔波高速公路PPP项目	公开招标	路线全长75.72公里。双向四车道高速公路、设计速度80公里/时、路基宽度24.5米	总投资约为90.65亿元

续表

序号	时间	项目名称	采购式	项目内容	总投资
23	2015年12月9日	贵州省天柱至黄平高速公路三穗至施秉段PPP项目	公开招标	路线全长62.504公里，其中建设里程长44.850公里，共线段长17.654公里。双向四车道高速公路、设计速度80公里/时、路基宽度24.5米	项目总投资约为50.7亿元
24	2015年12月9日	贵州省赤水至望谟高速公路紫云至望谟段PPP项目	公开招标	路线全长70.885公里。双向四车道高速公路、设计速度80公里/时、路基宽度24.5米	估算总投资约为102.1亿元

三、PPP项目采购方式数据对比

（一）被选择以及未被选择的采购方式对比分析

在前述24个PPP项目中，5种法定采购方式中，只采用了2种，即公开招标、竞争性磋商，未采用邀请招标、单一来源采购和竞争性谈判；对于招商谈判，因不清楚其具体情形，且招商谈判也非法定采购方式，因此未计入。图示如下：

表3　ppp项目采购方式对比表

采购方式	法定采购方式	公开招标	√
		邀请招标	
		竞争性谈判	
		竞争性磋商	√
		单一来源采购	
	非法定采购方式	招商谈判	√

（二）采购方式选择频率对比分析

在前述24个PPP项目中，采用公开招标的PPP项目有17个，采用邀请招标的PPP项目有0个，采取招商谈判的PPP项目有3个，采取竞争性谈判的PPP项目有0个，采取竞争性磋商的PPP项目有4个，采取单一来源采购的PPP项目有0个。图示如下：

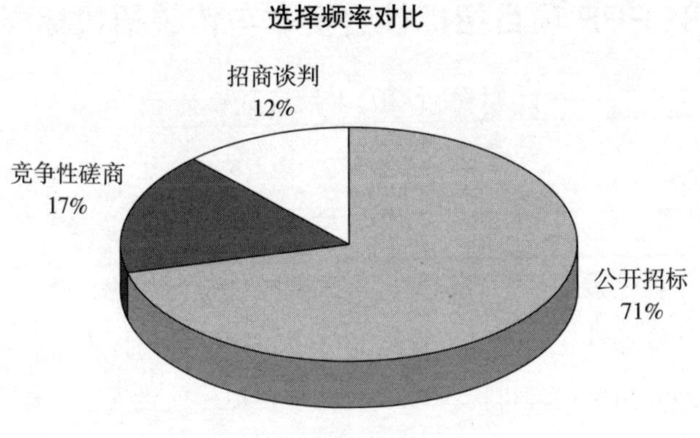

图 7

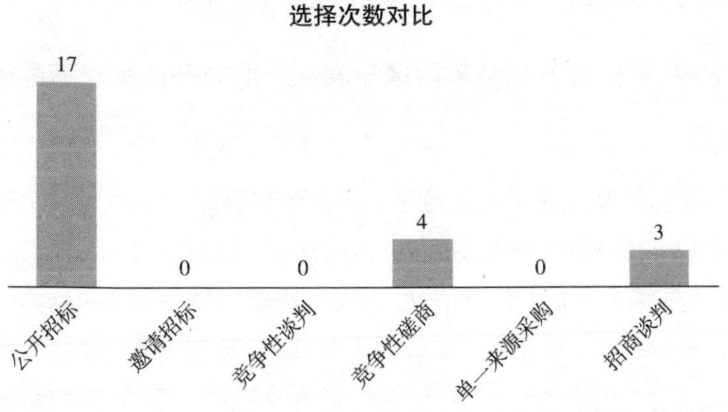

图 8

四、结语

从前述对比分析可以看出，虽然财政部《关于印发政府和社会资本合作模式操作指南（试行）的通知》第十一条明确规定："……公开招标主要适用于核心边界条件和技术经济参数明确、完整、符合国家法律法规和政府采购政策，且采购中不作更改的项目。"且公开招标程序最为复杂，但仍未阻挡公开招标方式成为最受青睐的方式。另外，2015 年新实施的竞争性磋商采购方式，也得到了实际运用。竞争性谈判、单一来源采购、邀请招标 3 种方式并未查询到实际采用的案例。对此，当我们在 PPP 项目实施方案编制中时，对于采购方式的选择，就有了一个实证的对比分析，以供参考。但同时需要注意的是，采购方式必须选择法定的采购方式，对于非法定的采购方式，建议不予以采用。

重点三十四：PPP 项目招标社会资本与传统招投标程序的差异

——以财库〔2014〕215 号为视角

与传统的工程建设项目招投标或政府采购招标投标相比，PPP 项目招标社会资本的程序有其特殊性。当然，不管是 PPP 项目招标的招标人，还是拟参与投标的社会资本，抑或招标代理机构，对于 PPP 项目招标社会资本的程序，须注意与传统招投标程序的差异。据此，本文从财库〔2014〕215 号文，即《政府和社会资本合作项目政府采购管理办法》的角度出发，予以评析，以供参考、指正、适用。

一、PPP 项目公开招标不再属于原则，非公开招标也不再属于例外

在《中华人民共和国政府采购法》第二十八条的规定中，强调公开招标的重要地位，具体规定为："采购人不得将应当以公开招标方式采购的货物或者服务化整为零或者以其他任何方式规避公开招标采购。"但是，在《政府和社会资本合作项目政府采购管理办法》第四条中，却如此规定："PPP 项目采购方式包括公开招标、邀请招标、竞争性谈判、竞争性磋商和单一来源采购。项目实施机构应当根据 PPP 项目的采购需求特点，依法选择适当的采购方式。公开招标主要适用于采购需求中核心边界条件和技术经济参数明确、完整、符合国家法律法规及政府采购政策，且采购过程中不作更改的项目。"

因此，在 PPP 项目招标中，并不是以公开招标为原则，非公开招标为例外进行。对于公开招标，必须在情形允许的条件下，才建议予以适用。因此，对于行政监督机关来说，对于 PPP 项目的招标，需要注意与传统招投标的差异，并不是"应招即招"，而是可以采取邀请招标、竞争性谈判、竞争性磋商和单一来源采购等方式进行。

二、PPP 项目资格预审属于强制，资格后审不被允许

不管是在《中华人民共和国招标投标法》《中华人民共和国政府采购法》，还是在《中华人民共和国招标投标法实施条例》《中华人民共和国政府采购法实施条例》中，均未规定必须实施资格预审。但是，在《政府和社会资本合作项目政府采购管理办法》第五条中，却如此规定："PPP 项目采购应当实行资格预审。项目实施机构

应当根据项目需要准备资格预审文件，发布资格预审公告，邀请社会资本和与其合作的金融机构参与资格预审，验证项目能否获得社会资本响应和实现充分竞争。”

对此，个人认为，因《政府和社会资本合作项目政府采购管理办法》属于财政部的政策性文件，不属于法律、行政法规或部门规章，根据《中华人民共和国立法法》的相关规定，在招标项目是否必须实施资格预审的法律适用时，应该且必须以上位法，即《中华人民共和国招标投标法》《中华人民共和国政府采购法》《中华人民共和国招标投标法实施条例》和《中华人民共和国政府采购法实施条例》等的规定为准。

另外，对于资格预审申请文件的提交时间，也有差异。如《中华人民共和国招标投标法实施条例》第十七条规定：“招标人应当合理确定提交资格预审申请文件的时间。依法必须进行招标的项目提交资格预审申请文件的时间，自资格预审文件停止发售之日起不得少于 5 日。”但是，在《政府和社会资本合作项目政府采购管理办法》第六条第二款中规定：“资格预审公告应当包括项目授权主体、项目实施机构和项目名称、采购需求、对社会资本的资格要求、是否允许联合体参与采购活动、是否限定参与竞争的合格社会资本的数量及限定的方法和标准，以及社会资本提交资格预审申请文件的时间和地点。提交资格预审申请文件的时间自公告发布之日起不得少于 15 个工作日。”

三、PPP 项目评审专家可以自行选定，而非随机抽取

在《中华人民共和国招标投标法实施条例》第四十六条中，规定了评标专家随机抽取的原则，具体规定为：“除招标投标法第三十七条第三款规定的特殊招标项目外，依法必须进行招标的项目，其评标委员会的专家成员应当从评标专家库内相关专业的专家名单中以随机抽取方式确定。任何单位和个人不得以明示、暗示等任何方式指定或者变相指定参加评标委员会的专家成员。依法必须进行招标的项目的招标人非因招标投标法和本条例规定的事由，不得更换依法确定的评标委员会成员。更换评标委员会的专家成员应当依照前款规定进行……”但是，在《政府和社会资本合作项目政府采购管理办法》第七条中，规定评审专家可以由项目实施机构自行选定，具体规定为：“项目实施机构、采购代理机构应当成立评审小组，负责 PPP 项目采购的资格预审和评审工作。评审小组由项目实施机构代表和评审专家共 5 人以上单数组成，其中评审专家人数不得少于评审小组成员总数的 2/3。评审专家可以由项目实施机构自行选定，但评审专家中至少应当包含 1 名财务专家和 1 名

法律专家。项目实施机构代表不得以评审专家身份参加项目的评审。”

对于此种突破性的规定，源于“评标专家不专”、评标专家责任心缺失等，如果再采取随机抽取的评审专家来评审，可能会影响PPP项目的招标结果，因此，《政府和社会资本合作项目政府采购管理办法》才突破性地规定，可以由招标人自行选定评审专家，只不过要求评审专家中至少应当包含1名财务专家和1名法律专家。

四、PPP项目发出中标通知书前可依次序与中标候选人谈判

对于发出中标通知书前，是否可以与中标候选人进行谈判，《中华人民共和国招标投标法》第四十三条规定：“在确定中标人前，招标人不得与投标人就投标价格、投标方案等实质性内容进行谈判。”对于违法谈判的，《中华人民共和国招标投标法》第五十五条规定了明确的法律后果：“依法必须进行招标的项目，招标人违反本法规定，与投标人就投标价格、投标方案等实质性内容进行谈判的，给予警告，对单位直接负责的主管人员和其他直接责任人员依法给予处分。前款所列行为影响中标结果的，中标无效。”

但是，在《政府和社会资本合作项目政府采购管理办法》第十五条中规定：“采购结果确认谈判工作组应当按照评审报告推荐的候选社会资本排名，依次与候选社会资本及与其合作的金融机构就项目合同中可变的细节问题进行项目合同签署前的确认谈判，率先达成一致的候选社会资本即为预中标、成交社会资本。”但是，《政府和社会资本合作项目政府采购管理办法》第十六条同时规定不得对项目合同中的核心条款予以谈判，具体规定为：“确认谈判不得涉及项目合同中不可谈判的核心条款，不得与排序在前但已终止谈判的社会资本进行重复谈判。”

相对而言，《政府和社会资本合作项目政府采购管理办法》明文肯定了在发出中标通知书之前，是可以与投标人就“项目合同中可变的细节问题”进行谈判的；《中华人民共和国招标投标法》并未明文规定可以就“项目合同中可变的细节问题”进行谈判，而是从反面规定禁止对“实质性内容进行谈判”，而对非实质性内容，“法无规定”。当然，《政府和社会资本合作项目政府采购管理办法》也明文禁止项目合同核心条款的谈判。

五、PPP项目不公示中标候选人，但须公示更多资料且公示期有异

根据《中华人民共和国招标投标法实施条例》第五十四条的规定：“依法必须

进行招标的项目，招标人应当自收到评标报告之日起 3 日内公示中标候选人，公示期不得少于 3 日。投标人或者其他利害关系人对依法必须进行招标的项目的评标结果有异议的，应当在中标候选人公示期间提出。招标人应当自收到异议之日起 3 日内作出答复；作出答复前，应当暂停招标投标活动。”

但是，根据《政府和社会资本合作项目政府采购管理办法》第十七条的规定，公示的并不是中标候选人，而是预中标人，即经过与中标候选人谈判后确定的 1 名而非所有中标候选人，同时还需要公示确认谈判备忘录、项目合同文本等，具体规定为：“项目实施机构应当在预中标、成交社会资本确定后 10 个工作日内，与预中标、成交社会资本签署确认谈判备忘录，并将预中标、成交结果和根据采购文件、响应文件及有关补遗文件和确认谈判备忘录拟定的项目合同文本在省级以上人民政府财政部门指定的政府采购信息发布媒体上进行公示，公示期不得少于 5 个工作日。项目合同文本应当将预中标、成交社会资本响应文件中的重要承诺和技术文件等作为附件。项目合同文本涉及国家秘密、商业秘密的内容可以不公示。”

六、PPP 项目须公示中标结果，也须公示签订的项目合同

对于中标结果，根据《中华人民共和国招标投标法》第四十五条的规定，是向中标人发出中标通知书，向非中标人发出中标结果，均非公示。具体规定为：“中标人确定后，招标人应当向中标人发出中标通知书，并同时将中标结果通知所有未中标的投标人。中标通知书对招标人和中标人具有法律效力。中标通知书发出后，招标人改变中标结果的，或者中标人放弃中标项目的，应当依法承担法律责任。”同时也未规定须公示与中标人签订的合同。

但是，在《政府和社会资本合作项目政府采购管理办法》第十八条和第二十条中，却要公示中标结果，同时公示与中标人签订的 PPP 项目合同，具体规定为：“项目实施机构应当在公示期满无异议后 2 个工作日内，将中标、成交结果在省级以上人民政府财政部门指定的政府采购信息发布媒体上进行公告，同时发出中标、成交通知书。中标、成交结果公告内容应当包括：项目实施机构和采购代理机构的名称、地址和联系方式；项目名称和项目编号；中标或者成交社会资本的名称、地址、法人代表；中标或者成交标的名称、主要中标或者成交条件（包括但不限于合作期限、服务要求、项目概算、回报机制）等；评审小组和采购结果确认谈判工作组成员名单……”“项目实施机构应当在 PPP 项目合同签订之日起 2

个工作日内，将 PPP 项目合同在省级以上人民政府财政部门指定的政府采购信息发布媒体上公告，但 PPP 项目合同中涉及国家秘密、商业秘密的内容除外。"

七、结语

对于 PPP 项目来说，因其特殊性，财政部为了贯彻落实《国务院关于创新重点领域投融资机制鼓励社会投资的指导意见》(国发〔2014〕60 号)，推广政府和社会资本合作（PPP）模式，规范 PPP 项目政府采购行为，根据《中华人民共和国政府采购法》和有关法律法规，专门制定了《政府和社会资本合作项目政府采购管理办法》。但《政府和社会资本合作项目政府采购管理办法》在某些方面，与上位法有所冲突，同时在某些方面，在上位法没有规定或未细化规定的地方，又有所突破。在 PPP 项目招标社会资本时，须慎重实施。

重点三十五:《政府采购法实施条例》对 PPP 项目的 3 大影响

一、前言

2014 年年底，国家发改委和财政部开始密集出台关于 PPP 的政策，如《国家发改委关于开展政府和社会资本合作的指导意见》(发改投资〔2014〕2724 号)、财政部《关于推广运用政府和社会资本合作模式有关问题的通知》(财金〔2014〕76 号)、财政部《关于印发政府和社会资本合作模式操作指南（试行）的通知》(财金〔2014〕113 号）等，拉开了 PPP 项目的序幕。

2015 年 1 月 30 日，国务院总理李克强签署了中华人民共和国国务院第 658 号令，公布了《中华人民共和国政府采购法实施条例》(以下简称《政府采购法实施条例》)，该条例自 2015 年 3 月 1 日起施行。

2015 年，国家发改委和财政部分别推荐了众多 PPP 示范项目。据此，2015 年，被称为中国 PPP 项目元年。在本年，也恰逢《政府采购法实施条例》开始施行。当中国 PPP 项目遭遇上《政府采购法实施条例》时，《政府采购法实施条例》将对 PPP 项目有哪些影响?

二、政府付费和可行性缺口补助 PPP 项目须执行政府采购法律体系

对于 PPP 项目，究竟是应该适用招标投标法律体系，还是应该适用政府采购法律体系，在理论与实务界，均存在一定的争论。但是，根据财政部《关于印发政府和社会资本合作模式操作指南（试行）的通知》第十一条的规定："……项目回报机制主要说明社会资本取得投资回报的资金来源，包括使用者付费、可行性缺口补助和政府付费等支付方式……"因此，我们可知，PPP 项目根据项目回报机制的不同，可以分为三类：一是使用者付费的 PPP 项目，也即政府不付费的项目，该类项目不需要使用财政性资金；二是政府付费的 PPP 项目，该类项目需要使用财政性资金；三是可行性缺口补助类 PPP 项目，该类项目一般是与使用者付费同步使用，主要是针对使用者付费不足以覆盖整个项目成本的情况下，由政府使用财政性资金对缺口部分予以补助。

根据《中华人民共和国政府采购法》（以下简称《政府采购法》）第二条的规定："在中华人民共和国境内进行的政府采购适用本法。本法所称政府采购，是指各级国家机关、事业单位和团体组织，使用财政性资金采购依法制定的集中采购目录以内的或者采购限额标准以上的货物、工程和服务的行为。政府集中采购目录和采购限额标准依照本法规定的权限制定。本法所称采购，是指以合同方式有偿取得货物、工程和服务的行为，包括购买、租赁、委托、雇用等。本法所称货物，是指各种形态和种类的物品，包括原材料、燃料、设备、产品等。本法所称工程，是指建设工程，包括建筑物和构筑物的新建、改建、扩建、装修、拆除、修缮等。本法所称服务，是指除货物和工程以外的其他政府采购对象。"

因此，针对政府付费和可行性缺口补助 PPP 项目，因其使用财政性资金，同时根据《政府采购法实施条例》第二条的规定："政府采购法第二条所称财政性资金是指纳入预算管理的资金。以财政性资金作为还款来源的借贷资金，视同财政性资金。国家机关、事业单位和团体组织的采购项目既使用财政性资金又使用非财政性资金的，使用财政性资金采购的部分，适用政府采购法及本条例；财政性资金与非财政性资金无法分割采购的，统一适用政府采购法及本条例……"即使在前期投入阶段是由社会资本投资或者向第三方融资，但还款资金为财政性资金的 PPP 项目，或者属于政府付费和可行性缺口补助 PPP 项目，因其同时符合政府采购法律适用的四个条件：一是有政府方；二是使用财政性资金；三是

PPP 项目金额远超采购限额标准（即使 PPP 项目没有包含在集中采购目录之内）；四是 PPP 项目属于工程、货物或服务的综合项目或至少包含一项标的的项目之内，所以须执行政府采购法律体系的规定。

三、政府向社会公众提供公共服务的 PPP 项目须遵循更严格的条件

根据财政部《关于推进完善服务项目政府采购问题的通知》（财库〔2014〕37 号）的规定："根据现行政府采购品目分类，按照服务受益对象将服务项目分为三类：第一类为保障政府部门自身正常运转需要向社会购买的服务。如公文印刷、物业管理、公车租赁、系统维护等。第二类为政府部门为履行宏观调控、市场监管等职能需要向社会购买的服务。如法规政策、发展规划、标准制定的前期研究和后期宣传、法律咨询等。第三类为增加国民福利、受益对象特定，政府向社会公众提供的公共服务。包括：以物为对象的公共服务，如公共设施管理服务、环境服务、专业技术服务等；以人为对象的公共服务，如教育、医疗卫生和社会服务等。要按照'方式灵活、程序简便、竞争有序、结果评价'的原则，针对服务项目的不同特点，探索与之相适应的采购方式、评审制度与合同类型，建立健全适应服务项目政府采购工作特点的新机制。"

根据《政府采购法实施条例》第二条的规定："……政府采购法第二条所称服务，包括政府自身需要的服务和政府向社会公众提供的公共服务。"因此，前述财库〔2014〕37 号文第一类和第二类服务项目，均可归类为政府自身需要的服务，第三类服务项目为政府向社会公众提供的公共服务。针对第三类服务项目，如果采取 PPP 的模式实施，须遵循更严格的规定，主要有以下两点：

一是政府方应当就确定采购需求征求社会公众的意见。法律依据为《政府采购法实施条例》第十五条规定："采购人、采购代理机构应当根据政府采购政策、采购预算、采购需求编制采购文件。采购需求应当符合法律法规以及政府采购政策规定的技术、服务、安全等要求。政府向社会公众提供的公共服务项目，应当就确定采购需求征求社会公众的意见……"因此，对于政府向社会公众提供公共服务类的 PPP 项目，在确定采购需求时，须征求社会公众的意见。此为法定义务，必不可少。

二是政府在验收时应当邀请作为社会公众的服务对象参与并出具意见，验收结果应当向社会公告。法律依据为《政府采购法实施条例》第四十五条的规定："采购人或者采购代理机构应当按照政府采购合同规定的技术、服务、安全标准

组织对供应商履约情况进行验收，并出具验收书。验收书应当包括每一项技术、服务、安全标准的履约情况。政府向社会公众提供的公共服务项目，验收时应当邀请服务对象参与并出具意见，验收结果应当向社会公告。”因此，对于政府向社会公众提供公共服务类的PPP项目，在编制采购文件时，除在确定采购需求时须征求社会公众的意见外，还需要在采购文件中明确作为社会公众的服务对象参与验收并出具意见，且验收结果将向社会公告。

四、PPP项目并不能任意选择政府采购方式予以实施

根据《政府采购法》第二十六条的规定：“政府采购采用以下方式：（一）公开招标；（二）邀请招标；（三）竞争性谈判；（四）单一来源采购；（五）询价；（六）国务院政府采购监督管理部门认定的其他采购方式。公开招标应作为政府采购的主要采购方式。”在2014年12月31日，财政部公布了《政府采购竞争性磋商采购方式管理暂行办法》，明确将竞争性磋商列为政府采购的法定方式之内。据此，在我国，迄今为止，明确的政府采购方式达到6种。对于此6种方式，PPP项目并不能任意选用，须遵循相应的条件。

一是对于询价，PPP项目绝对不能采用。因为根据《政府采购法》第三十二条的规定：“采购的货物规格、标准统一、现货货源充足且价格变化幅度小的政府采购项目，可以依照本法采用询价方式采购。”所以，询价只适合于货物采购，且采购的货物规格、标准统一、现货货源充足且价格变化幅度小。PPP项目，与单纯的货物采购项目，完全不是一回事情。因此，PPP项目绝对不能采用询价的方式采购。

二是对于单一来源采购，PPP项目须严格考量其自身条件。因为根据《政府采购法》第三十一条的规定：“符合下列情形之一的货物或者服务，可以依照本法采用单一来源方式采购：（一）只能从唯一供应商处采购的；（二）发生了不可预见的紧急情况不能从其他供应商处采购的；（三）必须保证原有采购项目一致性或者服务配套的要求，需要继续从原供应商处添购，且添购资金总额不超过原合同采购金额百分之十的。”何谓“只能从唯一供应商处采购的”？《政府采购法实施条例》第二十七条予以细化规定：“政府采购法第三十一条第一项规定的情形，是指因货物或者服务使用不可替代的专利、专有技术，或者公共服务项目具有特殊要求，导致只能从某一特定供应商处采购。”因此，对于拟采用单一来源采购

的PPP项目，在实施采购方式之前，须进行充分的市场调研，确定市场上是否只有一家社会资本能够提供相应的服务。

三是对于公开招标，并不适用于所有的PPP项目。虽然《政府采购法》第二十六条明确规定公开招标应作为政府采购的主要采购方式，公开招标的公开、公平、公正性相对于其他政府采购方式来说，最强也最透明，但因PPP项目的特殊性，并不是所有的PPP项目均适用公开招标方式。对此，财政部《关于印发政府和社会资本合作模式操作指南（试行）的通知》第十一条已经予以明确的规定："……（七）采购方式选择。项目采购应根据《中华人民共和国政府采购法》及相关规章制度执行，采购方式包括公开招标、竞争性谈判、邀请招标、竞争性磋商和单一来源采购。项目实施机构应根据项目采购需求特点，依法选择适当采购方式。公开招标主要适用于核心边界条件和技术经济参数明确、完整、符合国家法律法规和政府采购政策，且采购中不作更改的项目。"

四是对于竞争性谈判，PPP项目须慎重使用。根据《政府采购法》第三十八条的规定："采用竞争性谈判方式采购的，应当遵循下列程序：……（五）确定成交供应商。谈判结束后，谈判小组应当要求所有参加谈判的供应商在规定时间内进行最后报价，采购人从谈判小组提出的成交候选人中根据符合采购需求、质量和服务相等且报价最低的原则确定成交供应商，并将结果通知所有参加谈判的未成交的供应商。"所以，由于PPP项目的超级复杂性，单纯以"符合采购需求、质量和服务相等且报价最低的原则"的报价导向评审，并不一定适用于所有的PPP项目。

五是对于竞争性磋商，PPP项目大有可为。竞争性磋商与竞争性谈判的最大区别，是一改竞争性谈判的价格最低导向原则为综合评分最高导向原则，这比较契合复杂的PPP项目的特点。同时，《政府采购竞争性磋商采购方式管理暂行办法》的出台目的之一，就是推广政府和社会资本合作（PPP）模式的工作需要。另外，根据《政府采购竞争性磋商采购方式管理暂行办法》第三条的规定："符合下列情形的项目，可以采用竞争性磋商方式开展采购：（一）政府购买服务项目；（二）技术复杂或者性质特殊，不能确定详细规格或者具体要求的；（三）因艺术品采购、专利、专有技术或者服务的时间、数量事先不能确定等原因不能事先计算出价格总额的；（四）市场竞争不充分的科研项目，以及需要扶持的科技成果转化项目；（五）按照招标投标法及其实施条例必须进行招标的工程建设项目以外的工程建设项目。"竞争性磋商的适用范围广泛。

五、结语

《政府采购法实施条例》对 PPP 项目的影响，并不仅限于前述三类，对于 PPP 项目的预算管理，也属于重大影响之一。对于需要使用财政性资金的政府付费和可行性缺口补助 PPP 项目，因根据《中华人民共和国预算法》《中华人民共和国预算法实施条例》的规定，财政性资金的使用，均须纳入预算。同时，根据《政府采购法实施条例》第二十九条的规定："采购人应当根据集中采购目录、采购限额标准和已批复的部门预算编制政府采购实施计划，报本级人民政府财政部门备案。"以及第三十条的规定："采购人或者采购代理机构应当在招标文件、谈判文件、询价通知书中公开采购项目预算金额。"对于政府付费和可行性缺口补助 PPP 项目，因 PPP 项目的长期性（跨年度），对于预算编制、审批、执行等，那将是一个重大的考验。《政府采购法实施条例》对 PPP 项目的影响，也非本文寥寥数语所能尽述，限于篇幅，仅选其一二，发表一些个人的且并不一定正确的看法，以期抛砖引玉。

重点三十六：《招标投标法实施条例》与《政府采购法实施条例》15 种时间规定异同分析

2011 年 12 月 20 日，时任国务院总理温家宝签署了中华人民共和国国务院第 613 号令，公布了《中华人民共和国招标投标法实施条例》（以下简称《招标投标法实施条例》），该条例自 2012 年 2 月 1 日起施行。

时隔 3 年后，2015 年 1 月 30 日，国务院总理李克强签署了中华人民共和国国务院第 658 号令，公布了《中华人民共和国政府采购法实施条例》（以下简称《政府采购法实施条例》），该条例自 2015 年 3 月 1 日起施行。

在笔者对外授课、培训、交流和提供法律服务的过程之中，经常遇到学员或法律顾问单位人员将《招标投标法实施条例》与《政府采购法实施条例》中对时间的规定混淆使用。有鉴于此，笔者认为有必要对《招标投标法实施条例》与《政府采购法实施条例》中时间规定的异同，特别是容易混淆的时间规定，予以对比列表分析，以供参考、使用、指正。

一、对特定时间区间内存在回避事由规定异同析

表 4　对特定时间区间内存在回避事由规定异同表

	相同点	不同点
《招标投标法实施条例》	对申请或主动提出回避的时间未规定	未对特定时间区间内存在利害关系需要回避予以规定
《政府采购法实施条例》		已对特定时间区间内存在利害关系需要回避予以规定，为参加采购活动前 3 年内存在利害关系的，均须回避

对此，《政府采购法实施条例》第九条予以了明确的规定："在政府采购活动中，采购人员及相关人员与供应商有下列利害关系之一的，应当回避：（一）参加采购活动前 3 年内与供应商存在劳动关系；（二）参加采购活动前 3 年内担任供应商的董事、监事；（三）参加采购活动前 3 年内是供应商的控股股东或者实际控制人；……"相较于《政府采购法实施条例》来说，因《招标投标法实施条例》未对参加招标投标活动前的时间予以规定，《招标投标法实施条例》就相对于《政府采购法实施条例》更严格。

二、提交资格预审申请文件的时间规定异同析

表 5　提交资格预审申请文件时间规定异同表

	相同点	不同点
《招标投标法实施条例》	均规定了必须在法定时间内提交	自资格预审文件停止发售之日起不得少于 5 日
《政府采购法实施条例》		自资格预审公告发布之日起不得少于 5 个工作日

对此，《招标投标法实施条例》与《政府采购法实施条例》的规定有重大的区别，且《招标投标法实施条例》规定了资格预审文件的发售期不得少于 5 日，但《政府采购法实施条例》并未规定资格预审公告的发布时间段。另，作为下位法、旧法的部门规章《政府采购货物和服务招标投标管理办法》①（中华人民共和国财政部令第 18 号）第十五条的规定与作为上位法的《政府采购法实施条例》的规定并不完全

① 已失效。现行为 2017 年《政府采购货物和服务招标、投标管理办法》（财政部令第 87 号）。

一致，《政府采购货物和服务招标投标管理办法》第十五条的具体规定为：“采用邀请招标方式采购的，招标采购单位应当在省级以上人民政府财政部门指定的政府采购信息媒体发布资格预审公告，公布投标人资格条件，资格预审公告的期限不得少于七个工作日。投标人应当在资格预审公告期结束之日起三个工作日前，按公告要求提交资格证明文件。招标采购单位从评审合格投标人中通过随机方式选择三家以上的投标人，并向其发出投标邀请书。”因此，在《政府采购法实施条例》已经施行的情况下，《政府采购货物和服务招标投标管理办法》将会作出相应的修改调整。

另外，《招标投标法实施条例》规定的5日，须遵循《中华人民共和国民法总则》关于期间的法律规定，具体为第二百条至第二百零四条的规定。

三、招标文件的提供期限时间规定异同析

表6 招标文件提供时间规定异同表

	相同点	不同点
《招标投标法实施条例》	均规定了法定的提供时间	招标文件的发售期不得少于5日
《政府采购法实施条例》		招标文件的提供期限自招标文件开始发出之日起不得少于5个工作日

对此，《招标投标法实施条例》与《政府采购法实施条例》的规定，重点在一为5日，一为5个工作日。从概率上来讲，5个工作日大于等于5日。从科学合理性上来讲，5个工作日优于5日的规定。

四、对已发出的招标文件进行必要的澄清或者修改的时间规定异同分析

表7 对已发出的招标文件进行必要的澄清或者修改的时间规定异同表

	相同点	不同点
《招标投标法实施条例》	1. 澄清或者修改的内容可能影响投标文件编制的，应当在投标截止时间至少15日前，以书面形式通知所有获取招标文件的潜在投标人； 2. 不足15日的，应当顺延提交投标文件的截止时间	无
《政府采购法实施条例》		

对此，《招标投标法实施条例》与《政府采购法实施条例》的规定，保持了一致，做到相互无缝衔接。

五、对已发出的资格预审文件进行必要的澄清或者修改的时间规定异同分析

表 8　对已发出的资格预审文件进行必要的澄清或者修改的时间规定异同表

	相同点	不同点
《招标投标法实施条例》	无	澄清或者修改的内容可能影响资格预审申请文件编制的，招标人应当在提交资格预审申请文件截止时间至少3日前，以书面形式通知所有获取资格预审文件的潜在投标人；不足3日的，招标人应当顺延提交资格预审申请文件的截止时间
《政府采购法实施条例》		未明确规定

对此，《招标投标法实施条例》与《政府采购法实施条例》的规定并不一致。根据《中华人民共和国政府采购法》第四条的规定："政府采购工程进行招标投标的，适用招标投标法。"因此，如果政府采购工程进行招投标的，对已发出的资格预审文件进行必要的澄清或者修改的时间，须遵守《招标投标法实施条例》的规定。

六、对投标保证金退还时间规定异同分析

表 9　对投标保证金退还时间规定异同表

	相同点	不同点
《招标投标法实施条例》	均规定了法定的退还时间	统一规定：招标人最迟应当在书面合同签订后5日内向中标人和未中标的投标人退还投标保证金。但是投标人撤回已提交的投标文件，招标人应当自收到投标人书面撤回通知之日起5日内退还
《政府采购法实施条例》		区别规定：应当自中标通知书发出之日起5个工作日内退还未中标供应商的投标保证金，自政府采购合同签订之日起5个工作日内退还中标供应商的投标保证金

对此，《招标投标法实施条例》与《政府采购法实施条例》的规定并不完全一致：一是一为5日，一为5个工作日；二是一为统一规定"一刀切"，不区分中标人和未中标的投标人（撤回投标的除外），一为区分未中标供应商与中标供应商。同时，《招标投标法实施条例》明确规定，除退还投标保证金本金外，还需要退还利息，但《政府采购法实施条例》并未规定须退还利息。另外，对于竞争

性谈判或者询价，《政府采购法实施条例》的规定是"参照"招标方式的投标保证金退还方式，而不是"按照"，"参照"不等于"按照"。

因此，从退还的时间上来说，《政府采购法实施条例》区分未中标供应商与中标供应商的做法相对于《招标投标法实施条例》来说，对于未中标投标人来说（撤回投标的除外），《政府采购法实施条例》的规定更有利。但是从日与工作日的区别来说，《招标投标法实施条例》对投标人的规定更有利。同时，从利息上来说，《招标投标法实施条例》对投标人也更有利。

七、对评审（标）报告送交时间规定异同分析

表 10　对评审（标）报告送交时间规定异同表

	相同点	不同点
《招标投标法实施条例》	无	未明确规定
《政府采购法实施条例》		采购代理机构应当自评审结束之日起 2 个工作日内将评审报告送交采购人

对此，《招标投标法实施条例》并未明确规定评标委员会作出评标报告后，应在多长时间内将评标报告送交招标人（但毋庸置疑的是，必须是在评标报告作出之后投标有限期满之前），但是《政府采购法实施条例》对此却作出了明确的规定，大家须慎重，尤其是以招标投标的方式实施与工程建设项目无关的货物或服务政府采购时。

八、对确定中标或者成交供应商时间规定异同分析

表 11　对确定中标或者成交供应商时间规定异同表

	相同点	不同点
《招标投标法实施条例》	无	未明确规定
《政府采购法实施条例》		采购人应当自收到评审报告之日起 5 个工作日内在评审报告推荐的中标或者成交候选人中按顺序确定中标或者成交供应商

对此，《招标投标法实施条例》并未明确规定招标人应在多长时间内确定中标人（但毋庸置疑的是，必须是在中标候选人公示期满无异议或异议已处理或无投诉后投标有限期满之前），但是《政府采购法实施条例》对此却作出了明确的规定，大家须慎重，尤其是以招标投标的方式实施与工程建设项目无关的货物或

服务政府采购时。

九、对发出中标通知书的时间规定异同析

表 12　对发出中标通知书的时间规定异同表

	相同点	不同点
《招标投标法实施条例》	无	未明确规定
《政府采购法实施条例》		采购人或者采购代理机构应当自中标、成交供应商确定之日起2个工作日内，发出中标、成交通知书

对此，《招标投标法实施条例》并未明确规定招标人应在多长时间内发出中标通知书（但毋庸置疑的是，必须是在中标人确定后投标有限期满之前），在工程建设领域，也经常出现招标人迟迟不发出中标通知书的情形，但是《政府采购法实施条例》对此却作出了明确的规定，大家须慎重，尤其是以招标投标的方式实施与工程建设项目无关的货物或服务政府采购时。

另外，《政府采购法实施条例》还规定，在发出中标（成交）通知书的同时，还需要在省级以上人民政府财政部门指定的媒体上公告中标、成交结果，招标文件、竞争性谈判文件、询价通知书随中标、成交结果同时公告。

十、对提起异议（质疑）的时间规定异同析

表 13　对提起异议（质疑）的时间规定异同表

	相同点	不同点
《招标投标法实施条例》	均应在法定时间内提出	1. 潜在投标人或者其他利害关系人对资格预审文件有异议的，应当在提交资格预审申请文件截止时间2日前提出；对招标文件有异议的，应当在投标截止时间10日前提出； 2. 投标人对开标有异议的，应当在开标现场提出； 3. 投标人或者其他利害关系人对依法必须进行招标的项目的评标结果有异议的，应当在中标候选人公示期间提出
《政府采购法实施条例》		未规定

对此，《招标投标法实施条例》与《政府采购法实施条例》的规定，并不一致。在《招标投标法实施条例》，为“异议”，在政府采购法律体系中，为“质疑”。《政府采购法实施条例》未规定提起质疑的时间，是因为《政府采购法》第五十二条已经明确规定了提起的时间，具体规定为：“供应商认为采购文件、采购过程和

中标、成交结果使自己的权益受到损害的，可以在知道或者应知其权益受到损害之日起七个工作日内，以书面形式向采购人提出质疑。”因此，如果政府采购工程进行招投标的，对提起异议的时间，须遵守《招标投标法实施条例》的规定。

十一、对答复异议（质疑）的时间规定异同析

表 14　对答复异议（质疑）的时间规定异同表

	相同点	不同点
《招标投标法实施条例》	均应在法定时间内答复	1. 对资格预审文件或招标文件有异议的，招标人应当自收到异议之日起 3 日内作出答复； 2. 对开标有异议的，招标人应当当场作出答复； 3. 对评标结果有异议的，招标人应当自收到异议之日起 3 日内作出答复
《政府采购法实施条例》		未规定

对此，《招标投标法实施条例》与《政府采购法实施条例》的规定并不一致。在《招标投标法实施条例》中，区别了对评标结果的异议、对开标的异议等设置不同的答复期限。《政府采购法实施条例》未规定提起质疑的时间，是因为《政府采购法》第五十三条已经明确规定了答复的时间，具体规定为：“采购人应当在收到供应商的书面质疑后七个工作日内作出答复……”因此，如果政府采购工程进行招投标的，对答复异议的时间，须遵守《招标投标法实施条例》的规定。

十二、对中标候选人公示时间规定异同析

表 15　对中标候选人公示时间规定异同表

	相同点	不同点
《招标投标法实施条例》	无	依法必须进行招标的项目，招标人应当自收到评标报告之日起 3 日内公示中标候选人，公示期不得少于 3 日
《政府采购法实施条例》		未规定

对此，《招标投标法实施条例》与《政府采购法实施条例》的规定并不一致。在《招标投标法实施条例》中，需要对中标候选人进行公示，公示无异议、无投诉，或异议、投诉已依法处理后符合确定中标人的条件时，再确定中标人。但在《政府采购法实施条例》中，没有中标（成交）候选人公示环节，只有公告环节。且“公示”并不等同于“公告”。对此，大家须慎重。当

然，如果政府采购工程进行招投标的，中标候选人的公示，仍须遵守《招标投标法实施条例》的规定。

十三、对提起投诉时间规定异同析

表 16 对提起投诉时间规定异同表

<table>
<tr><th></th><th>相同点</th><th>不同点</th></tr>
<tr><td>《招标投标法实施条例》</td><td rowspan="2">均应在法定时间内提起</td><td>1. 投标人或者其他利害关系人认为招标投标活动不符合法律、行政法规规定的，可以自知道或者应当知道之日起10日内向有关行政监督部门投诉；
2. 对资格预审文件、招标文件、开标、评标结果投诉的，须先提出异议</td></tr>
<tr><td>《政府采购法实施条例》</td><td>未规定</td></tr>
</table>

对此，《招标投标法实施条例》与《政府采购法实施条例》的规定并不一致。在《招标投标法实施条例》中，不是所有的投诉均需要异议前置，仅对资格预审文件、招标文件、开标、评标结果投诉的，须先提出异议。《政府采购法实施条例》未规定提起投诉的时间，是因为《政府采购法》第五十五条已经明确规定了具体的时间，具体规定为："质疑供应商对采购人、采购代理机构的答复不满意或者采购人、采购代理机构未在规定的时间内作出答复的，可以在答复期满后十五个工作日内向同级政府采购监督管理部门投诉。"因此，在政府采购领域（政府采购工程除外），全部为质疑前置，只有提出质疑的供应商才有资格提出投诉。对此，大家须慎重，因为在实践中，在政府采购领域（政府采购工程除外），没有依法提出质疑的供应商的投诉，行政监督机关也予以了受理。

十四、对投诉处理时间规定异同析

表 17 对投诉处理时间规定异同表

<table>
<tr><th></th><th>相同点</th><th>不同点</th></tr>
<tr><td>《招标投标法实施条例》</td><td rowspan="2">1. 均应在法定时间内处理；
2. 需要检验、检测、鉴定、专家评审，所需时间不计算在投诉处理期限内</td><td>1. 行政监督部门应当自收到投诉之日起3个工作日内决定是否受理投诉；
2. 自受理投诉之日起30个工作日内作出书面处理决定</td></tr>
<tr><td>《政府采购法实施条例》</td><td>需要投诉人补正材料的，所需时间不计算在投诉处理期限内</td></tr>
</table>

对此，《招标投标法实施条例》与《政府采购法实施条例》的规定并不一致。《政府采购法实施条例》未规定处理投诉的具体时间，是因为《政府采购法》第五十六条已经有了明确的规定："政府采购监督管理部门应当在收到投诉后三十个工作日内，对投诉事项作出处理决定，并以书面形式通知投诉人和与投诉事项有关的当事人。"

同时，《政府采购法实施条例》也做出了与《招标投标法实施条例》既相同又不同的规定，即"需要检验、检测、鉴定、专家评审，所需时间不计算在投诉处理期限内"为相同点，"需要投诉人补正材料的，所需时间不计算在投诉处理期限内"为《政府采购法实施条例》规定的独特点，《招标投标法实施条例》中并无此种规定。

另外，在政府采购中，并未规定"决定是否受理投诉"的时间，因为对于政府采购领域的投诉来说，只有已经提出质疑的供应商才具备投诉资格，因此，一旦供应商依法提出质疑后再依法提出的投诉，就不需要财政部门再行审查"决定是否受理投诉"。当然，在前期没有提出质疑的供应商，是没有提出投诉的资格的。

十五、对投诉处理期间暂停招标采购的时间规定异同析

表 18　对投诉处理期间暂停招标采购的时间规定异同表

<table>
<tr><th></th><th>相同点</th><th>不同点</th></tr>
<tr><td>《招标投标法实施条例》</td><td rowspan="2">在投诉处理期间行政监督部门均有权要求暂停</td><td>行政监督部门可以责令暂停招标投标活动</td></tr>
<tr><td>《政府采购法实施条例》</td><td>未规定</td></tr>
</table>

对此，《招标投标法实施条例》与《政府采购法实施条例》的规定并不一致。《招标投标法实施条例》仅规定了行政监督部门可以责令暂停招标投标活动，但暂停期限多长，并未规定。虽然《政府采购法实施条例》也未规定，但《政府采购法》第五十七条已经明确规定："政府采购监督管理部门在处理投诉事项期间，可以视具体情况书面通知采购人暂停采购活动，但暂停时间最长不得超过三十日。"因此，对于投诉处理期间暂停招标采购的时间规定，各有不同，不可混淆。

十六、结语

由于我国并未实行招标投标与政府采购“二法合一”的法律制度体系，因此，在政府采购与招标投标领域，难免会出现一些异同的规定。对此，各位须慎重适用。

后 记

一转眼，“招标投标重点法律实务：案例评析版”系列已经出到第3本了，而出版第1本时的情形，恍如昨日，历历在目。

最近这几年，是招标投标界变化非常之大的几年：

2012年，《中华人民共和国招标投标法实施条例》颁布实施；

2012年，全国各地统一规范的公共资源交易中心（场所）如雨后春笋般成立；

2013年，《电子招标投标办法》颁布实施；

2014年，PPP项目招标采购开始登上舞台；

2015年，《中华人民共和国政府采购法实施条例》颁布实施；

2015年，招标代理服务费取消政府指导价，实行市场调节价；

2017年，招标代理机构资质全面取消；

2018年，《必须招标的工程项目规定》颁布实施，原国家计委3号令成为历史。

……

所幸的是，我们经历了这些变化，也见证了这些变化，并留下了相应的痕迹。

我所写的3本相关的内容图书，也见证并纪录了这些变化中的部分变化。

这个行业变化太快，唯一不变的就是变化。

变化快到什么程度，本书完稿交给中国法制出版社的编辑时，是在2017年年末，本书在2018年4月校对定稿时，责任编辑发给我确定的一些内容，在2017年时尚有效，但到了2018年，则需要修改，因为法律法规已经修改了。

也正因为变化，决定了身处这个行业需要随时学习，以应对变化。

也可以说，本书也是我自己学习的一个成果总结。但这个成果，来源于各位读者，来源于中国法制出版社各位工作人员的辛勤劳动，来源于同事、同仁、家庭、朋友等的支持，谢谢。

是为记。

李金升律师

图书在版编目（CIP）数据

招标投标重点法律实务：案例评析版 . 3 / 李金升著 . —北京：中国法制出版社，2018.6

ISBN 978-7-5093-9409-0

Ⅰ . ①招…　Ⅱ . ①李…　Ⅲ . ①招标投标法—案例—中国
Ⅳ . ① D922.297.5

中国版本图书馆 CIP 数据核字（2018）第 087279 号

策划编辑：胡　艺 (ngaihu@gmail.com)
责任编辑：吕静云　　　　封面设计：李　宁

招标投标重点法律实务：案例评析版 .3

ZHAOBIAO TOUBIAO ZHONGDIAN FALÜ SHIWU：ANLI PINGXIBAN.3

著者 / 李金升

经销 / 新华书店

印刷 / 三河市国英印务有限公司

开本 / 710 毫米 ×1000 毫米　16 开　　　印张 / 16.5　字数 / 277 千

版次 / 2018 年 6 月第 1 版　　　2018 年 6 月第 1 次印刷

中国法制出版社出版

书号 ISBN 978-7-5093-9409-0　　　定价：58.00 元

北京西单横二条 2 号　邮政编码 100031

值班电话：010-66026508

传真：010-66031119

网址：http://www.zgfzs.com

编辑部电话：010-66054911

市场营销部电话：010-66033393

邮购部电话：010-66033288

（如有印装质量问题，请与本社印务部联系调换。电话：010-66032926）